网络与新媒体系列教材

总主编 周茂君

融合新闻报道

马二伟 编著

西南大学出版社
国家一级出版社 全国百佳图书出版单位

图书在版编目(CIP)数据

融合新闻报道 / 马二伟编著. -- 重庆：西南大学出版社, 2024.10. -- (网络与新媒体系列教材).
ISBN 978-7-5697-1401-2

Ⅰ.G210

中国国家版本馆CIP数据核字第2024A5G996号

融合新闻报道
RONGHE XINWEN BAODAO

马二伟　编著

责任编辑	翟腾飞
责任校对	鲁　艺
整体设计	魏显锋　汤　立
排　　版	李　燕
出版发行	西南大学出版社
地　　址	重庆市北碚区天生路2号
邮　　编	400715
经　　销	全国新华书店
印　　刷	重庆市合川区书香印务有限公司
成品尺寸	185mm×260mm
印　　张	16.25
字　　数	302千字
版　　次	2024年10月　第1版
印　　次	2024年10月　第1次印刷
书　　号	ISBN 978-7-5697-1401-2
定　　价	49.00元

丛书编委会

总主编：周茂君

副主编：洪杰文　李明海

编　委：（按姓氏笔画为序）

马二伟　王　琼　王红缨　王杨丽　王朝阳

方　堃　归伟夏　代玉梅　延怡冉　刘明秀

阮　卫　李明海　杨　嫚　何明贵　张　玲

张琳琳　林　婕　金　鑫　周丽玲　周茂君

洪杰文

策　划：杨　毅　李远毅　杨景罡　钟小族　鲁　艺

本书资源

联系电话:023-68252455　鲁老师

序 言

媒介技术的发展将我们带到了一个众声喧哗、瞬息万变的新媒体时代。面对这个由媒介构建的全新世界，人们的思想观念、生活方式乃至行为举止都在发生着急剧的改变；既为其所迷醉，乐此不疲，又常常感到不知所措和无所适从。新媒体到底是什么？新媒体时代到来又意味着什么？人们如何正确处理与新媒体的关系？这些问题看似简单，却又真真切切地摆在人们面前，需要我们去面对，去解决。因此，科学地认知、理解和运用新媒体在当下显得尤为重要。

人类社会发展的每一阶段都会有一些新型的媒体出现，它们都会给人们的社会生活带来巨大的改变。这种改变在今天这个新媒体时代表现得尤其明显：受众这一角色转变成了"网众"或"用户"，成了传播的主动参与者，而非此前的信息被动接收者；传播过程不再是单向的，而是双向互动的；传播模式的核心在于数字化和互动性。这一系列改变的背后是网络技术、数字技术和移动通信技术的发展，并由此衍生出多种新媒体形态——以网络媒体、互动性电视媒体、移动媒体为代表的新兴媒体和以楼宇电视、车载移动电视等为代表的户外新型媒体。

由周茂君教授主编的这套网络与新媒体系列教材，就是在移动互联、数字营销、大数据和社会化网络等热点问题层出不穷的背景下，沿着技术、传播、运营和管理的逻辑，对新媒体进行的梳理和把握。从技术层面上看,新媒体是用网络技术、数字技术和移动通信技术搭建起来,进行信息传递与接收的信息交流平台,包括固定终端与移动终端。它具备以新技术为载体、以互动性为核心、以平台化为特色、以人性化为导向等基本特征。从传播层面看,新媒体从四个方面改变着传统媒体固有的传播定位与流程,即传播参与者由过去的受众变成了网众,传播内容由过去的组织生产变成了用户生产,传播过程由过去的一对多传播变成了病毒式扩散传播,传播效果由过去能预期目标变成了无法预估的未知数。这种改变从某种程度上可以说是颠覆性的,传统的"5W""魔弹论"和"受众"等经典理论已经成为明日黄花。从运营层面看,在技术构筑的新媒体平台之上,各类新媒体开展着各种运营活动。从管理层面看,新媒体管理主要从三个方面着手,即新媒体的政府规制、新媒体伦理和新媒体用户的媒介素养。这样,政府规制对新媒体形成一种外在规范,新媒体伦理从内在方面对从业者形成约束,而媒介素养则对新媒体用户提出要求。

这套网络与新媒体系列教材既有对新媒体的发展轨迹和运行规律的理论归纳,又有对新媒体运营实务的探讨,还有对大量鲜活新媒体案例的点评,切实做到了理论与实务结合、操作与案例相佐,展现出教材作者良好的学术旨趣与功力。希望以这套教材为起点,国内涌现出更多的高质量研究著作和教材,早日迎来网络与新媒体教育、研究的新时代。

是为序。

罗以澄

2022 年 8 月

(罗以澄,全国应用新闻传播学研究会名誉会长、湖北省新闻传播教育学会名誉会长,曾任国务院学位委员会新闻传播学科评议组成员、中国新闻教育学会副会长、中国传播学会副会长。)

前言

关于网络与新媒体,从概念到特征,有各种不一样的看法与表述。其实,网络与新媒体是对网络媒体、数字媒体和移动媒体的总称,是指采用网络技术、数字技术和移动通信技术等新技术进行信息传递与接收的信息交流平台,包括固定终端与移动终端。新技术、互动性、平台化、数据和算法,是解读网络与新媒体时代的重要关键词。

以新技术为引领,是指网络与新媒体的运营以新技术为基础。新技术的应用与普及,不仅为网络与新媒体的诞生提供了技术支持,同时也为其运营提供了信息载体,使得信息能以超时空、融媒体、高保真的形式传播出去。可以说,网络与新媒体的所有特征,均建立在新技术提供的技术可能性的基础之上。

互动性是网络与新媒体的本质特征。传统媒体时代信息的流动都是单向的,而网络与新媒体却突破了这一局限。它从根本上改变了信息的传播模式,也从根本上改变了传者与受众之间的关系。传播参与者以一个相对平等的地位进行信息交流,媒体以往的告知功能演变为如今的互动沟通。这种沟通不仅体现在媒体与用户之间,还体现在用户与用户之间。可以说,网络与新媒体的这一特征,不仅对传统媒体,而且对整个社会都产生了深远的影响。

平台化是网络与新媒体的主要特色。借助信息交换平台,传统媒体与新媒体逐渐走向融合——网络与新媒体以其包容性的技术优势,接纳与汇聚了传统媒体的媒介属性;而报刊、广播、电视等传统媒体则在适应新的媒体环境,与新技术形式相互渗透、融合之后,获得了二次发展。

数据,是网络与新媒体时代最重要的生产要素,是新媒体平台和传统媒体平台开展业务运营的基础性前提。平台运营的基础是基于用户数据的大数据挖掘与分析,有了数据的加持,媒体平台无论用户运营,还是内容运营,抑或是活动运营,才会做到有的放矢、精准无比。

算法推送是网络与新媒体时代同传统媒体时代的重要分野。传统媒体不管受众是谁、有什么实际需求,往往习惯于居高临下的"自说自话",极易造成"鸡对鸭说"的无奈结果;而网络与新媒体平台则采用人工智能技术,基于算法、算力、运算法则和大数据,早早将目标用户"锁定",针对其新需求和隐性需求,选妥内容并适时推送。

修订、重新编写这套网络与新媒体系列教材,出于三方面的考虑:

其一,修订、重编教材要跟上网络与新媒体专业发展的步伐。20世纪90年代末国内只有少数几家"先知先觉"的新闻传播院校在新闻学系开办"网络新闻方向"或者"网络传播方向",一般将它命名为"传播学专业"。其特征一是没有"准生证",二是专业(方向)定位模糊,这种状况直到2012年教育部将该专业列入高等学校本科招生目录才有所改观。到2022年,已有307家院校招收网络与新媒体专业的本科生[1],其专业教育已从初创时的"涓涓细流"汇聚成现在的"大江大河"。因此,相关教材的修订、重编必须跟上并适应这种发展态势。

其二,修订、重编教材要顺应网络与新媒体专业渐次规范的潮流。一个专业从无到有,无疑是"草创";其课程设置与专业定位皆无先例可循,也与"草创"无异;该专业创办以后,国内缺少成套教材,各院校只能选用在市场上销售的散本新媒体书籍作为教材供学生使用,同样是"草创"。因此,出版于2016年的9本"新媒体系列丛书"——《新媒体概论》《新媒体技术》《新媒体运营》《新媒体营销》《全媒体新闻报道》《网络视频拍摄与制作》《Web技术原理与应用》《新媒体内容生产与编辑》《新媒体广告》——虽也是"草创"产物,但对缓解当时的教材"荒",帮助该专业走向规范是

---

[1] 依照教育部指定高考信息发布平台统计,我国目前开办网络与新媒体专业本科教育的院校已达307所。

有贡献的。在此基础上,武汉大学新闻与传播学院课题组,在开展"基于一流课程的教学改革与实践研究"专项重点课题时[2],对国内54家院校网络与新媒体专业本科人才培养方案进行内容分析,以3434门专业课程为样本,按照开设频率和代表性,整合出16门专业核心课程,并在此基础上拟定16本专业教材——《网络与新媒体概论》《数字媒体技术》《融合新闻报道》《新媒体内容生产与编辑》《新媒体Web技术基础》《短视频拍摄与制作》《新媒体运营》《新媒体营销》《新媒体产品策划》《数据新闻:理论与方法》《新媒体数据分析》《数字媒介视觉设计》《新媒体广告教程》《新媒体伦理与法规》《计算传播学:理论与应用》《新媒介经营管理案例解析》——借此促进专业的课程设置和目标定位。当然,上述16本教材要涵盖该专业所有核心课程无疑是困难的,但却向着规范道路又跨出了坚实一步。

其三,修订、重编教材要与知识更新迭代同步。网络与新媒体时代是一个变革的时代——传播技术在变,传播业态在变,媒体格局在变,人们的观念在变——变革是永恒的主题,它无处不在。与此相应,知识的更新迭代同样迅猛。因此,修订、重编教材既要关注业界的最新动态,又要汲取学界的前沿研究成果,这样才能与知识更新迭代同步,始终立于时代前列。

修订、重新编写本套教材希望达到如下目标:

1. 在指导思想上,本套教材着眼于网络与新媒体时代合格的应用型人才培养,适应人才培养逐步由知识型向能力型转变的需要。这是编写本套教材的基本方针,也是编写的基础和前提。

2. 本套教材将"技术""内容生产""数据""运营""产品"五个层面作为着力点,将网络技术、数字技术、移动通信技术和人工智能技术等发展带来的各种新媒体形态作为主要研究对象,勾画出从传统媒体到融合媒体、从传统新闻到数据新闻、从传统营销到数字营销和从传统广告到数字广告的发展线索,落脚点和编写重点在网络与新媒体的理论与实践。教材内容既要相互关联,又要厘清彼此间的边界而不至于重复。

3. 本套教材瞄准高等学校网络与新媒体专业或相关专业的专业主干课,因而

---

[2] 中国高等教育学会2020年度"基于一流课程的教学改革与实践研究"专项重点课题"新闻传播学本科专业核心课程体系构建研究"(JXD05)。

教材的编写内容,除了具备普通高等学校在校本科生、研究生必须掌握的新媒体传播、运营实务的基本知识和技能外,还必须具备开阔的思路和国际化的视野,有利于完善学生的知识结构,有利于培养其适应时代需要的新媒体内容生产、新媒体产品策划、短视频拍摄与制作、新媒体数据挖掘、新媒体运营和新媒体营销等方面的能力,保证其毕业后能胜任相关工作。

4.本套教材既关注理论前沿问题,又将基本理论、实际应用和案例点评相结合,展现出独具的特色:

其一,基本理论部分。围绕网络与新媒体相关理论,只作概括性的叙述,不进行全面性的阐述,对其基本原理,力争深入浅出,易学易懂。

其二,实际应用部分。网络与新媒体基本理论的实际应用是本套教材的写作重点。无论技术层面,还是内容生产层面,抑或是数据、运营、产品层面,注重实际应用将贯穿于每本书的编写之中。

其三,案例点评部分。每本书的大部分章节都要求安排与本章内容相关联的案例点评,点评的篇幅可短可长,从数十字到数百字均可,用具体的案例点评,来回应前面的基本理论和实际应用。

5.本套教材在编写过程中尽力做到有思想、有创见、有全新体系,观点新颖,持论公允,整体风格力求简洁、明了、畅达,并在此基础上使行文生动、活泼、风趣。

"理想很丰满,现实很骨感。"上述目标在编写过程中是否实现了,还有待学界和业界学者、专家以及广大读者的检验与评判,为此我们祈盼着!

在本套教材付梓之际,需要感谢和铭记的人很多。首先要感谢武汉大学新闻与传播学院的老院长罗以澄先生,他不仅为本套教材的编写提出了许多建设性意见,还亲自撰写了序言,老一辈学者对年轻后辈的爱护与提携之情溢于言表。其次要感谢本套教材的所有作者,时间紧,任务重,至少有7本教材需要"另起炉灶",其间的艰辛与困苦可想而知。最后要感谢西南大学出版社的杨毅先生、李远毅先生、杨景罡先生、钟小族先生和鲁艺女士等,是你们的辛勤付出和宽大包容才使本套教材得以顺利面世,感激之情无以言表。

周茂君 于武昌珞珈山

2022年8月

目录
CONTENTS

第一章

融合新闻报道概述 — 1

2 第一节 数字传播技术与媒体融合发展
8 第二节 融合新闻报道的兴起
15 第三节 融合新闻报道的发展

第二章

融合新闻报道的条件 — 21

22 第一节 融合新闻报道的硬件
28 第二节 融合新闻报道的软件
41 第三节 融合新闻报道的平台

第三章

融合新闻报道的从业者 — 49

50 第一节 媒体融合时代的新闻从业者
55 第二节 融合新闻报道对新闻从业者的要求
62 第三节 融合新闻报道的全能型记者
68 第四节 融合新闻报道的全能型编辑

第四章

融合新闻报道的形式 — 73

74 第一节 数据新闻报道

1

目录 CONTENTS

82 第二节 HTML5新闻报道
87 第三节 短视频新闻报道
92 第四节 VR/AR新闻报道

第五章

97 融合新闻报道的选题

98 第一节 融合新闻报道选题的来源
106 第二节 融合新闻报道选题的原则与要求
111 第三节 融合新闻报道选题的策划

第六章

119 融合新闻报道的采访

120 第一节 融合新闻报道采访概述
127 第二节 融合新闻报道采访的技术
132 第三节 融合新闻报道采访的能力与技巧
137 第四节 融合新闻报道采访的记录

第七章

143 融合新闻报道的写作

144 第一节 融合新闻报道写作概述
148 第二节 融合新闻报道写作的技术应用
151 第三节 融合新闻报道写作的形式

目录
CONTENTS

第八章
169 融合新闻报道的编辑

- 170　第一节　融合新闻报道编辑概述
- 176　第二节　融合新闻报道编辑的技能
- 179　第三节　融合新闻报道编辑的素材处理
- 184　第四节　融合新闻报道编辑的部门

第九章
189 融合新闻报道的评论

- 190　第一节　融合新闻评论概述
- 197　第二节　融合新闻评论写作的要求与技巧
- 203　第三节　融合新闻评论的形式

第十章
209 融合新闻报道的未来

- 210　第一节　融合新闻报道的多元内容生产
- 216　第二节　融合新闻报道的沉浸式体验
- 221　第三节　融合新闻报道的智能化发展

233 参考文献

243 后　记

第一章　融合新闻报道概述

知识目标

1. 把握媒体融合时代新闻报道的变化。
2. 了解融合新闻报道的概念和特点。
3. 理解融合新闻报道兴起的原因。

能力目标

1. 掌握融合新闻报道的特点。
2. 把握融合新闻报道的发展。

思维导图

融合新闻报道概述
- 数字传播技术与媒体融合发展
  - 数字传播技术的兴起
  - 数字新兴媒体蓬勃发展
  - 传统媒体和新兴媒体的融合
  - 传统新闻报道面临的挑战
- 融合新闻报道的兴起
  - 融合新闻报道产生的背景
  - 融合新闻报道的概念
  - 融合新闻报道的特点
- 融合新闻报道的发展
  - 国内融合新闻报道的发展
  - 国外融合新闻报道的发展
  - 融合新闻报道的发展趋势

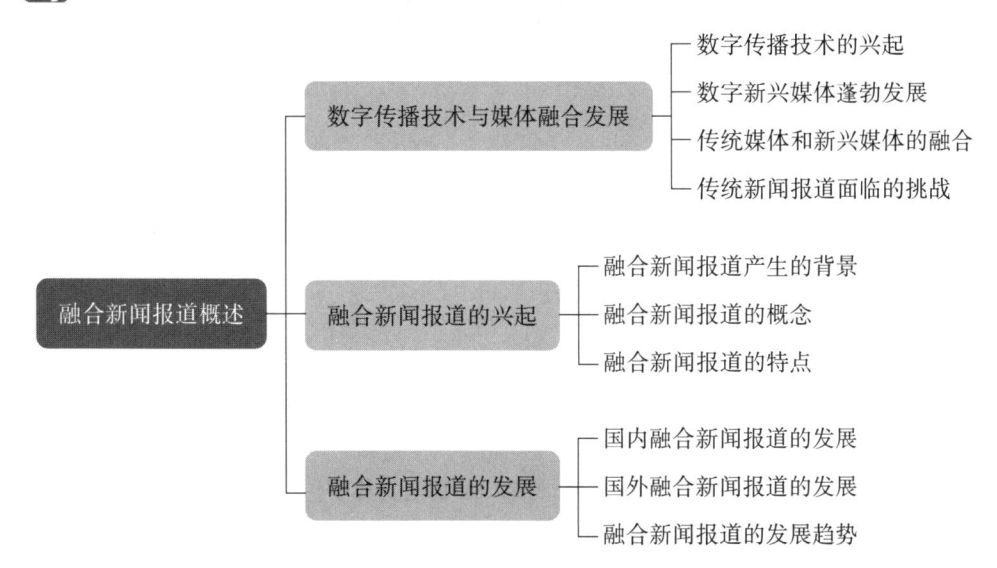

@ 案例导入

"新闻联播"由中央电视台制作并发行,坚持在每天晚上七点准时开播。在数字传播时代,"新闻联播"在守正的基础上持续地革新,并主动适应数字传播技术带来的新态势、新变化与新发展。经过一系列变革,"新闻联播"在媒体融合时代焕发出新的生机和活力。

"新闻联播"节目通过创新传播形态进行媒体融合革新。首先,采取"大屏+小屏"的方式,形成多平台、多终端、全覆盖的媒体矩阵,实现一次采访、多元生成、多终端传播。其次,形成台网融合、富有鲜明特点的新闻报道,打造融合新闻报道"新闻联播+",强化新闻报道的解读和分析,增强主流媒体的舆论引导力。最后,通过"短视频"和"社区化"的方式,在坚守移动优先的同时,深入挖掘短视频资源,进行社区化宣传,贴近受众的需要。

作为新闻舆论的领航者,"新闻联播"在媒体融合发展方面持续创新与开拓,发挥中国电视新闻品牌节目的专业性、影响力与号召力,通过资源整合和互补,达到信息资源通融、信息内容兼容、推广互融、经济效益共融的目的。

第一节 数字传播技术与媒体融合发展

媒体融合发展离不开技术的进步,数字传播技术为媒体融合提供坚实的技术支撑。数字传播技术凭借其传播速度快、信息容量大、形式多样化、突破时空限制等特点,加速推动媒体融合的发展。

一、数字传播技术的兴起

人类科技的每一次进步,都给世界带来巨大变化。数字传播技术兴起后,人们实现"数字化生存",借助数字传播技术,人类的信息传播活动进入新阶段。

(一)数字传播技术

数字化技术是指运用0和1进行数字编码,并利用计算机、通信卫星和光缆等设备,进行传输、表达和处理信息的技术。它包括对数字的编码、压缩和储存,对数字的传输、调制和解调等技术。数字技术是信息技术的核心,也是数字传播的底层技术逻辑。[1]近年来,人工智能与5G技术等的发展更是推动数字传播技术向前迈进一大步。

人类传播依靠各种语言符号与非语言符号,承载信息,传递意义。在口语、文字、印刷传播时代,信息的传播难以跨越远距离的阻碍。数字传播技术的兴起,使得信息传播中的时空局限问题迎刃而解。

人类每一次科技进步,都给世界带来巨大的变化。自20世纪末开始,科学技术适应新的时代语境和社会语境不断发展,各种科技手段不断革新。科学技术的发展也带动信息传播技术不断融合和创新,从早期的跨媒体到后来的全媒体,再到今天的融媒体,媒体发展进程一直不断向前。数字时代,信息的海量化和大容量存储等特性使得整个人类社会的信息传输和存储系统无限放大。随着数字传播技术的进步,新闻媒体也不断发展和进步。借助数字传播技术的广泛应用,媒体融合成为当下新闻传播领域的发展重点。

(二)数字传播技术的特点

首先,数字传播技术具有传播速度快的特点。利用数字传播技术,可以全天候、不间断进行信息的传播,这种传播速度快的特性使得信息传播更加及时、快捷。在传统大众传播时代,报纸的出版发行是以天为单位;无线电与通信卫星技术出现后,信息传播从以天为单位走向以小时为单位。在网络时代,随着数字传播技术的发展,信息传播的速度得到了极大提升,信息传播可以实时进行,信息的生产、传播和互动达到了即时状态。比如,在2022年北京冬奥会期间,摄影记者们利用"媒体+"的互联网技术,能够做到即拍即传,在极短时间内把图片、影像扩散至全球。

其次,数字传播技术具有信息容量大的特点。数字信息可最大规模地保存在云空间中,实现传播内容的扩容。云端化是数字传播技术带给新闻传媒业剧变的一个重要方面,云端化也促进新闻传媒的结构性、功能性变革。传统媒体传递的信息受到技术制

---

[1]董年初.视听新媒体相关技术[J].中国广播电视学刊,2007(04):92-94.

约,无法全面展示甚至全部保存,如报刊受到印刷纸张的影响,电视节目、广播受到播报时段的影响等。而在数字时代,这些限制全部被打破,信息可以无限制地在云空间中"行走"。而且,借助云存储,也可以实现数据的妥善保管。

再次,数字传播技术具有呈现形式多样化的特点。除了常见的文字、图片、影像等传播形式,借助数字传播技术,还可利用长短视频、动画、HTML5(超文本5.0)、VR/AR(虚拟现实/增强现实)[①]等形式进行传播,让用户实现更加沉浸式的体验。传统媒体时代的图文、音视频已经落伍,AR/VR报道已成为常见之事。近些年元宇宙概念的发展,借助全息影像技术,虚拟化身、数字偶像等成为传播的又一突破点。传播形式的迭代带来受众体验的升级,未来数字传播技术将会进一步助力新闻媒体的创新发展。

最后,数字传播技术具有不受时空限制的特点。在传播的时空观念上,借助数字传播技术,信息传播跨越了传统媒体时代时空限制,实现远距离同步传播,可以完美地适应和满足用户的信息获取需求。时空观念的突破是人类传播一直努力的方向,在数字传播技术下,时空观念得到了进一步开拓。在新冠疫情[②]暴发后,"无接触"的现实条件进一步驱动媒体进行技术升级。比如,在2020年全国两会期间,身处疫情区域的人大代表无法抵京开会,主流媒体借助5G+VR等技术实现异地同屏采访,在当时成为创举。

(三)数字新兴媒体涌现

数字传播技术的特点和优势给传媒业带来巨大变革,推动新闻媒体转型升级,催生出新的媒体形式——数字新兴媒体。

数字传播技术推动数字新兴媒体的出现和发展。传统媒体时代,信息传播主要依赖报纸、广播、电视等媒体形式。而数字技术的出现,加速了传播技术的转型升级,远程通信、云端传输、生物仿真等技术加速运用到传媒业,推动了数字新兴媒体发展壮大。

数字新兴媒体提供图片、文本、图像、动画、声音等各种新型传播形态,加快信息收集、储存、加工、分发过程中的数字化进程。数字新兴媒体具有传播形式多样化、精准化、个性化等优势,成为新闻媒体发展的主流方向。

数字新兴媒体为新闻报道提供全新的传播渠道、新颖的传播形式,不断给用户带来体验升级。5G与VR/AR技术带来虚拟与现实的结合,实现传播内容的多元化呈现,不

[①]书中涉及较多的英文字母词,在不影响该领域读者理解的情况下,不再一一标注中文。
[②]"新冠疫情"名称有一个演变的过程,本书中除脚注与参考文献外,不区分时间节点,按照2023年后的提法统称"新冠疫情"。

仅给用户带来全新的多感官体验,还不断驱动新闻媒体全方面升级。

当然,任何事物都具有两面性,技术也是如此。在享受数字传播技术带来便利的同时,也应清晰地看到数字传播技术仍然存在尚待完善的地方。比如,数字传播技术由于缺少必要的管理和审核机制,导致的信息真实性、准确性问题,以及数字内容的知识产权问题等。在未来的发展中,应不断发挥数字传播技术的优势,更好地促进新闻传播业的发展和经济社会的进步。

二、数字新兴媒体蓬勃发展

数字传播技术的发展实现传播渠道日渐丰富。新闻媒体采集的信息内容可以不断扩容,丰富的网络资源成为新闻报道的素材来源。比如,借助大数据爬虫技术,新闻媒体可以收集更多的信息;借助传感器等技术,人体、物体产生的信息也可以作为新闻报道的资源等。除了专业的新闻从业者,用户也加入新闻内容生产过程中,用户生产的内容成为媒体内容的重要来源。

数字传播技术的发展实现传播形式日渐丰富。在数字传播时代,信息呈现形式大大革新。每年全国两会期间,新闻报道争奇斗艳,如图解、视频、HTML5游戏、小程序等,极大地丰富了信息传播形式。尤其是近两年,5G+VR异地同屏采访与4K/8K实况转播更是使得信息传播形式大放异彩。

数字传播技术的发展使得传播渠道日渐丰富。传统媒体信息传播的途径多是以印刷的报刊和无线电通信的广播电视等媒体为主。随着数字传播技术与互联网的发展,信息传播的渠道已被极大扩展。由于数字传播技术的兼容性好、低成本、覆盖范围广、传播速度快等优势,各种社交媒体、短视频平台、应用程序的开发极大地丰富了信息传播渠道。线上传播渠道和线下传播渠道的互动,大屏与小屏的同频共振,增强了传播效果。

三、传统媒体与新兴媒体的融合

数字传播技术的迭代升级推动媒体融合进程不断加快,媒体融合呈现智能化、液态化、生态化与在地化等新特点。

（一）媒体融合的概念

在数字传播技术的影响下,新旧媒体呈现相互融合的发展态势。媒体融合是在互联网和数字技术发展等各种因素的共同驱动下,各种媒体利用新型介质技术真正进行整合和汇聚的过程。[1]媒体融合就是所有的媒体借助数字技术与网络技术的推动向数字化和电子化这一形式靠拢。[2]由于卫星通信技术与数字技术的发展,报业得以推出手机报、网络版和移动新闻客户端,形成报网之间的互动融合,电视出现官方网站、彩色制式,实现数字化传播。在这个层面上来说,技术助推了媒体融合的进程。

传媒产业融合基本上经历了技术融合、业务融合和市场融合三个阶段。技术融合是业务融合与市场融合的基础,是基于技术革新让媒体产业——互联网、电信、广播电视、多种类出版,打破行业之间的准入壁垒,并逐步走向融合与统一。[3]在数字传播技术背景下,传统媒体不能够故步自封,一成不变,只有选择媒体融合发展这条道路,才能够实现转型升级。作为当下传播形态变革大趋势,媒体融合通过数字传播技术,融合现有的媒体形式,实现传播内容、传播渠道、传播形态等方面的创新,构建新型传播格局。

（二）媒体融合的发展趋势

随着媒体融合步伐不断加快,各类媒体在内容生产、平台渠道建设和经营管理方面实现稳健发展,媒体融合已经由增量扩张变为内涵扩展,逐步进入智能融合、生态融合、柔性融合新阶段。[4]媒体融合呈现如下鲜明的特征和趋势。

1. 媒体融合发展呈现出智能化的趋势

随着大数据、云计算、人工智能等技术的发展与应用,数字技术不断创新扩散,媒体在各种新技术的加持下争相开发智能媒体技术,力图实现媒体的数据驱动和智能驱动。如在2021年全国两会期间,中央广播电视总台推出两会"C+真探"专题栏目,总台的虚拟小编"小C"首度亮相荧屏,并与全国人大代表们远程连线,实现智能化新闻采访。

---

[1] 蔡雯.媒介融合前景下的新闻传播变革——试论"融合新闻"及其挑战[J].国际新闻界,2006(5):31-35.
[2] 熊澄宇.整合传媒:新媒体进行时[J].国际新闻界,2006(7):7-11.
[3] 昝廷全,金雪涛,党娜.传媒产业的产业融合及组织创新趋势[M]//.传媒蓝皮书:2006年中国传媒产业发展报告,北京:社会科学文献出版社,2006.
[4] 梅宁华,支庭荣.中国媒体融合发展报告.2021[M].北京:社会科学文献出版社,2021.

2.媒体融合发展呈现出生态化的趋势

新闻媒体灵活运用"新闻+政务服务"模式,在政务服务、商业市场、用户留存等各方面进行开拓,孵化媒体产业链,不断进行跨界合作。比如有的媒体顺应直播经济的发展,开始试水直播带货,有的媒体结合当下热点,进行国潮产品商业创新等。

3.媒体融合发展呈现出业态化的趋势

各类新闻媒体运行机制不断完善,新闻从业者之间的流动性不断加强,新闻媒体的组织活力也得以发挥。媒体新兴部门和传统部门不再是相互隔绝的状态,而是不断优化组织,各部门之间的合作获得实质性的进展,不同媒体之间的合作与互动增强。

4.媒体融合发展呈现出在地化的趋势

新闻媒体的一大职能是带动用户参与社会治理。在媒体融合深入发展的今天,新闻媒体参与社会治理的势头不减,甚至更加普遍,在网络问政、数据治理、数字网格化管理等方面发挥着重要的作用,有助于提升国家治理能力与社会治理水平现代化。尤其是在近两年的疫情防控、脱贫攻坚、乡村振兴等方面,新闻媒体扮演着重要角色。

四、传统新闻报道面临的挑战

传统新闻报道是在新闻事件发生后,各媒体队伍派出文字和摄影记者去搜集和拍摄采访资料,完成新闻稿件的初步写作;然后交给报社编辑,由各级编辑对稿件进行修改和审核,标题的制作以及版面的安排,完成这一系列工作之后,在报纸、电视等媒体上刊登或播出。在新兴媒体不断发展的传播环境下,传统新闻报道面临巨大的挑战。

(一)难以实现资源整合共享

传统的新闻报道难以实现对人力资源、信息资源和新闻资源的整合、共享和利用。例如,每一家媒体都拥有自己独立的记者和编辑人员,在新闻事件发生之后,各家媒体分别派记者去新闻现场进行采访,而最终采集回来的信息大多数简短而相似,这就大大提高了采访的成本。另外,各家媒体的数据库、新闻线索和背景资料等信息资源都是相对独立存在的,不能实现资源整合及共享,造成信息资源的极大浪费,无法实现新闻报道的集约化和规模化,也无法达到经济与社会效果的最优化。

(二)难以实现传受交流互通

传统新闻报道由于信息载体的传播特性,无法及时、有效地传播信息,导致在与新兴媒体的竞争中处于劣势。由于报纸、电视等传统媒体存在的先天缺陷,受众难以与记者、编辑开展互动,尽管受众可以通过信件与电话等方式参与互动,但是时效性不强,从某种程度上说,正是这种互动性的缺失导致越来越多的受众放弃传统媒体,开始转向数字媒体。

(三)难以实现集约经营效益

传统新闻报道信息制作成本过高,难以实现成本的集约效益。从传统新闻报道的流程来看,新闻信息最终到达受众,中间需要经过采访对象、记者、编辑、印刷人员等多个环节,这就导致新闻发布和接收的滞后性,正是因为这种情况,以"天"为单位进行出版的报纸在时效性方面赶不上以"小时"或者"分"为单位进行传播的电视媒体,更远远赶不上以"秒"为单位进行传播的数字媒体。

第二节 融合新闻报道的兴起

在数字新兴媒体对传统媒体的冲击下,受众媒介接触习惯发生变化,融合新闻报道开始出现。融合新闻报道是在媒体融合背景下产生的一种新型新闻报道形式,也是借助数字技术发展起来的创新传播方式。与传统新闻报道相比,融合新闻报道具有明显的特点与优势,新闻来源更加多元化,报道形式更加丰富,报道内容动态性,报道过程呈现互动性等。

一、融合新闻报道产生的背景

融合新闻报道不是各种媒介形式的简单堆砌,而是根据新闻事件的价值,依据报道平台属性,立足报道的事件详情,选用合适的媒体平台进行发布。融合新闻报道产生和国家政策的支持、数字技术的驱动以及传播环境的变革有着密不可分的联系。

(一)国家政策的支持

传统媒体与新兴媒体的融合需要国家顶层设计对传统媒体进行政策性引导,并提供资金支持。目前,国家政策层面已经出台一些相关举措大力推进媒体融合深度发展,营造融合新闻报道的传播环境。

2014年8月18日,中央全面深化改革领导小组第四次会议审议通过《关于推动传统媒体和新兴媒体融合发展的指导意见》,媒体融合发展由此上升到了国家战略的层面。习近平总书记强调:推动传统媒体和新兴媒体融合发展,要遵循新闻传播规律和新兴媒体发展规律,强化互联网思维,坚持传统媒体和新兴媒体优势互补、一体发展,坚持先进技术为支撑、内容建设为根本,推动传统媒体和新兴媒体在内容、渠道、平台、经营、管理等方面的深度融合,着力打造一批形态多样、手段先进、具有竞争力的新型主流媒体。

2016年2月19日,习近平在党的新闻舆论工作座谈会上指出:要尽快从相"加"阶段迈向相"融"阶段,从"你是你、我是我"变成"你中有我、我中有你",进而变成"你就是我、我就是你"。同年7月2日,国家新闻出版广电总局出台《关于进一步加快广播电视媒体与新兴媒体融合发展的意见》,强调用深度融合的战略谋划,力争在两年内,广播电视媒体与新兴媒体融合发展在局部区域取得突破性进展,形成几种基本模式。

2017年5月,中共中央办公厅、国务院办公厅印发《国家"十三五"时期文化发展改革规划纲要》,强调推进媒体融合发展,扶持重点媒体创新思路,统筹推进媒体结构调整和融合发展,打造一批新型主流媒体和媒体集团。媒体深度融合必须以"中央厨房"建设为龙头,创新媒体内部组织结构,构建新型采编发网络。

2019年1月25日,中共中央政治局就全媒体时代和媒体融合发展举行第十二次集体学习。习近平在主持学习时强调:全媒体不断发展,出现了全程媒体、全息媒体、全员媒体、全效媒体,……,导致舆论生态、媒体格局、传播方式发生深刻变化。

2020年9月,中共中央办公厅、国务院办公厅印发《关于加快推进媒体深度融合发展的意见》,进一步从重要意义、目标任务、工作原则三个方面对媒体深度融合发展提出了更为细致的要求,并提出"四级融合"的新表述,完善中央媒体、省级媒体、市级媒体和县级融媒体中心的四级融合发展布局。

在国家层面的一系列政策的指导下,我国媒体融合和融合新闻报道不断向纵深发展,从中央媒体、省级媒体、市级媒体、县级媒体建立起完整的四级媒体融合传播环境。

(二)数字技术的驱动

从技术环境来看,融合新闻报道的产生得益于技术的进步。以大数据、人工智能、区块链为代表的新一轮技术变革支撑融合新闻报道的发展。借助大数据技术,新闻信息的采集不仅仅局限于新闻从业者,互联网数据也成为新闻信息来源,极大地方便新闻信息的采集和挖掘。人工智能技术的运用,也使得新闻信息的生成更加快速、高效,不仅可以提高新闻报道效率,而且解放了新闻从业者的繁重劳动。区块链技术的运用可以追溯信息来源,保护新闻报道的版权等。依靠算法技术、5G技术以及VR/AR技术的发展,新闻信息的精准传播成为可能,用户体验感不断提升,比如"'天舟一号'发射任务VR全景直播",借助VR进行直播,并且线上线下、大屏小屏之间充分互动,达到良好的传播效果。

融合新闻报道重视数字传播技术的应用,强调移动优先、及时互动,以此来增强用户黏性、提高传播效果。而且随着数字平台媒体的发展,大多媒体纷纷建立自己的传播矩阵,借力数字媒体的传播优势,不断创新内容生产、传播和呈现方式,综合使用文字、音视频、动画、虚拟现实、人工智能等技术。2017年建军节前夕,人民日报的融合新闻HTML5作品《快看呐!这是我的军装照》,借助人脸识别、融合成像技术,结合建军节节日仪式,巧用HTML5技术,借力微信朋友圈熟人社交进行病毒式传播,专业内容生产和用户内容生产相结合,创新融合新闻报道新模式,丰富受众的阅读体验。

(三)传播环境的影响

在数字新兴媒体的冲击下,传统媒体面临着严峻考验,受众大量流失、广告收入锐减。传统媒体想要走出这种困境,必须要实现产业转型升级。相关调查发现,报纸的日到达率、读者读报时间、报纸的订阅数量和零售数量都出现了大幅的下滑。与此同时,传统媒体的广告空间不断被数字新兴媒体分割和蚕食。报业的市场份额不断减少,电视开机率降低,广告收入不断下滑,加大了传统媒体的经营难度。

传统媒体在受众群体和广告市场上的不利局面进一步表明:传统媒体的新闻报道方式和广告传播方式的缺陷,使得传统媒体在与数字新兴媒体的竞争中处于劣势。传统媒体只能提供给用户文字与图片,并且时效性差,单一传播性无法更好地满足受众互动性的社交需求,用户自然而然地会转向即时传播、双向互动、多媒体传播、海量存储的数字媒体。传统媒体为了重新获取受众的青睐,赢得广告收入,必须进行数字化转型。

在这样的传播环境中,传统媒体为了生存和发展,就必须进行媒体融合,融合新闻报道方式应运而生。

二、融合新闻报道的概念

在媒体融合环境下,传播主体和受众之间的边界也越来越模糊,新闻报道形式从过去自上而下的单一线性传播开始向立体化、全方位传播转变。数字传播技术是媒体融合进程的底层技术逻辑,不断推动媒体融合向纵深发展。媒体融合的发展推动传媒产业和新闻业态变革,融合新闻报道成为新兴的新闻报道形态。

融合新闻报道力求在一篇报道中综合运用图文、视频、动画、直播、VR/AR以及HTML5等技术,集多种形式于一体。[1]对融合新闻报道概念的理解,需要围绕业界和学界两个方面展开。从业界新闻报道实践来看,融合新闻报道是关于融合新闻产品的生产,利用多种技术手段借助多平台进行创新传播的新闻报道;从学界研究来看,融合新闻报道的概念和范畴更具有高理论性,是指利用数字传播技术、互联网及移动通信技术,综合利用各种介质的新闻传播形态。融合新闻报道创新传播内容、丰富新闻表现形式。

融合新闻报道是伴随着媒体融合发展产生的新闻报道方式。关于融合新闻报道的概念主要从新闻报道的形式进行阐释,比较相近的概念有"融媒体报道""融合新闻""媒体融合报道""融媒体新闻"等[2]。融合新闻报道并非简单地等同于"全媒体新闻",它不只是多种媒体报道形式的组合堆砌,而是基于互联网的融合报道平台,根据新闻内容,以最适宜的表现手段,融合使用多种技术形态的报道形式。

融合报道区别于传统新闻报道的三个典型特征分别是全时性、开放性和互动性。[3]融合新闻报道做到一次生产、多形式呈现、多渠道发布、多介质阅读等,从一定程度上改善新闻报道生产流程,进一步增强了新闻的品牌影响力,进而提升媒体集团化运作水平,达到媒体集约化生产的目标。融合新闻报道是融合多种媒介形式,依据各种传播载体的属性进行信息传递的一种新型新闻报道形态。

---

[1] 王天定.融合报道:"融合"如何助力"深度"[J].青年记者,2017(22):8-10.
[2] 雷跃捷,何晓菡,古丽尼歌尔·伊力哈木."融合报道"的概念、内涵、特征及发展趋势——基于中国新闻奖与普利策新闻奖"融合报道"作品的比较分析[J].新闻战线,2019(13):40-47.
[3] 龚瀛琦,张志安.融合报道的特征及生产机制[J].新闻界,2011(03):11-14.

三、融合新闻报道的特点

依托数字传播技术的优势,融合新闻报道呈现新闻来源多样性、报道形式丰富性、报道内容动态性、传播过程互动性等特点。融合新闻报道更加吸引受众的注意力,成为新闻媒体的"新宠"。

(一)新闻来源的多样性

作为一个全新的新闻呈现形式,融合新闻报道的出现和发展得益于其自身的特性,而新闻消息来源的多元化趋势正是其突出的特征所在。在媒体融合背景下,由于数字新兴媒体传播速度更快、传递途径更为多样,受众获得新闻资讯更加轻松方便,因此提高了对新闻事件的关注度。再加上"三微一端"的兴起与发展,为受众提供可以表达的平台,特别是在一些突发性社会事件上,受众的反馈更为及时与准确,从被动的信息接受者角色变成积极的信息传播者角色。在2021年11月份的"安阳狗咬人事件"中,当河南本地民生媒体"小莉帮忙"曝光此事后,后续报道线索大多由住在同社区或附近社区的居民进行挖掘和传播,这些居民不断关注事件进展,将与"狗咬人事件"相关的新闻信息通过微博、微信、抖音等数字媒体平台传播出去。受众提供的信息是很重要的信息源,在经过新闻从业者的把关审核之后,这些来自受众提供的新闻素材就可以成为新闻报道的内容。

尤其是在一些灾难事件的新闻报道中,最初的新闻线索大多由在场的亲历者通过数字媒体平台传播。2020年初,随着新冠疫情的大规模流行,已经成为"重灾区"的武汉"封城"之后,除了主流媒体的报道,武汉本地居民拍摄大量短视频进行实时、实地、实情传播,有助于人们了解到武汉当地的实际情况。

融合新闻报道的信息来源多样性可以将新闻素材做到一次开发、多次生成、整合及共享新闻资源,提高新闻资源的利用效率。因此,在一些灾情、事故等重大突发性事件报道中,数字媒体的表现尤为突出,从2021年初在微博、微信、抖音等数字媒体平台上网友热议的由《青春有你3》引发的"倒奶"事件,到南昌"玛莎拉蒂司机孙某醉驾事件",数字媒体平台上汇集了来自不同利益主体的信息,新闻媒体正是利用消息来源和报道角度的多元化,颠覆传统媒体新闻报道的模式,拓展融合新闻报道的理念与实践。

(二)报道形式的丰富性

数字新兴媒体极大地扩展新闻信息的传播形式,为融合新闻报道提供平台与空间,不仅丰富新闻报道的表现形式,而且还增强新闻报道的吸引力与可读性。融合新闻报道的传播载体除原有的传统媒体之外,还包含各类新闻门户网站、社交媒体、新闻客户端等数字媒体平台,基本上涵盖了视频、声音、图像等所有的新闻信息传播方式。VR/AR与5G等技术的出现进一步推动融合新闻报道形式的创新。VR逐步在新闻报道中得以使用,2020年全国两会期间,由于受到新冠疫情的严重影响,新华社首次引入5G全息技术异地同屏采访,通过异地访问人大代表,并讲述人大代表们履职的故事。5G网络数据传输和全息图像技术的广泛使用,让身在异地的代表们超越空间界限和新闻记者"相见",开启5G时代远程异地同屏访问的先例。

数字媒体平台的蓬勃发展改变报纸、杂志、广播、电视四大传统媒体一统天下的新闻传播格局,不管从信息传播速度还是深度方面,均遥遥领先于传统媒体。[1]数字媒体平台最大优点便是其综合性强,不但能够发布视频新闻、音频报道,还能够发布传统媒体上有关新闻信息的文章和照片。例如多数主流媒体成立媒体融合中心,并建立融合新闻报道专区,设置直播、短视频等频道。

融合新闻报道的形式多样,满足受众个性化信息需求。在融合新闻报道中,新闻从业者可以根据受众需求和新闻信息的特征,选择视频、音频、图片、文本等多种形式组成最适宜的新闻报道形式。在自然灾害或者重大突发事件报道中,由于事发突然或者环境恶劣,新闻记者无法拍摄到事件发生的瞬间场景,新闻媒体会采取动画模拟的方式来报道灾难发生的过程。随着计算机技术的成熟,这种用动画模拟的传播方式逐渐成熟并为观众所认可,不但丰富新闻报道的形式,而且也大大提高新闻报道的传播效果。

(三)报道内容的动态性

任何新闻事件都有一个发展过程,为了达到真正、全面、完整地呈现出新闻事件的原貌,新闻报道一定要从时间的横向和纵向上进行双向拓展。新闻媒体不但报道最近发生和即将发生的新闻事件,还需要报道正在发生的重大新闻事件和最新进展情况。

随着受众对新闻时效性要求的不断提高,判断新闻媒体专业化程度与权威性的标

---

[1] 刘晶晶.新形势下网络媒体的比较分析[J].传播力研究,2020,4(01):177-178.

准就是新闻报道能否准确、迅速。新闻时效性和完整性方面的竞争使得新闻报道由过去的"最近发生的事实"变为"正在发生的事实",新闻报道由现在的信息快速更新、动态采写代替过去的一次性采访。融合新闻报道的重要特征是报道的时效性极高,可以实现报道内容的动态更新,极大满足受众对新闻信息的时效性要求。①

融合新闻报道的实时动态特点对新闻从业者提出更高的要求,他们必须对新闻事件具有极高的敏感度和灵敏性,便于获取实时的新闻线索,为受众及时提供动态化的新闻报道。微博、微信、短视频等数字媒体平台凭借即时迅速的传播特点成为融合新闻报道中不可忽视的力量,传统媒体除了加强自身的信息采集能力之外,也开始注重数字传播技术在新闻采集过程中的作用,通过深度融合提升新闻报道的动态性。比如2021年郑州"7·20"暴雨事发次日,河南大象新闻策划微博话题"#暴雨中的河南力量#""#河南防汛#"等,持续发布各地区各路段、各社区暴雨实时情况,以及整合救助帖子,参与到防汛救人中。当天下午16:55,正是暴雨迅猛的时间段,河南广电融媒体记者直击全省防汛现场,多家媒体参与直播转播,全方位地报道"7·20"暴雨。之后,河南诸多媒体又迅速推出了"救援工作"和"沉痛悼念"这些专题性报道,事件持续受到人们关注。

(四)传播过程的互动性

互动性是数字传播时代的一个显著特点。互动强调受众的参与和反馈,受众在接收信息的同时,可以对媒体发布的内容进行选择和评论,有时甚至可以进行重新加工,形成二次传播。在传统媒体的新闻报道中,受众是被动的信息接收者,他们对推送到面前的新闻只能选择接受和不接受,无法表达自己的看法主张。融合新闻强调互动性,注重受众参与,在与受众互动中进行新闻报道。一方面,在媒体融合的大环境下,受众主动参与新闻互动的意识不断加强,一改过去被动接受新闻信息的局面,开始主动参与新闻报道。另一方面,传统媒体为了增强传播效果、吸引受众注意,也正在积极地寻求和数字新兴媒体之间的合作与共赢,为用户搭建更多交流互动的平台。

数字媒体平台给受众参与新闻互动提供了一个有效的平台,让受众与新闻事件的互动不受时空的限制。数字媒体平台与生俱来的交互属性大大提升受众的发言机会,受众可以利用这些平台自由且清晰地表达自己的想法和观点。在融合新闻报道中,新闻信息与受众之间的互动具有实时性的特征。实时互动不仅使信息之间的反馈时效性

---

① 刘涛,王宇明.新媒体背景下全景化新闻报道探析[J].今传媒,2013,21(02):105-107.

达到最高,也很好地调动受众参与的积极性。传统媒体借助数字传播技术加强与受众之间的互动,目前几乎所有的传统媒体都开通了官方微博、微信公众号、短视频平台账号等,利用数字媒体平台加强与受众之间的联系,并且吸引用户参与到新闻生产与传播过程中。

作为融合新闻报道的主要载体,数字媒体平台充分发挥互动性强的特点,了解用户的兴趣和爱好。比如在一些影响范围大、涉及面广的重大民生新闻报道中,通过受众对新闻信息的有效互动和反馈,新闻媒体可以清晰地了解受众的价值关切,便于媒体根据受众需求推出重点新闻报道,最大限度吸引用户的关注,提高新闻报道的舆论引导力。

第三节　融合新闻报道的发展

随着受众需求的多元化与信息接触量的加大,受众对某些新闻事件有更深刻的见解与更广阔的视角。因此,融合新闻报道不仅要从内容上满足受众的信息需求,还要从形式上提升用户的体验感。在数字传播技术的推动下,媒体融合深入推进,在多种因素综合作用下,融合新闻报道获得快速发展,呈现出视频化、沉浸式的发展趋势。

一、国内融合新闻报道的发展

在媒体深度融合的背景下,国内融合新闻报道得到了突飞猛进的发展,多种信息载体之间相互融合,新闻信息资源丰富,传播渠道多元,信息载体融合,新闻呈现可视化。

(一)新闻信息资源愈加丰富

数字传播技术的发展与应用普及让新闻类信息资源具有了海量化特征,新闻从业者在使用与判断各种信息方面存在很大挑战。受众在使用数字媒体平台过程中不仅扮演着新闻信息接受者的角色,而且还具有传播与发布新闻信息的身份。媒体融合时代受众所具有的媒体素养还有待提高,他们不能精准判断各种信息的真伪性,并且处理各种信息的方法与措施也不够专业。因此,新闻媒体要想切实提高新闻报道的质量,就需要新闻从业者在海量的信息资源中精心筛选,去伪存真、去粗取精,正确判断各种新闻信息的价值与真实性,并对新闻信息进行专业化的处理,给受众提供更高质量的新闻信息。①

(二)媒体传播渠道日趋多元

数字传播技术条件下各种媒体相互交融,使得新闻传播渠道发生巨大的变化,颠覆传统媒体单一的传播模式,新闻报道显现出鲜明的立体化、丰富化和多元化特点。当前,数字传播技术广泛地应用在各类新闻报道中,转瞬即逝的广播新闻可以通过App应用程序实现非线性传播,传统的电视新闻也可利用网络电视进行播报,媒体融合时代新闻报道的传播渠道更加多元。融合新闻报道在收集与处理各种新闻信息素材时,新闻从业者应精准而透彻地分析每一种媒体的具体特点,以确保其提供的所有新闻信息能较好地迎合不同类型媒体的信息传播需求。

(三)表现元素多种多样

对传统媒体而言,声音影像与文字是传播信息的核心载体,这就使得新闻报道的形式过于单一。在数字传播技术快速普及以及数字新兴媒体迅速更新迭代的传播环境下,新闻信息具有了更加多样化的表现形式。动画、视频、虚拟现实等多种表现形式在融合新闻报道中被广泛应用,使得新闻信息呈现更加丰富与生动。融合新闻报道可以把视频、图片、动画、文字等多样形式融合呈现出来,使得新闻报道具有直观化、现场化与及时化等特点。

(四)新闻呈现可视可感

技术的发展为新闻报道提供源源不断的创新动力,融合新闻报道充分利用大数据、算法、5G等技术实现新闻的可视可感。例如利用大数据技术可以拓宽新闻信息来源以及实现新闻报道的可视化,利用VR/AR技术可以实现沉浸式的阅读和体验,利用算法推荐技术可以准确获取用户的兴趣与偏好,实现更加精准的信息推送。在未来,甚至可以在元宇宙中建立新型的新闻信息生产与传播模式,利用元宇宙技术实现新闻报道的可视可感。

---

① 努尔兰别克.试论融媒体时代新闻宣传面临的机遇及挑战[J].新闻传播,2018(15):54-55.

二、国外融合新闻报道的发展

伴随数字传播技术的发展和传播环境的剧变,国外传统媒体数字化转型步伐加快,媒体渠道相互渗透,受众体验迭代升级,新闻报道主体多元化。

(一)数字化转型步伐加快

在数字传播技术不断发展与创新的时代,国外传统媒体也在不遗余力地专注于数字化转型,融合新闻报道的新举措、新创意不断出现。《纽约时报》推出的"NYT Now"改变了新闻在移动设备上的呈现方式;"Times Insider"让人们看到《纽约时报》记者是怎么工作的;"Upshot"将智能分析、写作、数据可视化与个性化相结合。[1]《华盛顿邮报》将报纸内容嵌入移动智能手机和平板电脑终端,以此来获得受众认同,增加受众黏性。传统媒体正在通过网络页面、智能设备等渠道获得生存,让内容符合传播介质的特点,满足读者的不同需求。

(二)媒体渠道相互渗透

面对数字新兴媒体带来的冲击,国外传统媒体应对的措施之一便是各个渠道间的相互渗透,实现多方触达用户、多点盈利。比如哥伦比亚广播公司(CBS)将电视剧等节目提供给Hulu(美国的一个视频网站);亚马逊、奈飞(Netflix)等视频网络平台,积极融入互联网电视市场。美国知名传媒公司维亚康姆集团2014年入驻索尼OTT[2]电视服务,顺应互联网电视服务的市场需求。维亚康姆集团与索尼达成协议,维亚康姆集团的22个电视频道入驻索尼推出的基于云的OTT电视服务(Cloud-based TV),打开索尼进军OTT视频服务的大门。从这些例子不难看出,国外媒体正在尝试传播渠道的相互渗透,传统的单一媒体渠道"争霸天下"的局面已经一去不再复返了,媒体渠道相互融合和渗透才是发展的方向。

(三)受众体验迭代升级

在媒体融合背景下,国外媒体更加重视受众的沉浸式体验,一改过去只追求新闻内

---

[1] 匡文波,邵楠.国外融媒体实践及启示——以英国BBC为例[J].对外传播,2016(11):12-14.
[2] OTT指通过互联网向用户提供各种应用服务。

容的倾向,尤其关注数字传播平台对信息传播的作用,充分满足受众的互动需求。国外传统媒体通过自办网站、开发App应用程序等方式来鼓励和吸引受众参与新闻报道,发表评论、表达观点和意见,通过受众主动"分享"和"互动",来增强受众的参与感。同时媒体也利用各种新技术推出创新性新闻报道,提升受众媒体使用的体验感。

(四)新闻报道主体多元化

融合新闻报道需要多种表现元素,以多样化的形式呈现。新闻从业者不再局限于单独的采写、拍摄、编辑等新闻报道工作,而是集采、编、评、摄、发、播等各个工作职能于一体。作为融合新闻报道的中坚力量,新闻记者要不断提高自身的业务素质、采编能力、新技术运用技能等。在技术赋能的数字传播环境下,由于"人人皆是传播者"现象的出现,新闻报道的主体多元化,受众也成为新闻报道的发布者、传播者、评论者。随着机器写作的出现,新闻报道的主体进一步扩展到智能机器。

三、融合新闻报道的发展趋势

传播技术不断更新迭代,融合新闻报道的形式和表现也日新月异。未来融合新闻报道将结合新的技术手段和传播形式,产生更加丰富与新颖的表现形式,呈现出视频化与沉浸式的发展趋势。

(一)新闻报道的视频化发展趋势

近年来,短视频异军突起,短视频新闻成为新闻报道的主要形式。未来,伴随着5G技术的发展,信息传输渠道的限制得到革命性突破,长视频将会是新闻报道发展的重点方向。视频新闻具有表现形式丰富、传播速度更快、社会影响更大等诸多优势,成为融合新闻报道的发展趋势。视频化作为融合新闻报道的重要发展方向,为社会公众提供短时间获取高价值密度新闻资料的可能。

视频新闻内容丰富,表现力强,重点关注社会舆论的焦点问题,将舆论性、公益性、社会性、文化性、娱乐性等诸多要素融合,在传播新闻信息的同时,积极引导社会舆论。[1]2017年全国两会期间,中国日报推出以手机自拍形式呈现的特别短视频——《老

---

[1] 王诚.融媒体时代短视频新闻的发展现状和前景分析[J].新闻研究导刊,2020,11(07):213+215.

外看中国:英国小哥细数两会关键词》,英国小哥方丹以变幻无穷的视频形式展现两会关键词。节目融入大量的影视技术,将方丹缩小后置于办公桌上,通过方丹与桌面上物品互动的新颖形式,回顾我国过去几十年发展历程,简洁明快地梳理经济社会的发展脉络,最终引出"中国梦"和"人民"等方面的两会热点词汇,深刻阐明"人民是历史的创造者"这一观点。这则融媒体短视频荣获第28届中国新闻奖,表明视频新闻的受欢迎程度以及未来的流行趋势。

在未来的融合新闻报道中,视频新闻将会大胆尝试更多的创作手法,融合多种表达方式,将视频形式的表达效果和新闻内容的影响力集中展现出来,在数字媒体平台的支持下实现更为广泛的传播。

(二)受众体验的沉浸式发展趋势

由于传播技术的发展以及媒体更加重视受众体验,未来沉浸式新闻将成为融合新闻报道的重中之重。当下,直播已成为媒体的标配,沉浸式成为媒体追求的重心。随着VR/AR技术应用步伐加快以及5G技术的全面普及,尤其是元宇宙概念的兴起,更是推动沉浸式新闻进一步发展。

沉浸式新闻作为融合新闻报道的重要方向,它可以为受众提供更加真实、亲切的现场体验,允许受众以第一人称的视角进入新闻现场,赋予受众更多自主权,以共享的方式让受众和现场直接互动。这种全新的报道方式使受众沉浸到新闻所描述的事件现场中,快速引发受众共情、共鸣,甚至带给用户陪伴感。

2021年9月25日孟晚舟归国,中央广播电视总台进行了一场覆盖各渠道、多角度的全矩阵直播。当晚共有465家媒体通过视频号直播孟晚舟回国过程,让受众领略"沉浸式接机"的体验,实现零距离与现场互动。央视新闻客户端、央视频、央视网等新媒体平台上点赞数超4亿次。这种沉浸式的直播新闻不仅受到媒体的竞相模仿,也获得受众的极大欢迎。

融合新闻报道不断尝试利用各种新的技术手段,创新表达方式,尤其是在新闻报道中融入元宇宙的理念与技术,推动沉浸式新闻的落地与普及,提高用户的体验感与参与度,这代表了未来新闻报道的发展方向。

知识回顾

　　数字技术的兴起,不断丰富媒体传播渠道与内容资源,融合新闻成为主流新闻报道形态。融合新闻报道是在数字传播技术与数字新兴媒体发展的背景下兴起的,媒体新闻报道从过去追求"短、平、快"的模式转向对新闻事件进行动态的、立体式的传播。融合新闻报道通过微博、微信以及新闻客户端等数字媒体平台,采取视频、音频、图像等多种形式给受众带来沉浸式体验,人们可以近距离、多视角地全面客观看待新闻事件,同时拉近传受之间的距离,可以使受众与媒体之间及时快速进行互动。在媒体融合的传播环境下,传播者与受众之间的界线日趋模糊,海量信息也让受众难以分辨真假,融合新闻报道需要确保新闻信息真实客观。

思考与拓展

1. 简述我国媒体融合的发展历程。
2. 媒体融合时代传统新闻报道的困境有哪些?
3. 融合新闻报道的特点有哪些?
4. 简析融合新闻报道的发展趋势。

第二章　融合新闻报道的条件

知识目标

1. 了解融合新闻报道的硬件。
2. 熟悉融合新闻报道的软件。
3. 了解融合新闻报道的平台。

能力目标

1. 学会使用融合新闻报道的各种软件。
2. 掌握融合新闻报道平台的运行技术。

思维导图

- 融合新闻报道的条件
  - 融合新闻报道的硬件
    - 静态新闻报道的硬件
    - 动态新闻报道的硬件
  - 融合新闻报道的软件
    - 图片新闻报道的软件
    - 视频新闻报道的软件
    - 动画新闻报道的软件
    - 数据新闻报道的软件
  - 融合新闻报道的平台
    - 融合新闻报道的平台化
    - 融合新闻报道平台的功能
    - 融合新闻报道平台的组成

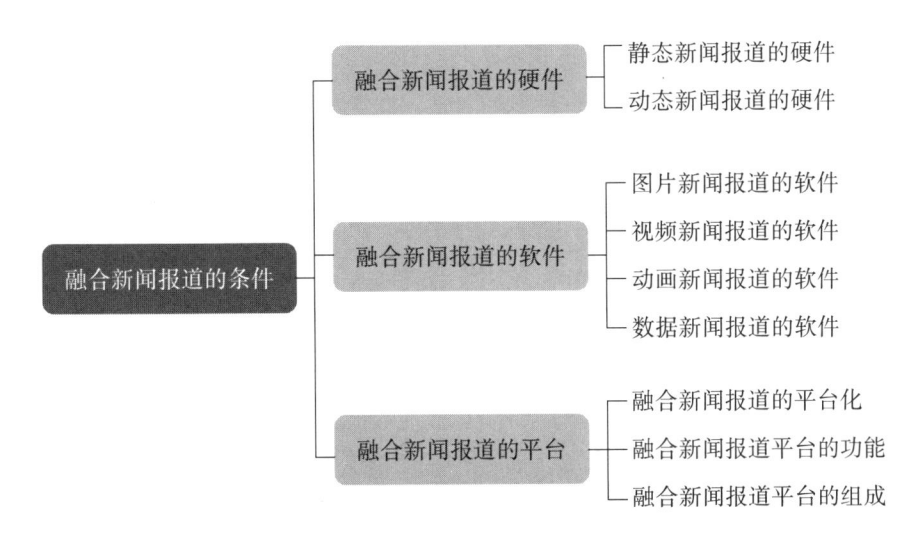

@ 案例导入

数字传播时代,Vlog凭借日常化、个人化等特点进入用户视角。从明星和视频博主使用Vlog记录日常生活,到数字媒体平台竞相引入Vlog产品,以及主流媒体开始涉足Vlog,Vlog新闻已经成为融合新闻报道的重点。在2019年全国两会的报道中,央视网、中国日报、人民网等主流媒体纷纷推出第一视角、自拍式的Vlog新闻报道产品,获得了良好的传播效果。人民日报微博推送的"人民日报新媒体记者两会Vlog",人民网微博推送的"真实记录两会女主播的一天忙忙忙忙忙忙""你见过凌晨12点的人民网吗"等视频,都是通过拍摄者、记录者的自述、自拍等方式,以主播、记者等身份记录两会的幕后故事。此外,光明日报、中国经济周刊、中国青年报等媒体也自制类似的Vlog新闻。

技术赋予新闻报道更加丰富的生命力,融合新闻报道在技术上有更高的要求。随着融合新闻报道模式的改变,新闻素材的采集、新闻报道的生产与发布都发生前所未有的变化。融合新闻报道不只是多种媒体报道方式和形态的堆砌,而是立足于新闻事件本身的时空特点、新闻价值,采用最适宜的技术手段进行新闻报道。

第一节 融合新闻报道的硬件

融合新闻报道可以划分为静态新闻报道与动态新闻报道两大类型。融合新闻报道的图片新闻报道和视频新闻报道可以结合呈现,也可以分别呈现。在新闻报道的硬件设备方面,动态新闻报道的要求更高。

一、静态新闻报道的硬件

静态新闻报道主要指的是文字与图片新闻,静态新闻报道的硬件工具分为传统工具和新兴工具,传统工具主要以单反相机为主,新兴工具则以全景相机、5G+AR眼镜为主。

(一)传统静态新闻报道的硬件

在传统新闻报道方面,一则静态新闻的构成要素一般包括图片报道与文字报道两部分。文字报道由记者或编辑完成,在进行文字采访和报道的过程中,可能会用到的硬件工具包括录音笔、话筒等设备。在图片新闻报道中用到的报道硬件工具则少不了相机。目前,大多数新闻报道的图片一般由数字单反相机拍摄。数字单反相机有多种不同的镜头,每一种镜头拍摄新闻照片的景深、景别、成像等都有所不同。由于拍摄对象的不同以及需要呈现给受众的新闻事实不同,在摄影时需要变换不同的镜头,常用的摄影镜头有标准镜头、变焦镜头、长焦镜头以及广角镜头。

1. 标准镜头

标准镜头是指与人的单眼视角相同的镜头,也就是说,用这样的镜头能够捕捉和拍摄到的范围和人类睁开一只眼睛平视能够看到的场景大致相同,所有能在对应画幅下呈现45°左右视角的焦距,都可以称之为标准镜头。

标准镜头的特点是它的成像视角接近人眼,拍摄的图像富有真实性。标准镜头的有效口径大,使其在光线不足的环境下拥有出色的拍摄能力。标准镜头是传统新闻报道中常用的工具,其应用十分广泛。在一般的会议新闻中,经常利用标准镜头进行图片报道。即使是在数字传播技术飞速发展的今天,一些新闻报道仍然会采用传统的标准镜头拍摄,然后借助新技术进行编辑。

2. 变焦镜头

单反相机的镜头按照焦距是否可以改变分为定焦镜头和变焦镜头。所谓变焦镜头,即同一个镜头内,可以改变场景的透视关系,通过连续改变焦距来使画面中的人物和场景变大或缩小的镜头。

变焦镜头的特点是通过透镜组的伸缩,实现调节镜头的焦距。通过改变镜头的焦距,可以代替摄影机的前后移动,达到移动机位的效果,给受众呈现不同的画面,比如大型舞台表演、球类比赛、运动比赛等等。变焦镜头善于抓拍,从而能够增强新闻图片的表现力。

3. 长焦镜头

长焦镜头分为普通远摄镜头和超远摄镜头两种,普通远摄镜头的焦距长度接近标准镜头,而超远摄镜头的焦距远远大于标准镜头。一般情况下,长焦镜头的视角小于标准镜头,但它的焦距却比标准镜头长。在长焦镜头中,80~200 mm 的镜头应用最多。长焦镜头可以将远景拉近,把远景中的细节扩大,不会对拍摄对象造成干扰,在拍摄的过程中可以对拍摄画面进行裁剪,从而使拍摄对象清晰,表情自然,图片更真实自然。但长焦镜头一般较重,因此在使用时需要三脚架的支撑。

4.广角镜头

广角镜头又称短焦距镜头,它是一种辅助镜头,这类镜头的主焦距明显小于所摄底片画面的对角线长度,视角大于人眼的正常视角。一般而言,标准的广角镜头为 35 mm 和 28 mm,超广角镜头大于 15 mm、小于 20 mm,短于 15 mm 的叫鱼眼镜头。

广角镜头的景深长,个体成像小。但由于其焦距短、视角大,广角镜头拍摄的画面范围大,容易导致前景视物变形。广角镜头一般用于新闻会议、建筑、旅游风光宣传等图片拍摄。鱼眼镜头拍摄的画面十分夸张,可将视域内的景物变形为弧形,其视角可以达到 180°,在呈现某些新闻场景时会取得很好的效果。鱼眼镜头较常使用在大型会议的图片采集,其视角宽广,能够全方位地展现会议现场,但不太适合拍摄人像。

(二)新兴静态新闻报道硬件

媒体融合时代,静态新闻报道的硬件工具发生了深刻的变革,传统硬件设备已经无法满足融合新闻报道的需求。融合新闻报道形式多样,新闻报道时效性要求更高,不仅需要数字单反相机,还需要增加搭载 VR 技术的全景相机等设备。

1.全景相机

全景相机可以拍摄全景图片也可以拍摄全景视频,常用于拍摄视频。全景相机能够在极大程度上还原新闻场景,增加受众对新闻报道的参与感与真实感。

传统相机一次只能拍摄一个方向,信息量受极大限制,且转换画面需要手动切换,而全景相机则可以完美地避开这个缺陷。全景相机拍摄角度完全不受限制,可以把所有的空间场景装进镜头中,拍摄者不需要反复调整构图,也不需要复杂的摄影技术,便能够实现 360° 的画面拍摄。

目前,全景相机不仅在新闻报道中广泛应用,在人们的日常生活中应用得也非常普遍,如房产拍摄、医院造影、远程拍摄,以及教育领域拍摄等等。在全景图像生成中,图像的匹配和图像的融合是两大关键性技术,图像匹配是对需要拼接的图像提取特征信息,根据重叠区域进行匹配;图像融合则是将已经匹配的图像进行融合处理,消除明显的边缘和过渡线,得到完整、高质量的图像。

2021年7月人民日报发布一则使用全景相机拍摄的视频,在19秒的视频中,展示了航天员出舱活动时的地球画面,十分震撼,其传播效果自然也十分惊人。随着虚拟现实、人工智能等技术的发展,全景相机的应用领域将更加广泛,全景视觉图像也会获得更加宽广的发展空间。

2.5G+AR眼镜

在新闻报道中利用AR眼镜,记者以第一视角的方式,拍摄所见、所闻,高效记录新闻场景中发生的细节和瞬间。自2017年起AR眼镜就成了全国两会报道中常见的"黑科技"产品。

随着5G技术不断取得新进展以及商用的普及,5G技术越发成为生活、生产必不可少的要素,作为加速器推动我们进入虚拟现实的世界。5G+AR眼镜,便是5G技术与AR眼镜结合,利用5G技术高速率、低能耗、低时延等特点,实现更大程度的沉浸式体验。

中国移动咪咕公司于2021年11月发布最新5G应用产品——第二款AR眼镜Nreal AirAR眼镜,它的重量只有76克,却集成了全球领先的光学成像技术,色彩和清晰度相当于当前VR眼镜的两倍。[1]当用户戴上这款眼镜后,将拥有空间感的视角,相当于携带了一块200英寸(约5.08米)高清大屏幕。如果使用5G手机连接Nreal Air,便可以实现透过眼镜看到多屏画面,还可以随着头部转动,实现屏幕位置和屏幕大小的随意切换。

在2021年全国两会期间,最新双目增强现实眼镜Leion Pro让光明日报记者不需要携带繁重的拍摄设备,只需要戴上AR眼镜就可以完成拍摄、采访、录像、直播等工作。[2]更为强大的是,利用AR眼镜的人脸识别功能可迅速了解每个参会人员的基本情况、受访者的个人资料等,协助生成采访内容,极大地减轻了记者的记忆负担。

5G+AR眼镜正在为新闻传播带来变革,成为融合新闻报道的强大生产力。AR眼镜仍然处于初级阶段,比如观看内容有限、镜头防抖效果不佳等等,但是随着科技的进步,AR眼镜的画面、色彩、感官将不断丰富和完善。

---

[1]环球网:戴上AR眼镜出街 "5G+"引领你进入元宇宙世界
[2]凤凰网:5G+AR+AI采编利器再升级 Leion Pro继续见证两会点点滴滴[EB/OL].(2021-3-12)[2022-04-03]https://i.ifeng.com/c/84Xxfm71sp1.

3.MR眼镜

MR眼镜集合VR技术、AR技术的优势,实现数字化现实+虚拟数字画面,一副MR眼镜可以完成AR和VR能够完成的事情。MR眼镜的突出作用主要包括人脸识别、智能导航、远程协助、智能体验等。利用MR眼镜进行融合新闻报道,可以极大解放记者的双手,让记者更加专注于深度内容的挖掘。利用智能眼镜拍摄和记录第一视角的画面,带观众进入更加具有沉浸感的现场,提升受众获取新闻的体验感。MR智能眼镜参与新闻报道将会模糊新闻策划、新闻采访、新闻编辑、新闻发布的分工界限,让新闻报道的流程融合起来,给予新闻报道更多想象的空间。

2021年全国两会期间,人民日报记者佩戴Rokid MR智能眼镜的画面迅速冲上微博热搜。人民日报记者佩戴Rokid MR智能眼镜走进两会会场,通过第一视角记录两会场景,并且采用语音或者触摸的方式,在智能眼镜上完成高效率的拍照、录像以及直播工作,所拍摄的现场画面可以随时与后方的工作人员进行共享与互动。

二、动态新闻报道的硬件

动态新闻报道主要指的是动画新闻、视频新闻。随着移动互联网的发展,视频新闻在我们的日常生活中屡见不鲜。对于动态新闻报道的硬件工具,同样分为传统工具和新兴工具,传统工具主要以摄像机为主,新兴工具则以无人机、依托VR/AR技术的新型摄像机等为主。

(一)传统动态新闻报道硬件

动态新闻报道主要包括视频新闻和Flash新闻。视频新闻的制作需要各种摄像设备,其中以数字摄像机为主。Flash新闻报道则需要安装有Adobe Flash软件的电脑。融合新闻报道出现后,动态新闻除了原有的视频新闻与Flash新闻,还出现了VR新闻等新形态。

视频新闻报道以前采用的设备是磁带摄像机,随着数字技术的发展,磁带摄像机逐渐被数字摄像机取代。数字摄像机分为录像单元与摄像单元两部分。摄像机的录像单元一般由一台录像机(Video Control Record,简称VCR)将一系列的图像、声音信号记录在磁带上。拍摄好的新闻素材视频往往需要添加字幕以便受众理解,这个时候就需要使用字幕机。

字幕机由电脑加专业的字幕叠加卡以及相关软件构成。字幕机的用途是在视频信号上增叠图文字幕。比如在电视台播出的节目上增加台标、广告片的角标等。字幕软件用来对电脑进行操控,在编辑字幕后从字幕叠加卡中输出。字幕软件的系统方式有旁通方式与编码方式两种。在数字技术作用下,字幕卡正在由传统的字幕卡向数字字幕卡转变。

(二)新兴动态新闻报道硬件

新兴动态新闻报道硬件工具主要指的是依托VR/AR技术的新型设备,这些新技术设备的应用推动了融合新闻报道的发展。

1.VR/AR设备

VR是利用计算机图形系统与多种现实接口设备,生成可交互的三维立体环境,通过佩戴VR设备,如VR眼镜,在特定的屏幕前,受众可以身临其境地感受某种环境。AR是通过计算机系统提供的信息增加用户对现实世界的感知,并将计算机生成的虚拟物体、虚拟场景或者系统提示的信息叠加到真实的场景中,从而实现对现实的"增强",具有虚实结合、实时交互等特点。[1]目前,依托VR/AR技术的硬件设备逐步应用到融合新闻报道中,搭载的硬件有全方位摄像机与全景相机,一般适用于突发事件、体育赛事、宏伟的建筑以及自然风景等领域新闻报道。

VR拍摄设备中比较出色的有Go Pro摄像机。Go Pro摄像机适用人群为冲浪、滑雪、跳伞等极限运动团体。因其在运动过程中能够出色地拍摄景物,所以被运用于搭载无人机进行拍摄。法国Drone Volt公司推出一款无人机Janus 360,可搭载10部Go Pro Hero 4K相机,拍摄360°全景图像。[2]Go Pro摄像机中拍摄画面较为理想的型号是HERO 4 Black,可以实现每秒240帧的速率拍摄慢速画面,拍摄出令受众身临其境般的连续镜头。HERO 4 Black摄像机不仅在捕捉运动镜头方面表现出色,同时它的防水性能也比较突出。在夜景拍摄方面,HERO 4 Black摄像机的夜间延迟模式可自定义曝光设置,最

---

[1]乔晓露.移动增强现实技术下的图书馆创新体验研究[J].艺术科技,2015,28(10):77+101.
[2]环球网.Drone Volt推无人机:搭载10部GoPro Hero相机

长能够曝光30秒。在音频处理方面,HERO 4 Black的全新音频系统,可以轻松实现捕捉无杂音、高保真的声音。目前最新型号为HERO 13 Black。

2. 无人机设备

无人机拍摄是指利用无人机进行新闻素材的收集、新闻画面的捕捉,是进行新闻报道的一种手段。2011年美国林肯大学新闻传播学院便成立了"无人机新闻实验室",开启无人机新闻报道的"大门"。2015年被誉为"无人机元年",新华社成立中国历史上第一个无人机编队。此后,利用无人机技术进行画面捕捉、视频拍摄成为媒体融合时代新闻媒体的"标配"。

无人机视频拍摄具有得天独厚的优势。首先,无人机拍摄可以采集到记者难以捕捉、难以涉足的新闻素材,尤其是在灾难新闻的报道中,利用无人机拍摄可以极大地保证新闻记者的人身安全。其次,无人机拍摄可以有效地还原新闻现场,它以非主观介入的方式记录新闻事件发生的真实情况,为新闻从业者、为受众提供第一手信息。最后,无人机拍摄还具有视角上的优势,传统新闻记者的拍摄角度大多是水平视角,而利用无人机,则可以实现远距离俯瞰、鸟瞰拍摄,这使得宏大场面的报道更加壮观。[1]

在新闻报道实践中,借助无人机进行拍摄的情况并不少见,在国内外地震以及暴雨等新闻报道中,无人机发挥着重要作用。但是无人机拍摄也具有一些不足之处,比如涉及新闻伦理问题,可能会侵犯新闻现场人们的隐私、泄露国家机密等。此外,无人机拍摄也会面临天气以及电池、遥控能力的问题。电池续航方面,目前无人机技术已经做得相对很好,但是其他不足方面,是未来需要努力完善的方向。

第二节　融合新闻报道的软件

融合新闻报道除了需要使用大量的硬件设备以外,也需要大量的软件工具与技术支持。融合新闻报道与传统的新闻报道相比,一个最大的突破就是新闻素材的数字化

---

[1] 和讯网:1号风向 | 无人机新闻时代来了吗?[EB/OL].(2021-11-26)[2022-04-03].http://news.hexun.com/2021-11-26/204827690.html.

采集与新闻报道的可视化呈现。数字化采集为新闻报道注入了新的生命力,可视化呈现为新闻报道提供了崭新的面貌。

一、图片新闻报道的软件

图片新闻报道的软件工具主要有图片编辑软件、制作软件、绘图软件,以及新兴的人工智能照片编辑器。常见的图片编辑软件有:Adobe Photoshop 与 Adobe Lightroom 图片编辑软件、Adobe Illustrator 图片制作软件、Easy Paint Tool SAI 绘图软件、Luminar 人工智能照片编辑器。

(一)Adobe Photoshop 与 Adobe Lightroom 图片编辑软件

图片新闻报道需要用到的软件工具以图片编辑为主。图片新闻编辑软件的应用为新闻报道提供了更加丰富的呈现方式。

Adobe Photoshop,简称PS,是一款常用的且功能强大的图像处理软件,它具有大量的编修和绘图工具,可以高效地进行图片编辑和加工工作。在融合新闻报道中,Adobe Photoshop 能够有效地处理拍摄的新闻图片,也可对报道中所需的宣传标志等进行后期制作,同时也可处理网页图像等。总的来说,Adobe Photoshop 的功能是十分丰富的,在图像、图形、文字、视频、海报、出版等各个方面都有广泛应用。

Adobe Lightroom 是一款后期制作工具,是当今数字图片工作流程中不可缺少的一部分,主要用在数码相片的浏览、整理、编辑等工作中。Lightroom 能够快速导入及管理照片,从而提高摄影师的工作效率。通过 Lightroom,用户可以在高清的视频幻灯片上插入静态影像、音乐等元素,同时可以在任何电脑或设备上播放。Lightroom 的校正工具、组织功能都十分强大,而且打印选项也十分灵活,可以加快图片后期处理速度。

使用图片编辑软件可以在新闻报道中增加报道的视觉冲击力、真实性和客观性,但是,使用图片编辑要谨记新闻报道的真实性原则,注意适度使用,不能利用软件的便利来制造假新闻。在以往的年度假新闻盘点中,不乏一些借助PS等图片处理软件进行新闻造假的情况,这种行为严重违背了新闻伦理,导致新闻媒体自身的公信力下降,而且不利于社会的稳定。因此,在使用图片编辑软件时,要特别注意假新闻误区。

(二)Adobe Illustrator图形制作软件

Adobe Illustrator经常被称为"AI",是Adobe公司推出的一款基于矢量图形制作的软件,是目前运用最多的平面设计软件之一。该软件主要应用于专业插画绘制、多媒体图像处理、海报和书籍排版、互联网页面的制作等方面,适合生产各种复杂项目。

整体来看,AI的功能与PS大致相同,但是AI的操作界面更清楚简洁。AI适用的系统有Windows、Mac OS等。AI具有丰富的像素描绘、矢量图编辑等功能,最大的特征在于矢量图的绘制,即AI非常适合制作标志、图标、插画。

AI的基本工具有四类,分别是选择工具、绘图工具、上色工具和改变形状工具。选择工具比较容易掌握,而绘图工具中的钢笔工具是比较难掌握的一个,难点在于利用钢笔进行曲线的绘制,绘制曲线时拖动会生成方向线,方向线的长度和斜度决定了曲线的形状。学习钢笔工具最好的方式是临摹。上色工具适合对线稿上色,是绘制插画中的实用工具。在改变形状工具中,旋转、镜像、缩放等是常用的变换工具,形状生成器和路径查找器是创建新图形的工具。熟悉上述工具操作后,基本可以掌握AI的使用。

(三)Easy Paint Tool SAI绘图软件

Easy Paint Tool SAI,简称SAI,是日本SYSTEMAX Software Development开发的一款绘图软件,SAI相当小巧,专门用来绘图,具有绘图的美感、简便的操作步骤、极好的兼容性等特点。在融合新闻报道的生产过程中,利用SAI绘图成为新闻工作者的必备技能。

SAI的操作比PS更加人性化,比如它可以任意旋转、翻转画布、缩放、反锯齿处理等等。在SAI的主页面中,左侧是图层关联面板,右侧是颜色与工具关联面板,两个面板的位置可以互调。在图层关联面板中,导航器是用来旋转、缩放和还原图片的;画纸和画材是设置画纸基本参数的;利用混合模式可以叠加图片色彩。此外,图层关联面板中还有图层蒙板、不透明度等工具设置。在右侧颜色与工具关联面板中,常用的工具有色轮(用于颜色的选择,其中自定义色盘可以用来放置自己喜欢和常用的颜色)、形状选取和调整工具(其中矩形工具、套索工具、魔棒工具、移动工具、缩放工具、抓手工具、吸管工具等使用比较多)、笔刷是SAI中使用最多的工具,基础笔刷只有几个,可以自己配置一些适合自己画风的笔刷。

（四）Luminar人工智能照片编辑器

Luminar是一款立足于人工智能技术的照片编辑和修饰软件,和大多数常见的图片格式都兼容,它借助人工智能技术完成图片编辑工作。该软件包括超300多种强大工具和功能。Luminar是国外非常流行的一款图像处理软件,能够快速找出想要的图片,简化图像编辑流程,在短时间内提供所需要的外观,然后再逐个进行编辑优化,达到想要的效果。Luminar具有易于使用的高级控件,可以在几秒钟内轻松获得漂亮的图像。

Luminar的界面和功能简洁明了,编辑过程快速、简单,不具备专业摄影知识的爱好者也可以通过该软件进行图片的处理。Luminar的界面与其他图片编辑软件类似,图片在中间,操作面板集中在软件界面的右侧,分别是资料库、编辑、影像资讯,可以实现散景AI、口音AI、皮肤AI、身体和面部AI、超对比度、色彩和谐、结构化和一键换天等。在媒体融合时代,我们应探索将更高级的智能图片编辑软件应用到融合新闻报道中。

二、视频新闻报道的软件

常用的视频后期制作软件有Adobe Premiere、EDIUS、Song Vegas与Final Cut Pro。其中Adobe Premiere、EDIUS、Sony Vegas属于比较大众的、容易操作的视频后期软件,Final Cut Pro则更为专业与高质。近两年出现的AI人工智能剪辑软件使得融合新闻报道更加快捷与方便。

（一）Adobe Premiere

Adobe Premiere是Adobe公司旗下的一款视频编辑和制作软件,简称Pr。Adobe Premiere可以提升使用者的创作能力和创作自由度,是一款易学、精确、高效、便捷的视频编辑软件。Adobe Premiere具有较好的兼容性,可以与Adobe公司的其他软件互相配合使用。

在Pr界面中,分别有编辑窗口、预览窗口、素材窗口、编辑素材窗口等。拖动文件可直接导入素材,将导入的素材拖到编辑素材窗口即可以进行编辑,在编辑素材区域,可以实现素材的删减、倍速、转场、音乐、特效、字幕、调色等设置,在右上角依次点击"文件—导出—媒体",选择适合的格式可以进行文件的导出。

Adobe Premiere能够同时进行视频剪辑、字幕添加、音频美化处理、调色、输出、DVD

刻盘以及增加特效等一整套操作流程,提高视频制作的效率,同时减少时间与人力的浪费。使用者可以通过"音频剪辑混合器"监视、调整序列中正在剪辑的音像和声像,同时该软件也具有云同步技术,可以实现方便的云端传输和编辑。

(二)EDIUS

EDIUS是一款非线性视频编辑软件,它可以帮助用户快速编辑视频,适合并且支持多种格式、多种分辨率的素材,适用人群为新闻记者、摄影摄像师等。EDIUS的分辨率可以达到1080p或4K,当不同格式的视频文件在时间线上进行混编时,无须转码即可编辑。一般的视频新闻都可用EDIUS剪辑完成,EDIUS易上手易操作,同时输出速度较快,是目前比较大众化的视频编辑软件。

启动EDIUS软件,会出现EDIUS的初始化工程,点击新建工程,即可以在弹出的创建工程对话框中调节工程的相关参数,比如视频尺寸、帧速度等等,点击下一步,进入操作界面。在操作界面中,可直接导入素材,或者点击上传素材,将素材视频传入EDIUS。在对影片素材进行编辑之前,需要把素材拖动至剪辑轨道,剪辑轨道包括音乐轨道、文字轨道、音视频轨道和视频轨道,在剪辑界面中可以进行转场、特效、调色、画面变换等操作。视频剪辑基本完成后,可以在特效中添加转场效果,以增加素材间的过渡和连续性。在特效中的视频和音频滤镜中,可以调节剪辑视频的效果。所有素材剪辑完毕后,可以通过设置入点和出点的方式进行输出,输出后即为成品视频。

(三)Sony Vegas

Sony Vegas是PC端的入门级专业影像编辑软件,开发者为索尼公司。Sony Vegas能够对视频素材进行剪辑合成、添加特效、调整颜色、编辑字幕等操作,还能够为视频素材进行录制声音、添加音效、处理噪声等音频处理。除此之外,Sony Vegas还可以实现将编辑好的视频输出为各种格式的影片,并且可以直接发布或刻录成光盘以及磁带。Sony Vegas与Adobe Premiere相似,都属于入门级视频编辑软件,适用于融合新闻报道的一般剪辑。比如自媒体的视频新闻利用这两种软件可以实现快捷又方便的视频素材处理。同时,Sony Vegas还能够跨越多窗口和显示器,以保存不同的界面,方便同时进行不同工作要求的视频编辑。

在融合新闻报道中,需要根据新闻事件的主题与特性,有选择地使用相适应的视频编辑软件。

（四）Final Cut Pro

Final Cut Pro 是苹果公司开发的一款面向专业视频非线性编辑的软件，第一代 Final Cut Pro 在 1999 年推出，该软件操作界面简洁，功能专业且强大。Final Cut Pro 能够在后台对视频原始素材进行分析，提升素材视频文件的准备速度。Final Cut Pro 的内容自动分析功能可以让剪辑师按照自己的喜好来扫描脚本素材并创建原始数据，包括视频标签、摄像机数据、镜头类型等。剪辑师可根据这些标签对视频素材进行分类、过滤和搜索。

Final Cut Pro 的操作界面分为上下两部分，上半部分有四个区域，分别是边栏、浏览器、监视器和检查器。边栏即资源管理器，所有的素材存放在资源管理器中，边栏上边有三个按钮，分别是边栏的打开与关闭、照片音乐的设置、字幕效果的设置。浏览器可以浏览资源库中的素材和项目监视器，即查看素材和预览剪辑项目的窗口。检查器可以对素材进行编辑，比如调色、调整声音、调整特效参数等。下半部分有两个区域，默认的只有时间线窗口，可以在时间线部分进行编辑，右下角可以调出效果浏览器和转场浏览器，按照视频编辑需求进行具体操作。

相比 Pr，Final Cut Pro 的界面更加简洁清爽，适合新手学习。Final Cut Pro 内置很多转场特效等，预览视频时不会出现卡顿，可以实现轻松剪辑 4K 视频，渲染速度快，不少后期处理的编辑更加喜欢 Final Cut Pro。

（五）AI 智能剪辑软件

随着人工智能技术的发展，人工智能不仅可以智能识别语音和图片，还可以处理复杂的视频后期剪辑工作。视频制作包括剪辑、包装、字母、音效、调色等一系列复杂的流程，甚至人工都无法胜任的工作现在可以由 AI 来完成。目前，也有不少主流媒体在视频新闻报道中使用 AI 智能剪辑，利用人工智能辅助视频新闻报道。

虽然目前人工智能剪辑软件处于较低的发展阶段，但根据人工智技术进步速度与机器学习能力的发展，AI 智能剪辑师的剪辑能力和水平提升不是大问题。AI 智能剪辑软件的出现，极大地提升人工剪辑的工作效率，而且在一定程度上也提升视频编辑的准确性和精美度，期待未来 AI 智能剪辑更加"智能"。

三、动画新闻报道的软件

动画新闻是融合图像、视频、音频等多种媒介形式为一体的融合新闻报道形式。动画对于新闻报道的表现力起着重要的作用,动画制作软件比较常用的有 Adobe Animate CC、3D Studio Max、Maya、Adobe After Effects、Macromedia Flash 8 五种。动画新闻大部分会采用 Flash 动画的形式加以润色,一方面 Flash 动画能够使整个节目更加生动;另一方面,Flash 动画也能够凸显整个节目的调性。Flash 动画能够吸引受众的目光。同时在对严肃话题进行报道时,运用 Flash 动画进行解读会使报道内容更易理解与接受。

(一)Adobe Animate CC

Adobe Animate CC 原名 Adobe Flash(简称 Flash),中文名称"闪客",是美国 Macromedia 公司(现在已经被 Adobe 公司收购)推出的二维动画软件,包括两种软件,一个为 Adobe Flash,用于设计、编辑 Flash 文档;另一种是 Adobe Flash Player,用来播放 Flash 文件。

Adobe Animate CC 的界面也比较简洁,由菜单栏、编辑栏、舞台、时间轴、状态栏等组成,菜单栏包括文件、编辑、视图、插入、修改、文本、控制等设置,编辑栏包括场景、编辑元件等设置,舞台即工程的预览区域,时间轴部分包括图层、隐藏、控制面板等,状态栏可以进行素材的编辑和设置。Adobe Animate CC 能够设计游戏、电视节目和 Web 的交互式动画,还支持光栅图形、富文本、音频和视频嵌入以及脚本制作。

(二)3D Studio Max

3D Studio Max,简称 3D Max,是欧特克(Autodesk)公司开发的基于计算机 PC 系统的三维动画渲染和制作软件,前身是基于 DOS 操作系统开发的 3D Studio 系列软件。3D Studio Max 早期运用于电脑游戏动画制作,后来引入影视特效制作。

打开 3D Studio Max 主程序,最上方是菜单栏,所有的工具都可以在菜单栏找到。菜单栏下方是主工具栏,常用的工具存放在主工具栏。再往下是四个视图,所有的绘图操作都在这里进行,也就是工作区域。右侧是命令面板,可以对绘制对象进行参数的调节和修改。接着是时间动画以及信息操作区,用来控制时间进程。右下方是脚本信息,可以操作和查看内部工作脚本。脚本信息右边是信息帮助栏,再往右是动画控制区。

3D Studio Max 在广告、影视、建筑设计、工业设计、多媒体制作等领域发挥着巨大作用，并且在影视特效和电视节目中也占据一定地位。3D Studio Max 软件拥有强大的角色动画制作能力，同时可堆叠建模步骤，增大了制作模型的弹性。这款动画制作软件的突出特点就是建模功能强大、扩展性强、插件丰富，且操作简便、容易上手，与其他相关软件的兼容性也比较好。

（三）Maya

Maya 是 Autodesk 旗下的一款三维建模和动画制作软件，也是世界顶级的三维动画软件。相比中端软件 3D Studio Max 而言，Maya 在某些功能方面比 3D Studio Max 强大，比如角色动画、运动学模拟等方面。

Maya 的界面比较简洁，分为标题栏（主要显示所用软件的版本、项目名称、场景名称和所选取的项目）、状态栏（位于主界面上方，主要显示与工作区操作相关的图标、按钮或者其他项目，也用于在物体各个选择元素之间进行切换）、帮助栏（位于主界面的左下方，当用户运用各种工具或者参数时，它可以提供一些简单的帮助和指南）、工作区域（该软件最主要的部分，它占用大部分的面积，主要用于显示俯视图、透视图、前视图和侧视图等）、脚本编辑器（位于用户界面的右下角，在该窗口中，列出所有操作的脚本命令，并允许用户浏览和输入）。

Maya 软件的应用行业主要分布在电影制作、动画片制作、游戏动画制作、电视栏目包装、电视广告等方面；3D Studio Max 软件主要应用于建筑效果图、建筑动画、动画片制作、游戏动画制作等领域。Maya 的功能全面，包括粒子系统、建模、毛发生成、植物创建、衣料仿真等等。在融合新闻报道中，如若需要仿真动画的制作，Maya 是最常使用的软件。目前在一些突发事件的报道中，也有不少媒体选择使用 Maya 进行动画视频还原报道。

（四）Adobe After Effects

Adobe After Effects，简称 AE，Adobe 公司旗下的图形视频处理软件。AE 软件一般被从事设计和视频特技的机构所采用，比如动画制作公司、电视台、个人后期制作工作室以及多媒体工作室等。AE 拥有数百种的预设效果与动画，利用 AE 可以将 2D 与 3D 图像进行合成。

Adobe After Effects 界面类似视频编辑软件 EDIUS,分为上下两部分,上部分从左往右分别是素材添加区域、预览窗口、特效设置区域,下半部分包括合成项操作区域、时间轴区域等,其界面不是一成不变的,可以根据使用者的需要进行调整和还原。相比于其他视频剪辑软件,Adobe After Effects 的侧重点在于单个或几个素材的制作,以细节为主,因此常用来制作几十秒或者几分钟的片段。由于 Adobe After Effects 是基于层模式的合成软件,也被戏称为"动的 Photoshop"。

四、数据新闻报道的软件

融合新闻报道离不开数据的支持,大数据技术的发展使数据新闻成为新闻报道创新的热门形式,运用大数据可以使新闻报道更加详细生动。数据新闻又叫数据驱动新闻,是指基于数据的抓取、挖掘、统计、分析后,产生图表、动态图等可视化的新闻报道。[1]数据新闻需要新闻从业者掌握必要的数据挖掘与分析工具,在海量的数据中抓取并筛选出对新闻报道有价值的数据。

(一)数据抓取软件

数据是新闻报道的基础要素,融合新闻报道离不开大量数据信息的获取。目前常用的数据抓取软件主要有 Scrapy、DocHive、Tabula、Import.io、Web Scraper 等。

1.Scrapy

Scrapy 是 Python 开发的一款用于抓取 Web 站点,并从页面中提取结构化数据的软件。Scrapy 框架可以根据使用者的需要进行修改与编辑。Scrapy 安装与设置的难度较高,但一旦投付运行,使用者就能够充分利用它的多种便利功能。Scrapy 用途广泛,可以用于监测、数据挖掘与自动化测试等。

Scrapy 网页数据的抓取一般有 4 个基本步骤:第一,使用者需要创建一个 Scrapy 项目,进入准备存储代码的目录中,运行命令 Scrapy Startproject Tutorial,Scrapy 会生成数据存储的目录与文件夹;第二,定义 Item,Item 是用于保存爬取到的数据的容器;第三,编写爬虫 Spider,Spider 是用于从单个网站(或者一些网站)爬取数据的类;第四,进入项目的根目录,执行命令 Scrapy Crawl Dmoz 启动 Spider,到此爬取数据就基本完成。最后使用 Selectors 选择器提取 Item,对数据进行提取,再使用 Feed Exports 对提取的数据进行保存。

---

[1]方洁,颜冬.全球视野下的"数据新闻":理念与实践[J].国际新闻界,2021,35(06):73-83.

2.DocHive

DocHive是一款专门从PDF文档中提取数据的软件工具，由Raleigh Public Record开发。目前网络上很多数据资料都以PDF的形式进行传播与储存，但是对于提取数据来说，PDF文档格式的文件难于处理与提取。DocHive数据处理软件能够将PDF文档划分成多个细小片段，接着利用光学字符识别技术读取其中的内容再将文本信息整理为CSV文件。

DocHive操作一般需要经历5个步骤：(1)打开Virtual Machine，Virtual Machine是用于浏览与存储PDF的工具；(2)载入信息到DocHive；(3)双击开始菜单，开始查找与准备数据；(4)创建账户；(5)开始下载数据。运行DocHive需要具备的条件是下载并安装Oracle's VirtualBox，在运行过程中需要连接网络。

3.Tabula

Tabula是一款数据提取与分析工具，帮助用户查看并分析数据，它可以创建基础的图表，比如柱状图、条形图、饼图、直方图等。使用该软件可以轻松地对所研究问题进行可视化处理并且发布数据。Tabula建立有Tabula Public，供使用者交流学习。

Tabula软件可以获取PDF中的表格信息，并将其中的内容转化为CSV文件或者Excel电子表格。用户下载安装Tabula后即可以通过浏览器提取PDF文件内的数据，然后保存为CSV格式。Tabula的速度与效率都比较高。支持Tabula软件工具的系统有Windows系统、Linux系统和Mac OS系统。如用Windows系统则需要安装Java控件才可运行Tabula软件。Tabula可以处理没有明确界限的、多行或无行分离的图表信息，适用于调查性报道，为数据收集提供便利与帮助。

4.Import.io

Import.io是一个网站数据析取平台，其技术可以将网站、论坛等来源的结构化数据析取出来，供客户用于大数据分析。Import.io不只是一个爬取网页数据的平台，它还提供存储、搜索等服务。

Import.io是一个比较简单的爬虫工具，使用Import.io无须写任何代码，此软件可以自动识别网页结构进行内容抓取，最后生成表格供使用者下载，适用于内容格式统一、数量大的网站。Import.io在自动识别网页结构后，将内容转化成表格。表格中同类型的内容能够自动归类排列。如果Import.io抓取了不需要的资料，可以将之删除，将转化后的数据表格导入 Microsoft Excel，可以进行数据整理与分析。

5.Web Scraper

Web Scraper 也是一款快速获取大量网页数据的利器，它适用于 Chrome 浏览器和 QQ 浏览器。Web Scraper 分为 Chrome 插件和云服务两类，云服务是收费的，Chrome 插件是免费的。Web Scraper 的插件可以让用户以"所见即所得"的方式挑选想要提取的网页数据，形成模板，以供以后随时执行该模板，并且其执行结果可以以 CSV 格式导出。

Web Scraper 比较类似于 Selenium 和火车头浏览器，Web Scraper 的功能稍微少点，更加快捷小巧，使用成本也比较低，但它不适合大规模数据的抓取。这款软件适用于普通用户，即不需要专业的 IT 技术就可以上手使用。在 Chrome 浏览器或者 QQ 浏览器安装好 Web Scraper 插件后，随意打开一个网页，设置抓取格式和规则后，即可实现数据的快速获取。

（二）数据分析软件

数据分析是发现数据价值的途径，融合新闻报道常用的数据分析软件有 Tableau、Power BI、Fine BI、Trifacta 等。

1.Tableau

Tableau 目前拥有三大软件产品，分别是 Tableau Desktop、Tableau Server 以及 Tableau Public。Tableau 的产品并不仅限于企业，其他任何机构乃至个人都能够利用 Tableau 进行数据分析工作。Tableau 的业务主要有数据可视化软件授权与软件维护和服务两部分。

Tableau Desktop 是一款适用于 PC 桌面操作系统（只支持 Windows 系统）的数据可视化分析软件，分个人版和专业版（个人版只能导入 Excel，专业版可以导入各种数据库），用户可以根据自己的需求选择不同的版本。

Tableau Server 是完全面向企业的商业智能应用平台，基于企业服务器和 Web 网页，用户使用浏览器进行分析和操作，还可以将数据发布到 Tableau Server 中，实现与同事的协作处理，实现可视化的数据交互。Tableau Server 根据企业中用户数的多少或企业服务器 CPU 的数量来确定收费标准。

Tableau Public是完全免费的,不过用户只能将自己运用Tableau Public制作的可视化作品发布到网络上,即Tableau Public社区,不能保存在本地,每个Tableau Public用户都可以查看和分享,而且Tableau Public所能支持的接入数据源的类型和大小都有所限制,所以Tableau Public更像是Tableau Desktop的功能阉割版和公共网络版,重在体验和分享。

融合新闻报道中,可以使用Tableau进行数据新闻报道,尤其是自然灾害报道,比如地震数据的展现,以更直观的形式向受众提供新闻事实。利用Tableau进行可视化报道还可增强新闻报道与受众的互动性。

2.Power BI

Power BI是一套强大的数据分析软件,可以连接数百个数据源,进行数据简化处理,并且提供即时分析,让用户直观地看到数据呈现的重要内容,并且可以与他人进行共享。另外,Power BI还可以进行丰富的建模、实时的分析以及自定义开发,既可以做用户的个人报表,也可以做可视化处理工具。

Power BI包括一整套数据处理工具。其中,Power Query是负责对数据进行抓取和整理的,利用该工具,可以抓取市面上几乎所有格式的源数据,然后可以对数据进行整理、组合、透视等操作。Power Pivot是负责数据的建模和分析,能够快速建立数据透视表。作为嵌套在Excel中的交互式图表工具,Power View是数据在Excel内进行处理的基础。Power Map是直接套在Excel中的基于地图的可视化工具。

3.Fine BI

Fine BI是一款国产的数据处理和分析软件,个人版可以免费下载使用,使用习惯和设计风格都比较符合国人特点。得益于大数据技术的发展、互联网的普及,以及国家对信息技术产业的重视,Fine BI的发展前景不错。

Fine BI包括一系列数据处理工具,主要功能是实现对一些企业固定的月报、季报、关键数据的统计分析。Fine BI作为商业智能工具,它侧重于数据分析,交互性好,性能强大。该软件支持链接国内比较流行的大数据平台,在数据清洗和数据建模方面的功能和表现也很不错;在数据可视化方面,其操作方式与Tableau相似,但比Power BI要丰富,而且还具有更加讲究的可视化与交互性。

4.Trifacta

Trifacta以非常直观的方式进行数据处理操作,主要用于金融、生命科学、电信行业。该产品包括三个版本,分别是Wrangler、Wrangler Pro、Wrangler Enterprise。第一个版本是一款免费的独立软件,允许处理的最大数据是100 MB;第二个是升级版本,所处理的数据上限为40 GB;第三个是Trifacta的高级版本,其对处理的数据大小没有限制,非常适合大型组织使用。

Trifacta的数据处理功能革新了传统的数据清洗方法,基本不会受到数据规模的限制,可以放心地处理超大型数据。另外,Trifacta的图表推荐、算法、分析见解等功能,都可以方便快捷地生成数据分析报告。

(三)数据可视化软件

在融合新闻报道中,新闻可视化的呈现方式能够更为直观地向受众传达新闻事实。数据新闻最为重要的部分就是数据可视化。数据可视化在融合新闻报道中能够清楚明了地告知受众新闻事实,并且使新闻报道以一种生动的方式呈现,增强新闻报道的表现效果。

1.Echarts

Echarts是Enterprise Charts的缩写,是由百度开源的一款数据可视化软件。ECharts目前广泛应用于PC端和移动端的大部分浏览器上,提供直观、交互性、个性化定制的数据可视化图表。

Echarts具有良好的交互性和精巧的图表设计功能,囊括30多种常见的图表,包括折线图、柱状图、散点图、饼图、K线图,以及用于统计的盒形图,用于地理数据可视化的地图、热力图、线图,用于关系数据可视化的关系图、Treemap、旭日图,并且支持图与图之间的混搭,还有多达400多种地图文件,并且支持原生百度地图,为地理数据可视化提供了强有力的支持。

2.Bokeh

Bokeh是一个面向现代浏览器的交互式可视化库,它提供优雅、简洁的多功能图形构造,并提供大型或流式数据集的高性能交互,可以快速轻松地制作交互式图表、仪表板和数据应用程序。

Bokeh提供两种接口：一种是面向开发人员使用的底层接口，操作非常灵活，可以高度定制交互式可视化应用；另一种是面向一般用户的高层接口，侧重于图形本身，不需要写底层代码，对一般用户更加友好。

作为一款交互式的可视化数据库，Bokeh可以在浏览器上展示，也可以通过Python便捷快速地为大数据提供简洁优雅的高性能交互式图表，包括主动交互和被动交互。被动交互也称检查器，允许用户更加详细地查阅图表中的信息，但不会更改显示信息。主动交互会更改绘图上显示的实际数据，Bokeh中有许多类型的主动交互。

3.D3

D3（Data Driven Documents）是一款支持SVG渲染的另一种JavaScript库，它是一个被数据驱动的文档，能够提供大量线性图表和条形图表，而且还可以提供复杂的数据可视化，比如词云、圆形集群、沃洛诺伊（Voronoi）图等。

学习D3需要具备HTML（超文本标记语言，用于设定网页内容）、CSS（层叠样式表，用于设定网页样式）、JavaScript（直译式脚本语言，用于设定网页行为）、DOM（文档对象模型，用于修改文档内容和结构）、SVG（可缩放矢量图形，用于绘制可视化图形）等相应知识。

第三节　融合新闻报道的平台

融合新闻报道发展的重要趋势，就是新闻报道的媒体一体化协同配合、采编人员的交融配合以及资源的整合等。融合新闻报道不仅仅是多种载体相结合的报道形式，同时包括采集平台、生产平台与发布平台的融合与重构。

一、融合新闻报道的平台化

在融合媒体时代，新闻报道各环节之间的联系更加紧密，建立融合新闻报道平台成为必然之举。融合新闻报道平台可以将各个媒体终端连接起来，实现更加集约化的新闻报道。

(一)传统新闻生产过程

传统新闻报道中,新闻生产相互孤立,处于分散状态。对报纸而言,新闻生产的过程是由新闻记者外出采集新闻、写作成新闻稿件,发回编辑部,由责任编辑、主编等进行审核和编排,最终经过总编审批后印刷刊发。在此过程中,新闻从业者各自为政,记者负责采集、编辑负责编发,整个新闻报道过程呈现"流水线"式作业,彼此之间处于松散的联系状态。

对电视媒体而言,新闻生产的过程是由记者外出采集、拍摄,文字记者写作成文字稿件,摄像记者对采集的视频素材进行加工形成视频新闻,经历节目、栏目、台等一系列工作人员的审核和把关,最终呈现在电视媒体上。在这个过程中,每个环节的新闻从业者也处于一种相互隔绝状态,整体的协作能力和整合能力低下。媒体融合背景下,新闻报道需要多方协作才能完成,传统新闻报道参与各方相互离散的状态无法适应媒体融合的要求。

(二)融合新闻报道平台

融合新闻报道平台可以将各个新闻发布终端连接起来,将记者采集的新闻素材针对不同的端口进行加工,以适应不同的受众与传播载体,这种方式类似于人民日报的"中央厨房"模式,由全能型记者采集素材,传回"中央厨房"后,各个分发端口根据自己的受众特点、端口特点进行个性化加工。融合新闻报道平台将不同的端口整合在一起,采编人员实行集群式管理,能够快速便捷地传递素材、编辑新闻、分发呈现,使各部门、各媒体平台之间的合作和交融更加频繁,实现资源的集约和高效的利用。

目前,各大新闻媒体除了传统的媒体终端以外,几乎都拥有微博、微信、微视频与新闻客户端等,简称"三微一端"。在新闻报道中,各媒体终端齐上阵,共同发力,扩大新闻报道的影响力。在全国两会的报道中,微博、微信、短视频等平台发挥着巨大的作用,并成为融合新闻报道的新宠。

媒体融合背景下,传统主流媒体不断进行变革,以更加接地气、亲民的方式出现在公众的"朋友圈"中。比如,"央视新闻"微信公众号利用自己的权威性和影响力,发布两会重要议题,与网友积极互动,赢得广大民众的好评。近些年短视频平台成为新闻发布的又一个重要渠道。各主流媒体在短视频平台开通自己的官方账号,通过制作易传播、轻量、接地气的短视频,不断吸引用户关注,融合新闻报道呈现出平台化的发展趋势。

(三)融合新闻报道平台建设

由于媒体终端的多样化和丰富化,融合新闻报道平台建设成为媒体转型的首要任务。融合新闻报道平台的建设包括两个方面:一是硬件层面,二是软件层面。前者指的是生产平台所需要的物理空间与技术的支持,后者指的是新闻从业者需要在新的媒体环境下迅速转型,适应新的新闻生产方式。

在硬件方面,建设融合新闻报道平台,需要不断加大对技术的开发和投入,不断探索新技术,将新技术运用在融合新闻报道平台的建设中。比如,利用区块链技术建立云端区块链新闻编辑室,利用VR/AR技术建立虚拟演播厅,利用5G技术实现采访的异地同屏进行等。在未来,媒体还要继续探索新技术的应用,加大对元宇宙的理解和研究,尝试将融合新闻报道的平台搭建在元宇宙技术框架之上。

在软件方面,建设融合新闻报道平台,要加大对人才的培养力度,提高优秀新闻从业者的福利待遇,不断鼓励新闻从业者学习新技能。媒体竞争的优势是人才优势,要把培养融合新闻报道的人才放在平台建设的第一位。

二、融合新闻报道平台的功能

融合新闻报道平台可以提高新闻报道的时效性以满足受众的即时信息需求,平台化生产、信息多方印证可以保证新闻报道的真实性,加强与受众的互动。

(一)提高新闻报道的时效性

时效性是新闻的一个要素,时效性是新闻的魅力,追求新闻的时效性,既是新闻从业者的使命,也是受众的需求。由于技术的发展,受众对新闻时效性的要求越来越高。传统媒体时代,报纸新闻最快一日一报,广播电视新闻相比报纸,少了印刷这一过程,时效性稍微提高一些,但是仍然做不到实时更新。而数字传播技术的进步,使新闻报道从实时走向共时,新闻信息可以实现分秒更新。融合新闻报道平台在极大地提升新闻信息的处理能力,提高新闻报道的时效性。融合新闻报道平台的信息采集、整理制作与发布的时间都远远快于传统新闻报道。

融合新闻报道可以实现在线即时审核与发布,省去线下逐级审核的烦琐步骤,节约大量时间,这样的生产模式极大地增强了新闻的时效性。尤其是对突发事件的报道,传统报道模式下的新闻记者不可能在有限的时间内完成新闻信息的采集、制作与发布。但通过融合新闻报道平台,新闻记者可以快速地将现场的资料以多种渠道在线上进行回传,平台内的新闻工作者可以在短时间内完成新闻报道的制作与发布;并且,还可采取线上直播的方式,在第一时间将新闻现场的情况呈现给受众。

在一些重大新闻的报道中,各大主流媒体借助"中央厨房"、云端采访、区块链新闻编辑部等技术和手段,将新闻素材采集后迅速回传新闻报道平台,平台根据不同媒体渠道的优势和受众的特点进行针对性的新闻生产、分发、互动、反馈,其时效性大大提高。

(二)保证新闻报道的真实性

真实性被誉为新闻的"生命",真实性是新闻媒体进行新闻报道时特别需要注意的要素之一。缺少真实性,新闻就是无源之水、无本之木,与虚构小说并无二样。加强新闻的真实性,是新闻报道从一诞生就坚持努力的方向,不管技术如何进步,对新闻的真实性的要求是不变的。

在媒体融合时代,新闻的真实性依然是新闻从业者追求的重点。通过数字传播技术,可以在一定程度上避免新闻失实。比如,融合新闻报道平台使新闻信息获取和筛选的渠道增多,多方信息的融合交会可以避免"一家之言"的情况出现。利用大数据技术,获取用户生产的内容,丰富新闻素材的来源。云储存技术的进步,使大量信息可以存储在云端,快速查找、相互印证等方式也可以保证新闻信息的真实性。此外,利用区块链技术,借助其可溯源性、去中心化等优势,也可以实现信息源头的追溯,保证新闻报道有据可查。

新闻报道如若失实,不仅会引起受众的恐慌和焦虑,同时还会降低新闻媒体公信力和权威性。新闻媒体的公信力下降,便会给谣言的产生提供条件,进而导致社会的不安定以及人们的恐慌。融合新闻报道平台的建立,拓宽新闻信息的渠道,虚假报道出现的情况也相对减少。同时,融合新闻报道平台可生产多种形式的新闻,在多个层面解答受众的疑惑,在一定程度上避免谣言的产生,保证新闻信息的真实性。

(三)加强新闻报道的互动性

传播学四大奠基人之一的拉斯韦尔提出5W传播模式,即"谁"—"说了什么"—"通过什么渠道"—"对谁"—"产生了什么效果"这样一个线性过程,在这个过程中并没有考虑到受众的能动性,也没有把受众的互动和反馈考虑其中。作为传播主体的受众,并不仅仅是新闻传播信息的被动接收者,而是一个活跃的、主动的群体。受众对反馈、互动性的关注不断加剧,而新闻媒体要想抓住受众、增加受众黏性,就必须关注受众的想法,提供与受众互动的渠道和空间。

数字传播技术的发展一方面给受众的互动需求提供了更快捷的渠道,另一方面也在刺激着受众的互动需求。融合新闻报道平台的建立实现新闻发布者与受众、受众与受众之间的互动交流。同时,利用大数据信息抓取的方式,也可以及时获取受众对新闻报道或者新闻媒体的意见和建议,并且根据受众的这些反馈,对新闻报道的内容进行调整,或者根据受众需求进行新闻报道。

融合新闻报道平台提供多种形式实现受众参与。比如,利用VR/AR新闻,能够让受众参与到新闻报道中去,实现沉浸式的体验,受众在体验过程中,加强对新闻报道的理解。融合新闻报道平台的建立拉近受众与媒体的距离,受众以第一视角的方式参与到新闻呈现中。比如新华社在2021年推出说唱歌曲《十四五@十四亿》等流行歌曲,不仅朗朗上口,而且能量满满,紧紧抓住新时代受众的心理特点,增强新生代对国家政务的关注度和参与度。不管是流行歌曲也好,H5小游戏也好,这些新闻呈现方式,可以让受众在游戏互动中获取对新闻信息的深刻解读,受众能够容易地接受枯燥、深奥的新闻报道。

三、融合新闻报道平台的组成

融合新闻报道要求信息的采集、制作与发布都必须具有较快的速度与较高的效率。传统新闻报道的生产效率低、速度慢。融合新闻报道平台整合新闻采集与发布平台,同时,在信息处理方面更加快速。从新闻报道的生产的过程来看,融合新闻报道平台由新闻信息采集平台、新闻内容生产平台、新闻报道分发平台构成。

(一)新闻信息采集平台

传统的新闻生产流程比较简单,而且缺少用户的反馈与互动,以新闻媒体的编辑方针和定位来选取新闻主题,新闻记者通过采访与实地调查的方式收集新闻素材。这种完全依赖记者和编辑等新闻从业者进行新闻素材采集的方式存在不少弊端。

融合新闻报道除了新闻记者采集的文字、视频等新闻素材外,还包括用户自己上传到社交媒体、互联网中的多媒体素材。用户可以通过开放的互动系统对新闻发表评论、意见、反馈,与记者、编辑进行互动,参与到新闻的生产中。用户反馈和发表的信息也可以作为新的新闻素材、新的话题,形成新的新闻报道。为了更好地诠释新闻事件,保证新闻的真实性和客观性,融合新闻报道的新闻工作者需要采集并且使用大量的、足够多的新闻素材,以适应融合新闻报道分发渠道的多元化。

新闻素材采集平台是融合新闻报道平台建设的第一步,建立起完善的新闻素材采集平台,才能更好地实现新闻内容的生产和新闻产品的呈现。目前,国内大多数主流媒体已经建立新闻素材采集平台,如人民日报、光明日报等。建立统一的新闻素材采集平台需要具备一定技术条件,包括各种硬件设备与软件工具,比如数据抓取和处理软件,可以实现全网新闻素材的抓取,更好地掌握新闻舆论的动向,及时掌握最新新闻事件,借助网民"用户生产内容"来呈现新闻事件的全貌。建立统一的新闻素材采集平台可以实现新闻媒体内部运转的高效化,将采集来的新闻素材进行提炼、选择,把最有价值的内容以合乎逻辑的方式制作出来,针对不同分发渠道的特点,分别灵活使用文字、图片、音视频、互动小程序等不同的方式呈现出来。

(二)新闻内容生产平台

融合新闻报道内容的互动性与形式多样性对新闻内容的加工和处理提出更高的要求。融合新闻报道生产平台的流程是信息采集人员利用大数据、算法等技术手段进行新闻信息的采集,信息处理人员对新闻素材进行整理与加工,加工好的信息素材由专业的新闻从业者比如美工、网站编辑人员等进行处理与发布。新闻报道生产流程具有相互配合与协同运行的特点。

融合新闻报道生产平台以"云战略"为核心,新闻信息由线上传送到各个部门处理,处理后再通过"云平台"进行信息传送或直接发布。比如北京电视台便是以"云架构"为核心构建融合新闻报道生产平台,"云架构"平台具有大数据的索引能力、开放的平台接口层、完善的权限控制和流程控制。基于"云架构"的新闻报道生产平台实现更加集群化的新闻生产,使新闻内容生产变得集中与高效。融合新闻报道生产平台的信息处理能力更强,通过"云技术"能够快速抓取信息并回传,信息储存在数据库中,方便检索与浏览。

(三)新闻报道分发平台

传统媒体时代新闻报道的发布以一种渠道为主,报社记者采集的新闻以供报纸采用,电视台记者和摄影记者采集的素材以供电视台报道采用,各个平台之间是相互割裂的状态。甚至在早期的互联网时代,互联网平台之间虽然可以实现资源的互通,但仍然处于一种简单"相加"的阶段,并没有对新闻报道进行融合生产,浪费了大量的人力、物力和财力。

融合新闻报道各个部门相互配合,通过"云平台"进行线上交流,共同完成新闻报道的制作,最后制作成型的新闻报道在各媒体终端进行发布。融合新闻报道整合报纸、杂志、网站、电视、手机客户端、微博、微信、短视频等多种发布渠道,因此新闻报道时就不能够按照以往的编排技术来操作。融合新闻报道分发平台实现新闻内容的一站式管理与一键式发布,根据不同的媒体终端进行叙事方式、呈现风格的改进,以便更好地适应不同媒体终端的用户特点。

数字传播时代最大的特征是信息的海量性,融合新闻报道从采集到发布的每一个过程都需要相应的数据支持,因此融合新闻报道平台建设需要一个强有力的数据库作为底层架构。数据库的建设能够支持高度结构化、半结构化与非结构化大数据的保存与管理。融合新闻报道运用大数据技术整合新闻信息资源,以多种表现形式生产与发布新闻,新闻报道的流程分工明确并且联系紧密。

知识回顾

融合新闻报道离不开技术的支持,本章分别从硬件设备和软件工具介绍了开展融合新闻报道需要的条件。数字相机是最常用的新闻报道设备。除此之外,全景相机、5G+AR眼镜、MR眼镜、无人机等设备也广泛应用于融合新闻报道中。在软件方面,为了适应融合新闻报道的需要,一些视频、动画编辑制作软件,数据处理软件和数据可视化软件成了融合新闻报道不可缺少的工具,Adobe Illustrator、EDIUS、Adobe Flash等是常见的图片、视频、动画处理软件,此外,SAI、AI智能剪辑等成为新兴的图片、视频处理软件。媒体融合时代,需要构建融合新闻报道平台以适应多终端呈现的需求。融合新闻报道平台可以提高新闻生产的时效性、真实性、互动性。融合新闻报道平台需要着重在新闻信息采集平台、新闻内容生产平台、新闻报道分发平台三个层面进行建设。

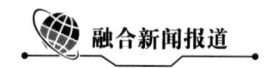

思考与拓展

1. 融合新闻报道有哪些硬件设备?

2. 融合新闻报道有哪些软件工具?

3. 简述融合新闻报道平台的主要功能。

4. 融合新闻报道平台由哪些部分组成?

第三章　融合新闻报道的从业者

知识目标

1. 了解媒体融合时代新闻从业者的困境。
2. 理解融合新闻报道对新闻从业者的要求。
3. 了解全能型记者的角色功能。
4. 了解全能型编辑的角色功能。

能力目标

1. 掌握全能型记者的素质与能力。
2. 掌握全能型编辑的素质与能力。

思维导图

融合新闻报道的从业者
- 媒体融合时代的新闻从业者
  - 新闻从业者
  - 媒体融合时代新闻从业者的困境
  - 融合新闻报道从业者的短缺
- 融合新闻报道对新闻从业者的要求
  - 提升受众服务意识
  - 注重综合素质培养
  - 强化多项技能训练
- 融合新闻报道的全能型记者
  - 全能型记者的概念
  - 全能型记者的角色职责
  - 全能型记者的能力素质
- 融合新闻报道的全能型编辑
  - 全能型编辑的概念
  - 全能型编辑的角色职责
  - 全能型编辑的能力素质

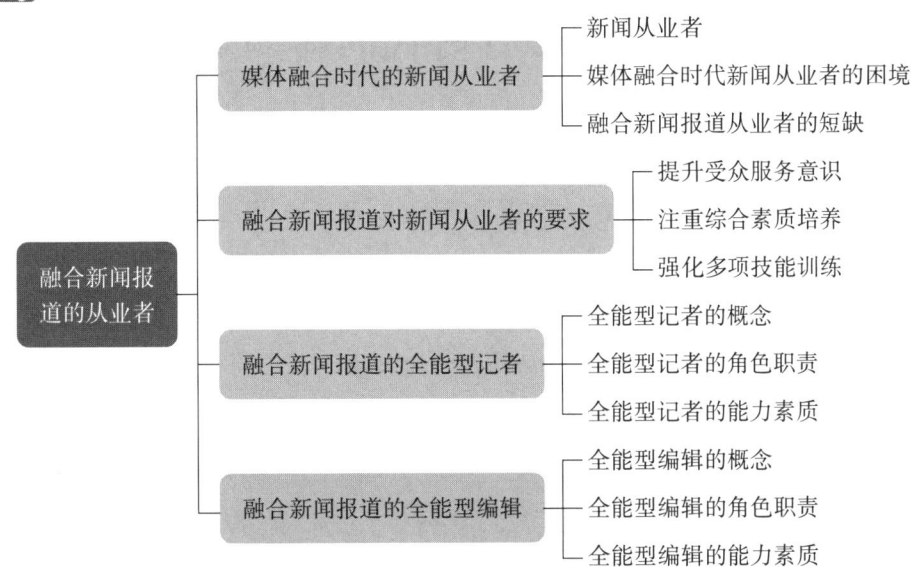

融合新闻报道

@ 案例导入

2021年全国两会新闻报道中记者的工作方式发生了巨大的变化,央视记者王冰冰在两会前夕央视同步播出的融媒体特别节目《两会你我他》中进行采访,引领网友逛街串巷,走访街区、主题公园、诊所等地,调查各个群体最关心的社会问题、了解大家怎么看两会。其中第4集"当你老了"播出后,当天阅读量达1.8亿,"养老"主题上了热搜;第6集"全民健身"发布不久后就登上了热门。大小屏融合传播逐步成为新闻报道的趋势。

王冰冰走街串巷看两会Vlog运用鲜活的报道形式,找到大小屏审美的共振点,让网友产生强大的内生创作动力。比如"当你老了"片尾结束时王冰冰完成拍摄走出养老驿站,她边走边掏出手机,消失在街道的尽头,此时画面中传来她正在给妈妈打电话的声音,说"采访快完了过几天就回家",由此埋下"你有多久没给父母打电话"这个话题梗,带出一拨网友们"看完视频我也给妈妈去打个电话"的刷屏话题。

"王冰冰走街串巷看两会Vlog"突破了王冰冰之前以娱乐和轻主题为内容的报道局限,把全国两会的重大政治经济主题与流媒体视听语言集合在王冰冰身上,以年轻人更易于接受的方式,让两会内容走到了年轻人的眼前,并通过新颖时尚的视频叙事走进了他们的内心,探索融合新闻报道的创新。

第一节　媒体融合时代的新闻从业者

在传统媒体时代,受众一般通过阅读报纸、杂志,听广播,看电视来获取新闻信息。随着数字传播技术的发展,信息传播渠道越来越丰富,数字新兴媒体层出不穷。数字新兴媒体具有更大的优势,能够更好地满足受众的需求,传统媒体面临严峻的挑战,数字化转型成为一种必然。随着媒体融合发展步伐加快,新闻报道的从业者也面临转型发展的挑战。

一、新闻从业者

传统媒体时代的新闻从业者主要采用文字与图片的方式进行新闻报道,媒体融合时代面对海量的信息,对新闻从业者融合新闻报道意识和素质能力的要求不断提高,新闻从业者又面临新的挑战。

(一)传统媒体时代的新闻从业者

新闻记者作为一个专门的职位,和现代报纸伴随而生。国际新闻记者联合会于1954年颁布《记者行为基本原则宣言》,对新闻记者的界定是"从事新闻采访、传递、发行与评论者,以及从事事件之描述者"。[①]2009年10月15日我国施行的《新闻记者证管理办法》明确新闻记者是指"新闻机构编制内或者经正式聘用,专职从事新闻采编工作,并持有新闻记者证的采编人员"。

传统媒体时代的新闻从业者主要注重写作和采访技巧,多用文字来报道新闻,他们的主要任务是运用观察、采访、调查等方法收集有价值的新闻素材;确定报道主题,构思写作思路;撰写新闻报道;利用摄影器材拍摄有价值的新闻图片和素材;审阅、听取、审核拟发表的新闻报道。

(二)数字媒体时代的新闻从业者

数字媒体是依托数字传播技术出现的新兴媒体形态,包含了互联网媒体、手机媒体、数字电视等。中国互联网信息中心的统计数据显示:截至2021年12月,我国拥有10.32亿网民,互联网普及率达到73%。在新兴媒体与传统媒体不断融合的背景下,新闻从业者要有强烈的学习意识和职业敏感性,利用数字传播技术的优势,不断提高自身能力和水平。数字新兴媒体给新闻报道提出新的要求,新闻从业者应充分利用新兴媒体的优势,在保证信息真实性的基础上,用受众喜欢的方式传播信息,引导舆论。

数字新兴媒体作为一个便捷、低成本的平台,突破原有的传播模式,使各种信息能够尽快得到传播,但同时也给受众带来一些困扰,海量的信息令受众不知所措。新闻媒体应该树立强烈的社会责任感,通过权威的新闻报道,赢得受众的信任。在数字传播环

---

① 李良荣.新闻学概论[M].5版.上海:复旦大学出版社,2018:399.

境下,仅仅依靠传统方法做好新闻报道工作是不够的,新闻工作者必须有目的地研究新的传播环境与新兴媒体,改变思维方式和方法,选择合适的新闻素材,贴合受众的兴趣点和关注点,提升新闻报道的质量,更好地实现与受众的良性互动。

(三)媒体融合时代的新闻从业者

媒体融合发展对新闻从业者提出更高的要求,当前的新闻理念与工作方法都出现了很大变化,新闻从业者必须具有较为良好的专业素养,以适应受众的信息需要。从目前情况来看,新闻从业者应该转化为一种综合性的生产者,从采访、编写到策划,再到发布,全程介入新闻报道。媒体融合时代的新闻从业者需要具备多种能力,包括高层次的思想政治素养,新技术的运用能力,新闻采编和策划的创新能力以及良好的媒体经营能力。新闻从业者应该充分利用新兴媒体深化拓展新闻报道形式,并根据受众的信息接触习惯,运用短视频、新闻客户端、社会化媒体等多种平台进行新闻报道。[①]

媒体融合时代,新闻媒体要积极转变职能,提高媒体运营效率和质量,通过高质量的新闻报道获得受众认可。作为新闻报道的主体,新闻从业者应当主动转变观念,持续提升自己的新闻专业素养水平,并主动转型,顺应新闻报道融合化发展趋势,积极培养融合新闻报道的意识,重视新闻报道内容的创新性以及传播内容把关人的重要作用,积极推动传统媒体与新兴媒体的融合发展,进一步提高融合新闻报道的水平。

二、媒体融合时代新闻从业者的困境

数字传播技术的进步和媒体融合趋势的不断加强,对新闻从业者提出新的要求,融合新闻报道的意识与数字技术应用能力都需要提升,新闻从业者正在遭遇转型的困境。

(一)信息共享水平低

传统新闻信息获取的途径主要是新闻记者的调查访谈,在新闻事件发生后,新闻媒体通过遍布各地的记者站,派出记者第一时间内收集新闻信息。但是新闻记者调查访谈的形式收集新闻素材存在一定的限制,新闻事件的发生是多种因素综合作用的结果,要想真正、全面获取相关新闻信息,单凭新闻记者的个人努力是不够的,所以只有做到

---

① 向文娟.融媒体时代纸媒记者转型提升的对策探索[J].传媒论坛,2021,4(19):41-43.

信息共享，才可以真正从根本上解决问题。

在海量信息不断涌现的数字传播环境下，各种不同类别的信息资源呈现于受众眼前，信息的传递范围也逐渐扩大。新闻从业者需要及时整合复杂的信息资料，让受众在手机或者电脑中收集、了解资讯。海量信息资源在给新闻报道带来丰富新闻素材的同时，也给新闻报道带来不利影响。新闻从业者应提高信息加工处理能力，实现信息共享，适应媒体融合时代的要求。

(二)管理体系不健全

新闻媒体在长期发展过程中早已形成自身的运行机制与管理体系，指引着新闻从业者的新闻报道活动。一套完善的管理体系其作用是不言而喻的，遵循已有的管理体系可以使新闻从业者在新闻报道中避免出错。数字传播时代，新闻媒体原有的管理体系已经无法适应数字新兴媒体的传播环境，特别是传统媒体与新兴媒体的深度融合发展，不断颠覆原来的媒体生态与管理体系。传统新闻媒体管理系统一旦无法满足新闻报道的发展，必然会形成桎梏，影响新闻从业者的创新。

媒体融合尽管在传播形态方面有了一定的发展，但是媒体融合管理体系尚不完备，管理方式粗放而不细致，存在诸多体制机制方面的问题。为了适应媒体融合的传播环境，顺应时代的变迁，改变或创新原来的新闻报道方式，新闻单位需要建立健全相关的管理体系。传统新闻报道的管理是：首先策划新闻报道的大致架构，之后派出相应的记者进行采访报道，这样的报道过程很难满足新闻时效性的要求。在新媒介融合的时代背景下，新闻媒体需要不断创新管理方式，给新闻从业者以更大的发挥空间和发展空间。

(三)融合意识落后

新闻从业者应具备超前的意识，跟上媒体融合的发展脚步。但是部分新闻从业者还是使用过去的程序、方法，使得新闻报道工作非常死板，问题的根源在于新闻从业者并没有在意识层面上提升对媒体融合的认识，没有充分利用数字传播技术进行新闻报道工作。媒体融合发展给新闻从业者带来一定机遇，数字传播技术为新闻报道提供了很多便利条件，但在新闻报道实践中还是有部分新闻从业者未能意识到这些，而是受于新兴媒体的束缚。

数字传播环境下新闻资讯的泛在化要求新闻从业者必须具备高效的信息发掘能力，以便提高新闻信息的普适性与传播效率。新闻从业者利用新的技术手段深度开发新闻信息，高效地开展新闻报道工作。在媒体融合发展过程中，新闻从业者应树立融合新闻报道的意识，利用丰富与多元的信息资源，结合各种数字传播平台，运用图文、动画、视频等多种形式进行融合新闻报道。

三、融合新闻报道从业者的短缺

媒体融合发展趋势逐步增强，但融合新闻报道的人才依旧匮乏。高校人才培养缺乏实践，新闻理念转变困难都是当下存在的现实问题。此外新闻媒体管理体制机制落后导致很难留住优秀人才。

（一）高校人才培养缺乏实践

新闻媒体的很多从业人员资历深、年龄大，对新技术与新观念的接受能力普遍不高，从事融合新闻报道可以说是"半路出家"，处于"摸着石头过河"的过程中。融合新闻报道人才缺乏的主要原因在于高校新闻教育的滞后。目前高校的新闻传播学教学大多是以传统媒体新闻报道为主，媒体融合时代的教学理念和教学方法还没有建立体系，学生在学习中缺乏专业实践，导致在校学习内容与毕业工作岗位需求之间的差距较大，难以快速适应融合新闻报道的工作方式。

（二）新闻从业者无法满足需求

以往新闻媒体的从业者所受的教育主要来自于传统媒体时代的新闻知识，缺乏互联网思维，接受和应用新技术的能力较弱，制作的内容不能适应数字传播环境。以互联网为代表的数字新兴媒体的新闻从业者主要来自计算机行业，拥有新的传播技术，但是缺乏媒体行业的经验和专业素养。既懂新闻传播规律，又掌握新兴传播技能的融合新闻报道人才匮乏成为传统媒体和新兴媒体融合的障碍。

人才是任何一个产业发展壮大的重要力量。对于传媒产业而言，专业的、优秀的人才是驱动媒体竞争力的"软实力"。在媒体深度融合发展的时代背景下，融合新闻报道人才的专业化程度与媒体融合发展的步伐不同步。目前，我国县级融媒体建设中新闻从业者的专业化水平完全不能满足现实需要。

(三)管理体制机制缺乏创新

新闻媒体管理体制机制是当前媒体融合发展中一个突出的问题。目前,县级融媒体中心还没有形成融合运作机制,也没有专门运营队伍。融合新闻报道人才需要掌握图像处理、视频剪辑、大数据可视化等各类新兴传播技能。调查显示,61%的县级融媒体中心运营人员是在编兼职或无编制人员,他们不但要履行好原有职位的工作,同时还要照顾融媒体中心的日常内容发布与维护。此外,79.3%的县级融媒体中心没有制定相关的人才引进机制,严重影响县级融媒体中心的发展。[1]

融合新闻报道人才匮乏的问题一直困扰着媒体融合的发展,再加上一些媒体缺乏相应的奖励机制,导致大量人才外流,这种情况在县级融媒体建设中更加突出。县级融媒体中心往往无法给专业、优秀的人才提供满足其要求的薪酬,包括升职空间狭窄,生活条件差等各种实际问题,都导致融合新闻报道人才队伍的不稳定。

第二节 融合新闻报道对新闻从业者的要求

媒体融合要求传统媒体与数字新兴媒体在新闻采编、制作、运营等方面进行资源整合,融合发展。新闻从业者为了适应媒体融合时代的要求,需要具有较强的新闻策划意识和新闻敏感性,抓住新闻事件本质,以优秀的文字表达能力与熟练的多媒体技术提升融合新闻报道的能力。

一、提升受众服务意识

新闻理念是特定时代背景下新闻报道的关键要素,在媒体融合时代,传统的新闻理念已经不再适用,增强融合意识、强调受众立场才是当下新闻报道理念的转型之路。

---

[1] 谢新洲,黄杨.我国县级融媒体建设的现状与问题[J].中国记者,2018(10):53-56.

(一)传受双方地位趋于平等

数字传播技术导致传播环境的改变,进而引发传播模式的变化。随着论坛、微博、新闻客户端的出现以及智能手机的广泛应用,受众使用论坛发帖,利用微博、微信传递信息等,通过各类数字媒体平台发表意见,大大提高自身话语权,并且打破传统媒体的议程设置,关注自身感兴趣的事物,敢于表达自身的声音,更愿意分享周围的新鲜事。这也就彻底改变了受众在原有信息传递模式中的被动地位,使得传播者与受众的地位更加平等。

传统媒体的新闻从业者只为他们工作的媒体服务,习惯于用文字来表达新闻场景或者叙述新闻事件,且站在传播者的立场进行新闻报道,不太关注受众需求。但在传播环境极速变革的背景下,媒体要想在激烈的传媒市场竞争中获胜,比任何时代都更需要树立强烈的受众意识,真正地了解受众新的需求,熟悉受众信息接收习惯,通过多种渠道提供形式丰富、内容优质的新闻报道,从而稳固媒体在受众心目中的地位。

(二)受众接收信息渠道多元化

媒体融合时代传播渠道日渐丰富,受众可以通过多种传播渠道获取信息,比如早上看报纸、工作时在线浏览新闻、晚上看电视等。对于同一新闻事件,新闻单位要尽可能多地运用报纸、广播、电视、网络等多种渠道进行传播,才能更有效地覆盖受众,提升新闻报道的覆盖面。同时,要充分考虑受众的兴趣和各种媒体平台的差异化传播需求,才能做好融合新闻报道,扩大新闻报道的影响力,这就对新闻从业者的新闻报道水准提出了更高的要求。

融合新闻报道通过不同媒体终端发布,即同一新闻事件需要在不同的传播载体上以不同的形式展现。新闻从业者的主要职责是利用不同媒体终端实现信息立体传递,提高新闻信息的有效到达率。由于不同媒体对新闻事实的报道各有侧重点,而以不同的视角对新闻事实加以报道与诠释,则能够彼此证实、互为补充,让受众在短时间内全面认识新闻事实,提升受众对新闻事实的了解程度与关注度,扩大新闻报道的传播效果。

(三)受众的主动性与参与性增强

伴随着数字传播技术的发展,受众在获取信息方面与以往比较产生巨大变化,他们在信息传递过程中主动性和参与性意识也越来越强。以受众为中心的传播理念席卷整个传媒产业,只有站在受众的角度去思考,深入了解受众的特征、喜好、行为习惯,重视受众的参与感和表达需求,才能更好地满足受众需求,提升传播效果。数字传播时代,新闻从业者具有强烈的受众意识至关重要,且现在比任何一个时候都更迫切需要了解受众,尤其是在融合新闻报道中。不同媒体平台所面对的受众阅读习惯和时间要求差异万千,促使新闻从业者必须花更多时间去了解不同媒体平台的受众特点,既要研究受众的习惯和需求,更要不断改进传播手段和传播形式,使二者相互匹配,从而提供更合适的新闻报道,赢得受众的喜爱和关注。[①]

二、注重综合素质培养

新闻报道的综合素质是衡量新闻从业者是否优秀的关键因素,在媒体融合趋势下,新闻从业者综合素质的提升不仅包括身体素质和心理素质,还包含职业素养。

(一)身体素质要求

良好的身体素质是一名新闻从业者非常重要的条件。一方面,新闻从业者往往要面对出差或实地考察收集材料等工作,只有强健的体魄才能顺利完成工作。比如走山路没有体能不行,热天采访体能不好容易中暑,免疫力低下容易感冒影响工作。另一方面,新闻从业者采访时要随身携带小型DV、相机等各种装备,因为何时会有精彩的新闻出现是不可预料的,这需要新闻从业者随时做好准备,而随身携带装备就是对新闻从业者体能的考验,要求新闻从业者具备高强度工作所需体能。

融合新闻报道的从业者往往是一人多职,担任多种角色。新闻记者在采访时可能不止采访一个对象,也不止待在一个地方采访,基本要保持实时走动。另外,采访完成后,新闻记者需要写作、处理图片、编辑音视频,然后通过各种渠道发送到各个媒体终端,以满足融媒体发布的需求,这本身就需要良好的体力来支撑如此紧张的日程、众多的任务和快节奏的工作。因此,融合新闻报道的工作量大得多,对新闻从业者身体素质要求也更高。

---

①刘倩.论全媒体融合时代记者的职业素养[J].中国传媒科技,2013(4):23-24.

(二)心理素质要求

新闻报道既是高强度的体力劳动,也是复杂的智力劳动,需要记者全身心地投入。新闻报道往往体现出记者的思维与心理活动。新闻报道要想对受众产生吸引力,除了具备真实、客观、时新等要素以外,还需具有思想的深度和感情的温度。

1. 积极开放的心态

传统媒体的新闻从业者对向融合新闻报道转型存在一定的畏难情绪,觉得困难重重,但其实只要客观对待,是可以扬长避短,顺利实现转型的。虽然传统媒体的新闻从业者对媒体融合的认识有点传统或者是保守,但传统媒体的新闻从业者所拥有的丰富经验、较强的新闻报道把握能力是一笔不可多得的财富,这也是转型的优势所在。

传统媒体的新闻从业者在转型过程中,打破惯性思维至关重要。在长期的新闻报道实践中,传统媒体的新闻从业者积累了丰富的采写经验,然而却对音频、视频以及移动媒体等接触过少,而且经验也相对不足,这就需要新闻从业者从心理上树立正确的态度,开放地拥抱变化,积极学习新知识与新技能,应对日益复杂的数字传播环境,适应媒体融合发展新趋势,这样才不会掉队。

2. 坦诚耐心的交流

新闻记者在采访过程中经常会遇到新闻事件的当事人不积极配合的状况,这时新闻记者要有耐心,并做好采访之前的准备,如掌握采访对象的性格特点,提前预约,亮明身份,表明采访的目的,运用感性语言说服等。在采访过程中,新闻记者要有意识地营造愉快的采访气氛,注重倾听并及时回复,在合适的时间补充或者提示,对于偏离主题的访谈要注意引导,切勿显得不耐烦,必要时可复述采访对象的话语,解释对方的意思。另外,与传统采访相比,融合新闻采访设备数字化程度较高,许多采访对象通常不适应面对镜头发声,这时也需要新闻记者要有充分的耐心引导,与受访对象做好沟通,打消其顾虑,取得对方的信任,尤其是一问一答式的采访,更需要良好的沟通与交流。

(三)强化职业素养

新闻从业者不仅要提升采编能力,还要自觉地去坚守和强化新闻职业素养,例如,坚持正确的政治方向、积极正确的舆论导向,坚守新闻专业主义,追求新闻的真实性。新闻从业者还需要具备历史、文化、科学、技术等多方面的综合知识,随时随地的新闻敏感性,良好的语言表达能力和逻辑思维能力等。新闻从业者应该熟悉新闻报道的基本规律,具有扎实的采写能力,拥有精细的观察能力,同时还要有不怕困难的毅力、战胜邪恶势力的勇气,以及维护社会公平正义的强烈责任心。

三、强化多项技能训练

新闻从业者应具备多种能力来应对新闻报道中的一系列问题,融合新闻报道对新闻从业者的能力更加重视。随着媒体融合步伐的不断加快,新闻从业者对各种数字传播技术的应用能力和融合立体传播能力显得尤为重要。

(一)数字技术应用能力

数字技术的发展改变了人们信息获取的方式,在新闻报道方面则表现为新闻采写装备的数字化和现代化。采访装备的数字化升级,对新闻从业者的技能提出更高的要求。

1.熟悉采访装备配置

传统媒体时代新闻信息采集只需要一支笔和一个笔记本,而媒体融合时代笔和笔记本已经远远不能满足融合新闻报道的需求,高清摄像机、数码相机、采访机、录音笔、笔记本电脑等设备样样都需要,同时,还包括可穿戴设备(又称"可穿戴电脑""可穿戴PC"),即那些可穿戴于身上外出进行采访写作活动的微型电子设备和配套设施,这些新型的高科技采访装备配置为全天候、全景式融合新闻报道打下坚实的基础。

媒体融合令人首先想到的是新技术、新工具,这足以表明新闻从业者驾驭最新数字传播技术的能力是其必须具备的基础技能,可以说,融合新闻报道首先需要解决的就是各种数字设备的配置和使用问题。学习掌握新技术并非难事,关键是要有意识,肯花时间。

2.熟练使用采访装备

在采访装备配置完备的基础上,如何熟练使用是关键问题,尤其是对于擅长运用文字而对摄像、图片处理、视频剪辑等不适应的传统新闻从业者而言。在融合新闻报道中,新闻从业者要有从零开始学习的勇气,主动学会使用各种采编设备与技术手段,如最基本的摄影、摄像、上镜、剪辑、压缩、上传、分享、互动等,以及现在逐渐兴起的VR报道、无人机拍摄等。新闻从业者不但会使用,还应该知道各种设备的适用场景,在合适的场景运用合适的设备,以采集最优质的新闻素材。

传统新闻从业者必须在努力做好自身擅长的文字采访与写作工作的基础上,树立"一专多能"的观念与目标。新闻从业者需要有意识地、主动地学习掌握这些新型装备,尤其是新的摄录设备,如全景相机、VR头戴显示设备、无人机等。

3.掌握各种软件工具

长期以来,新闻记者习惯于用文字来表达场景或叙事推理,但是在媒体融合时代,新闻记者不得不学会用影像叙事。这就要求新闻从业者不仅要使用各种数字设备,还要掌握视频拍摄和剪辑的技术。视频拍摄技术简单地理解是指如何运用镜头语言的技术,包括如何构图、如何捕捉镜头、如何设定镜头的起点与落点,在镜头间的转换怎样遵循人类视觉习惯与新闻因果逻辑关系,以及注意报道的节奏、同步声音和多余声音的使用、镜头美学等内容。

融合新闻报道的从业者除了掌握视频拍摄技巧外,还需要花大量时间掌握视频后期剪辑等技能。新闻记者如果在实际拍摄时考虑到怎样运用镜头语言来传达新闻,那么在现场拍摄时就会目标明确,而后期的剪辑思路也会更加清晰。视频新闻长度通常是1~3分钟,素材比例一般是以10:1,也就是1分钟的视频新闻,通常需要10分钟的素材。另外值得注意的是,一般情况下受众追求的是清晰的画面和无噪声的声音,只有在遇到突发事件或拍摄条件较差的环境,对于那些珍贵的信息,为了获得第一现场信息,受众才可以包容质量相对较差的视频画面。

(二)新闻素材的收集能力

新闻素材是新闻报道的基础和来源,也是新闻从业者日常工作的一个重要组成部分,极具挑战性,最能考验新闻记者的新闻敏感性和新闻价值发现能力。在海量信息的包围中,在日益复杂的传播环境下,新闻从业者必须具备较强的新闻素材获取和处理能力,才能创作出优秀的融合新闻报道。融合新闻报道要求新闻从业者通过综合采集和使用文本、图像、视频、动漫等素材,全方位、多维度地反映新闻事件的全貌。具体来说,用文字描述和解析新闻事件,用照片展示精彩瞬间,用视频带来全新的视觉观感,而漫画则用来补充第一手信息的不足。

媒体融合时代新闻从业者面对的是多终端发布平台,如手机、电脑(含平板电脑)

等,需要满足受众的多样化需求。因此,新闻从业者根据不同媒体平台的需要,不但要收集文字和图片素材,还要采集视频、音频等其他多媒体素材。新闻从业者要有获取多样化素材的能力,以及遇到合适题材可以随时开展"文字+照片+视频"新闻报道的能力。

融合新闻报道对信息采集提出更高的要求,新闻从业者需要掌握各种信息采集技能,以备在一些特殊的场合和情况下,能够独立完成各类素材的收集。比如,文字新闻记者在无法调动摄影摄像人员的情形下,自身也要能够独立完成图片、视频素材的采集工作。文字新闻记者有时还需要与网站、电视等视频媒体做现场连线甚至是出镜报道。融合新闻报道中经常会有临时情况发生,突发事件的报道对于新闻记者的信息采集能力更是一种严峻的挑战,因此,新闻记者要具备临场应变能力,提升融合新闻报道的技能。

(三)协同作战的团队能力

在融合新闻报道中,"中央厨房"是新闻报道的指挥中枢。借助数字传播技术,指挥中枢充分调动各个岗位的人员,根据报道计划迅速进行新闻素材的采集与制作,开展实时新闻报道。融合新闻报道更加强调新闻从业者的团队合作意识,以提高新闻报道队伍的协调沟通能力。随着媒体融合时代的到来,新闻报道的流程发生重大变化,新闻报道方式也从传统的"单兵作战"转变为"团队作战"。

在一次采访、多次加工、动态报道的融合新闻中,新闻从业者要及时发现问题,及时做出反应,并在文字、图片、音频、视频等方面及时沟通协调。现场新闻记者采访到的文字、图片、视频等资料,首先在移动端实时滚动播出,然后网站跟进做综合报道,报纸做后续的深度分析和解读,以及前瞻性的预测评论,大大增强各种传播终端之间的协同与整合。

(四)融合立体的传播能力

数字传播技术与各类移动智能设备的快速发展是促进传统媒体和新兴媒体融合发展的主要动能。新闻从业者要正确认识到数字传播技术和智能设备在融合新闻报道中的巨大作用,充分运用各类数字媒体平台开展新闻报道,比如新闻客户端、微博、微信、短视频等平台,并积极与受众进行互动交流。

融合新闻报道需要提供多种新闻发布方式,如报纸、电视、网站和手机客户端。因此,新闻工作者必须熟悉各种传播终端的特点,掌握文字、摄影、视频、动画等多种采写技能,根据各个传播渠道的特色,对信息内容进行各种形态的加工整理,以适应不同传播终端的需要。数字传播技术的进步使得新闻报道形式越来越多元化,新闻从业者需要增强多平台、多终端传播的意识,紧跟数字传播技术的发展趋势,了解各种传播手段与信息处理技术,如图片处理、音视频编辑、动画制作与数据可视化等,拥有融合立体传播能力。

第三节　融合新闻报道的全能型记者

融合新闻报道的兴起对新闻记者的工作方式提出新的要求,全能型记者逐渐成为传统记者转型的方向。如何在传统媒体与新兴媒体不断融合的过程中,提高新闻报道的质量、改善传播效果成为新闻媒体必须直面的问题。对新闻记者来说,提升工作技能,改进工作方式,适应媒体融合时代的要求至关重要。

一、全能型记者的概念

由于数字传播技术的进步以及人们信息接受行为的变化,数字新兴媒体逐渐成为人们获取新闻信息的主要途径,传统媒体与新兴媒体呈现出融合发展的趋势,新闻报道也综合运用文、图、声、光、电等元素立体展示,通过文字、图像、动画等多种传播手段传递信息。[①]媒体融合直接推动传统新闻记者向全能型记者转型,全能型记者不仅能收集发布信息,而且还要掌握各种数字媒体平台的内容制作方法,并运用各种采访工具,通过各种采访手法完成新闻报道。

关于全能型记者的概念,目前尚未有统一的定义,但对其的特征描述却是大同小异。澳大利亚迪肯大学新闻学院斯蒂芬·奎恩博士认为全能型记者有三个层次:第一个层次是能够用手机报道突发新闻;第二个层次是能够在一天内为网站、报纸写稿,提供

[①]王漱蔚.全能记者:媒介融合下电视媒介的核心竞争力[J].今传媒(学术版),2014(07):126-127.

视频和博客新闻;第三个层次是能够为报纸写深度报道,为广播电视媒体做纪录片。[1]简单来说,全能型记者是既能熟练使用各种现代化采编设备,又能采集编辑出适合不同传播载体的新闻报道,同时还能进行多样化素材采集、差异化新闻制作和立体化信息发布的超级记者。全能型记者需要独立完成策划、采访、摄影、录像、文字等全部新闻报道流程。

全能型记者集"多种功能"于一身,面对多个媒体终端,必须具备良好的沟通能力,还要具备多媒体思维能力。全能型记者逐渐成为融合新闻报道的主力军,发挥着重要的作用。当前,我国已经全面进入媒体深度融合时代,对记者的要求越来越高。全能型记者不仅要对多种学科知识具有一定的了解,还要在摄影和制作等技能方面加强锻炼,适应当前媒体融合时代发展的要求。

二、全能型记者的角色职责

新闻记者的角色职责直接体现着媒体的理念。融合新闻报道不仅对新闻记者的综合素养提出全新的要求,而且在一定程度上促使新闻记者角色职责发生改变。改变不是目的,改变只是为了更好地满足受众的需求,顺应时代的大势潮流。媒体融合时代拥有多项传播技能的全能型记者开始出现。

(一)采集多样化素材,提供差异化新闻

传统媒体时代新闻记者从属某一个媒介,将信息直接供给单一媒介受众,是一对一的生产关系。在媒体融合时代,同一家媒体集团拥有多家子传媒,而新闻报道则共用一个团队,统一指挥、统筹管理,新闻记者要面对多个媒体终端的受众,生产关系是一对多。融合新闻报道造成新闻记者工作方式的重大变革,基于不同媒体特点的多样化素材采集成为全能型记者的日常工作内容。

1.同一新闻事件,采集多种形式的素材资料

在融合新闻报道中,全能型记者的采访活动不仅仅为了满足某一个媒体的新闻报道需求,其采访回来的素材可能还需要提供给集团旗下的新闻网站、手机报、视频媒体、微博微信等其他终端发布平台。因此,当前全能型记者在工作中,针对同一新闻事件必

---

[1]欧阳霞.媒体融合环境下全媒体记者的素养[J].青年记者,2014(18):35-37.

须尽可能去收集全面的、多种形式的新闻素材，以便满足不同媒体平台的采编要求。不但要收集文字和图片素材，还要采集视频、音频等其他多媒体素材。以广播记者为例，针对实时现场新闻，以前只需要做连线报道即可，而现在连线报道的同时还要拍摄图片、录制视频等，以方便后期其他媒体平台发布使用。

全能型记者在报道开始前要加强与各子媒体的沟通，在找到合适的选题后，除了要给上级领导汇报确认，制订出初步的报道方案和相关预案，还需要与各个媒体编辑沟通，了解不同媒体平台对这一选题的差异化需求和不同的侧重点，以便采集与之相匹配的素材。全能型记者要从新闻报道现场就开始规划和收集适合在网站、新闻客户端上发表的"融合信息"，了解各种媒体平台的内容产出规则和内容需求特点，从不同视角收集报道素材。这对新闻记者的个人素养、报道视角、价值评估等方面都提出了挑战。

2.根据各媒体平台特点进行差异化新闻制作

制作差异化新闻，既是满足不同媒体受众的需要，也是融合新闻报道的内在要求。记者在收集的新闻素材的基础上进行新闻报道时，必须根据不同传播渠道的特点而进行，尤其是报道风格要符合不同媒体平台的特点。比如电视新闻报道风格更加偏向于短句和口头化，以往较严谨的长句和排偶等表达方式逐步减少；在视频报道上充分利用文字、图片、音视频、动画等素材资料，侧重事件的真实性和立体感；在新闻客户端上，提升网络语言的使用频率，做到新颖、活泼，有趣味、能互动。

（二）借助自媒体，提升新闻时效性

在融合新闻报道中，全能型记者的工作节奏堪称以秒计算。能够以最快的速度提交丰富的有阅读价值的新闻，是新闻从业者的职业素养。媒体融合时代，对时效性有更高的要求，特别是现场采访，新闻基本上都是要进行即时新闻报道。新闻报道已从过去的一次性文字编辑，转变成动态采写，信息更新，融合立体呈现。

时效性是新闻报道的生命，尤其是在突发性事件发生的时候，当媒体协调相关的人员，安排新闻记者携带数量不一的拍摄、采编和传输等各种设备匆匆赶赴现场时，新闻事件可能已经接近尾声，许多关键的现场情况和镜头已经错过。针对此类情况，记者要借助自媒体传播的特点，通过智能手机、平板电脑等移动终端进行新闻素材收集，根据社交媒体用户提供的文字、图片、音视频等新闻素材进行新闻报道，然后通过高效的专业编辑制作实现快速发布，这可以大大提高新闻报道的时效性。

（三）移动发布优先，全方位立体展示

融合新闻报道的一大特点是信息的多层次发布，即根据不同载体的传播特点，将记者采集的同一新闻素材依次在不同的报道平台上播出。融合新闻报道的发布顺序通常是：移动媒体，网络媒体，最后是平面媒体。比如安徽《新安晚报》建设的"综合媒体新闻移动采集平台"，可以把所有新闻记者收集的文本、图像、音视频等信息素材收集至平台上；根据信息内容与时效性，有的加工为报纸资讯，有的制作为滚动报道和视频新闻并在网络上发布，还有的制作为手机报供用户下载阅读。

全能型记者必须尽快对新闻事件的价值进行判断，确定报道主题，从各个视角丰富报道内涵。新闻事件经过文章、图像等多种手段形成新闻报道、专访、时事通讯等，并且能够链接到互联网，利用微博、微信和新闻客户端等媒体平台实现多元发布。全能型记者还可以通过个人微博、微信将新闻报道上传到社交媒体平台，以实现更全面、立体化的新闻报道，受众在各个层次都能接触到新闻信息。新闻媒体如果只能凭借记者采访收集信息，不能汲取并利用受众贡献的信息，受众将怀疑新闻信息的全面性与客观性。当突发新闻出现时，全能型记者的"在场"不但要去到新闻现场，及时地报告自身的所见所闻，而且还要利用好来自新闻事件发生地民众分享的内容，并将之整合在新闻报道中，保证信息来源渠道的多元化与内容的丰富性。

（四）团队合作，有序运行

全能型记者要树立良好的团队合作与分工意识，必须相互沟通，相互理解，相互配合，才能做好融合新闻报道。全能型记者在本质上应该是一个具有专业技能的新闻报道团队。对个人而言，需要进行多技能培训，但不是每个记者都能同时做到。在具体业务素养方面，媒体融合时代更需要策划型、专家型的新闻报道人才，因为只有具备深入采访调查、准确整合分析的专业能力，才能根据受众的不同需求，形成多样化的新闻报道。

在融合新闻报道中，背景资料不断回放，报道内容不断更新，制作图文并茂，不仅可以丰富报道形式，而且可以使报道主题更加饱满突出，持续吸引受众的注意力，因此，前台记者与后台编辑的协作与配合非常重要。前台记者负责提供已通过检验的初级报道素材，而庞大的后台编辑队则承担着初级产品的深加工。

不同的新闻报道样式，具有不同的特点与优势。文字新闻的深度解读与细节呈现

是其吸引力之所在；视频报道结合声音和画面，注重真实和现场再现；在线报道利用快速、及时、海量的多媒体演示和超文本写作。即使是一名全能型记者，也很难在所有领域都拥有顶尖的能力，因此，全能型记者应理解为"全能型记者团队"。[①]融合新闻报道须在实践中不断探索和调试形成经验总结，最终提炼出一套分工明确、运转有序的完整运行体系和机制。

三、全能型记者的能力素质

全能型记者作为媒体融合时代的新闻报道主力军，应具备全方位的新闻采写能力和传播能力，同时也要注重融合意识和新闻素养的提高。

（一）具备综合业务素质

作为一名全能型记者，不只是采访写作，还应该同时尝试其他工作。文字记者需要具备过硬的文笔，同时还需掌握一定的拍摄技能以及策划能力等，才能更好地完成融合新闻报道。国外新闻媒体十分重视全能型记者的培养，举办相应的专业技能训练课程与文化交流活动。大多数文字记者开始学习摄影、视频和音频编辑等技能。这种具有多种技能的全能型记者可以有效提高工作效率，降低劳动成本。

目前，国内一些新闻媒体也十分注重锻炼和培养记者的各种能力，提高其综合业务水平，比如结合实际情况开展各种不同的培训课程，组织一些专题活动。大多数文字记者都开始加强摄影和图文制作方面的学习，这不仅有利于培养全能型记者，也保证了新闻报道的质量。许多媒体与高校建立了良好的合作关系，在新闻专业课程中，加入一些摄影、Photoshop等技术培训，增加融合报道新闻人才储备。

（二）拥有丰富的专业知识

丰富的专业知识是新闻记者从事新闻报道的基础，因为职业的特性，每个职业的知识结构都有明显的差异。全能型记者不但要有坚实的新闻知识，而且还要掌握其他领域的专业知识，才能撰写富有深度见解的新闻报道。一个出色的全能型记者必须熟悉自己所报道行业的主要知识，即使不熟悉它，也要尽可能多地去了解。比如从事财经新

---

① 施伟.融媒体时代电视新闻记者的困境与突破[J].中国报业，2021(16)：100-101.

闻报道的记者不但要有坚实的新闻专业知识,而且还要具备经济管理学领域的基础知识,需要对经济史与经济原理有完整的认识。如果是从事科技新闻报道的记者,还要多了解自然科学领域的相关知识,避免成为"门外汉"。全能型记者需要拥有丰富的专业知识,涉及报道材料的选取、报道主旨的提炼与深化,以及选取恰当的形式来扩大新闻报道的影响。

(三)具有媒体融合意识

媒体融合不是传统媒体和新媒体的简单叠加,这种融合是具有"化学反应"的,全能型记者需要具备媒体融合的思维意识。媒体融合时代,全能型记者在提高专业技能的同时,应增强受众服务意识和信息共享能力,将开放、互动等元素融入融合新闻报道中。媒体融合对新闻记者来说是一个严峻的考验,只有具备媒体融合意识,才能更好地适应融合新闻报道工作。在媒体融合时代,全能型记者需要革新传统新闻报道方式,进一步拓展新闻报道的范围与影响力。[①]媒体融合要求全能型记者能够透过事件的表面深入挖掘事件的本质,同时用宽广的视野和敏锐的观察力从新闻事件中洞悉真相,并以多种形式呈现出来。

(四)掌握跨媒体传播能力

全能型记者除掌握新闻报道的基本技能之外,还应掌握跨媒体传播能力。任何一种媒体都存在优势与劣势,在传播过程中一般采取媒体组合的方式实现互补。比如报刊与广播电视、网络与报刊、广播电视与网络等不同媒体相互结合,充分发挥各自的媒体优势,实现信息传播的资源共享。全能型记者必须主动顺应媒体融合的发展趋势,突破单一媒体的局限,从事跨媒体传播。媒体记者的工作范围需要扩展到不同媒体。媒体集团中的任何新闻记者在获得重要新闻信息时,都应该尽快发布。全能型记者必须同时向多个媒体提供新闻信息,具备跨媒体传播的能力。融合新闻报道要求全能型记者不仅要有新闻采写能力,还要有操作和使用各种传播工具的技能。

---

① 高洁.如何"炼"就全能型记者[J].新闻传播,2020(19):87-88.

第四节　融合新闻报道的全能型编辑

全能型记者在新闻报道的前台发挥着重要的作用,但是我们也不能忽视后台新闻编辑的重要价值。在融合新闻报道中,新闻编辑所扮演的角色也发生了显著的变化,不再只是单一的文字加工与整理、版面编排,而是要同时扮演多个角色,对收集到的新闻素材(包括文字、图片、音频、视频、动画等)进行处理,使其转化为不同形式的终端新闻产品,并根据不同媒体平台的需求实现新闻报道的多元表达。

一、全能型编辑的概念

在媒体融合背景下,新闻报道的信息收集、内容制作、受众构成与需求等均出现本质的改变,这就对新闻编辑工作提出更高的要求。传统新闻编辑的工作较为简单,主要对记者采写的稿件进行把关,按照一定的标准对新闻报道内容进行取舍。在数字传播技术作用下,传统编辑也需要抓住媒体融合发展的时代方向,掌握更加全面的专业技能,增强融合新闻报道的意识,从而向全能型编辑转型。

媒体融合时代的"弱报道强编辑"的特征意味着后台新闻编辑在融合新闻报道中的重要价值,突出新闻编辑在融合新闻报道中的中心地位和主导作用。全能型编辑是指熟练掌握数字传播技术,综合运用多种传播手段对新闻信息进行加工处理,制作适合在不同媒体平台发布的新闻报道的新闻从业者。全能型编辑既要从海量信息中提炼有价值的新闻信息,又要做好新闻信息的处理,提高新闻报道的质量,为新闻报道提供强有力的支撑体系。[①]

二、全能型编辑的角色职责

在融合新闻报道中,新闻编辑不但关乎到新闻报道的质量,而且关乎到新闻报道的效率。媒体融合时代要求全能型编辑掌握现代的编辑技术手段,能够胜任新闻报道的

[①] 李万飚.融媒体下新闻编辑创新意识与融合能力提升策略[J].新闻前哨,2022(04):52-53.

选题策划、新闻信息的加工整合,以及多平台发布的融合新闻编辑工作。

(一)新闻报道的选题策划

对于新闻编辑来说,选题策划是新闻敏感与新闻价值判断能力的体现。优秀的新闻编辑不是被动地编辑稿件,而是主动地组织、策划媒体需要的稿件。全能型编辑的主要任务是在海量信息与多元渠道并存的复杂传播环境中,能够有效整合各种信息资源,围绕媒体定位与报道风格,策划一些重大报道选题,推出具有社会影响力的新闻报道;通过选题策划提升媒体新闻报道能力,体现媒体的传播力和引导力。特别是在突发事件和社会热点的新闻报道中,全能型编辑一方面需要快速反应,编辑"短平快"的动态消息在移动端发布,及时让受众了解新闻事件的变动;另一方面需要组织深度报道,对新闻事件做出权威解释,并透过言论表明媒体的态度和立场,引导社会舆论的走向。全能型编辑还应该通过话题交流、论坛评论、跟帖回复等多种渠道,加强与受众的互动,积极发挥关键意见领袖的作用。

(二)新闻信息的整合加工

传统新闻报道中新闻编辑的任务主要是挑选编辑文稿、拟定标题、安排刊播,编辑处理的对象主要来自新闻记者采集的新闻信息。媒体融合背景下,新闻信息采集不再由专业记者垄断,受众也可以自媒体人的身份参与到新闻信息传播中,他们会通过各类数字媒体平台上传文字、图片、音频或视频等新闻信息。如何在海量信息中筛选出最有新闻价值的信息,经过处理后再进行发布,是全能型编辑的主要工作任务。

媒体融合的深入发展,不仅带来传播载体的迭代更新,也拓展和丰富了新闻报道的呈现形式。融合新闻报道中编辑工作的创新非常重要,直接决定新闻报道的质量与新闻报道的传播效果。对全能型编辑来说,各种新闻信息都属于编辑对象,无论是专业记者采写的新闻报道,还是受众上传的新闻信息,全能型编辑需要做的是将各类文字、图片、视频等各种形式的新闻素材进行整合加工,生产多样化的新闻报道。随着媒体融合的深度发展,新闻编辑的功能也在相应地扩大,如内容聚合、内容发布、受众互动等,这些都是全能型编辑需要完成的任务。[①]

[①]陈芳.全媒体时代的全能编辑[J].新媒体研究,2018,4(09):105-106.

(三)新闻报道的多平台发布

传统媒体时代新闻编辑在完成新闻作品的制作后,再通过某一媒体渠道刊播。进入数字传播时代后,媒体传播渠道越来越丰富与多元。在不同的数字媒体平台上有针对性地进行新闻产品推送,增强新闻报道与平台的适应性,是全能型编辑的主要工作。数字媒体平台具有开放性、复杂性、不确定性等特点,全能型编辑需要根据不同的受众群体和不同的传播平台实施差异化传播,提高新闻报道传播效果。

数字传播时代受众对新闻信息的关注与接受是有选择性的,新闻报道必须努力寻找目标受众,有针对性地推送内容,满足受众需求。在新闻报道发布渠道方面,全能型编辑还必须认真研究和判断各个平台在受众中的接受度和关注度,既要抓住信息发布的时机,又要保证信息发布的准确性。全能型编辑根据不同平台的媒介特点,对信息进行差异化处理,再依靠大数据与算法推荐技术,分析受众的媒体接触习惯与信息接受偏好,精准定向发布新闻报道。[1]

三、全能型编辑的能力素质

作为一名合格的全能型编辑,需要具备的素质包括数字化编辑技能、新闻选题策划能力、敬业精神与受众意识等。

(一)掌握数字化编辑技能

在融合新闻报道编辑工作中,随着编辑过程与编辑对象越来越复杂,全能型编辑不但要熟悉传统媒体的特点与功能,而且还要熟练地使用微博、微信、知乎等各种数字媒体平台。全能型编辑除了需要掌握传统的新闻编辑处理软件之外,更要学会数字化的新闻信息处理工具,比如数字摄录、图片处理、图像剪辑、动画制作以及数据可视化等新兴技术手段,才能更好地顺应数字传播时代的发展趋势。

数字传播时代全能型编辑的工作方式以多渠道、数字化、互动化为特征,受众广泛参与到新闻报道中,新闻编辑的业务边界更加模糊。因此,全能型编辑必须具备生成各种信息的能力,做好新闻信息开发以及对各类数字媒体平台的统筹安排工作,通过新闻

---

[1] 王敏凤.融合传播时代全能编辑能力的构建[J].新闻文化建设,2021(15):11-12.

信息的精心加工,适应多元渠道分发的传播格局。

(二)提高新闻选题策划能力

无论是传统媒体时代还是媒体融合时代,新闻报道的选题策划都具有重要的价值与作用,新闻编辑扮演着选题策划组织者与管理者的重要角色。随着数字传播技术的发展,各种数字媒体平台实现新闻编辑与受众更方便、更直接地交流。因此,全能型编辑可以有效地和受众开展全方位的互动,从中得到有效的信息,包括受众的新闻信息需求、新闻报道内容的关注度与兴趣点、新闻报道形式的喜好等,并根据这些互动信息进行新闻报道的组织策划,及时调整新闻报道内容与方向,以满足受众的信息需求偏好,增强受众的媒体使用黏性,增强媒体的市场竞争力。

媒体融合时代新闻编辑必须从传统单纯的选题筹划与组稿加工中走出来,根据融合新闻报道的特点,提高编辑专业素养与选题策划能力,成为一个既精通传统新闻报道编辑业务,又能够胜任数字新闻编辑工作的全能型编辑。随着数字媒体平台的大量涌现,受众在获取信息时有更多的渠道和平台选择。因此,全能型编辑应该能够整合线上和线下新闻信息资源,在新闻报道的内容和形式上推陈出新,提高融合新闻报道的质量与水平。

(三)具有敬业精神和受众意识

融合新闻报道的信息采集、加工与处理以及发布等环节复杂与多样,因此编辑工作强度远大于传统新闻报道,这就需要全能型编辑具有爱岗敬业的职业道德与奉献精神。敬业精神具体体现在热爱自己的工作,甘为人梯,任劳任怨,在新闻报道幕后默默付出,当好新闻报道把关人,坚持正确的新闻报道方向,提高新闻报道的质量等方面。全能型编辑在保证新闻内容真实性与丰富性的前提下,综合运用多种技术手段和编辑语言,使新闻报道的形式与内容相得益彰,提高新闻报道的可读性与接受性。

媒体融合时代受众可选择的传播渠道越来越丰富,吸引受众的注意力并留住受众是媒体竞争的关键因素。新闻媒体作为以"内容为王"的行业,通过优质的新闻报道获取足够多的受众是媒体经营的核心。融合新闻报道只有以受众信息需求为出发点,才能真正获得受众的认可。因此,全能型编辑应该树立强烈的受众意识,在与受众互动的过程中提炼出有价值的新闻信息,提高新闻报道的质量与水平,在竞争激烈的媒体市场中获得持续发展。

知识回顾

融合新闻报道对新闻从业者提出新的要求,如受众意识、技能全面,新闻从业者须向全能型记者与全能型编辑转型。全能型记者需要具备综合业务素质、丰富的专业知识、媒体融合意识以及跨媒体传播能力,其角色职责主要是采集多样化素材,提供差异化新闻,并借助自媒体,提升新闻时效性。全能型编辑需要掌握数字化编辑技能,提高新闻选题策划能力,具有敬业精神和受众意识,能够胜任新闻报道的选题策划、新闻信息的加工整合,以及多平台发布等工作。

思考与拓展

1. 简述媒体融合时代新闻从业者面临的困境。
2. 简述融合新闻报道对从业者的素质要求。
3. 全能型记者的角色职责包括哪些?
4. 全能型编辑的角色职责包括哪些?

第四章 融合新闻报道的形式

知识目标

1. 了解融合新闻报道各种形式的概念。
2. 理解融合新闻报道各种形式的特点。

能力目标

1. 熟悉融合新闻报道各种形式的应用场景。
2. 掌握融合新闻报道各种形式的实践技能。

思维导图

```
                        ┌── 数据新闻的概念
           ┌─数据新闻报道┤── 数据新闻的特点
           │            ├── 数据新闻的功能
           │            └── 数据新闻的类型
           │
           │              ┌── HTML5 新闻的概念
           │              ├── HTML5 新闻的特点
           ├─HTML5 新闻报道┤── HTML5 新闻的优势
融合新闻的  │              └── HTML5 新闻的类型
报道形式   ─┤
           │              ┌── 短视频新闻的概念
           │              ├── 短视频新闻的特点
           ├─短视频新闻报道┤── 短视频新闻的优势
           │              └── 短视频新闻的类型
           │
           │              ┌── VR/AR 新闻的概念
           └─VR/AR 新闻报道┤── VR/AR 新闻的特点
                          └── VR/AR 新闻的类型
```

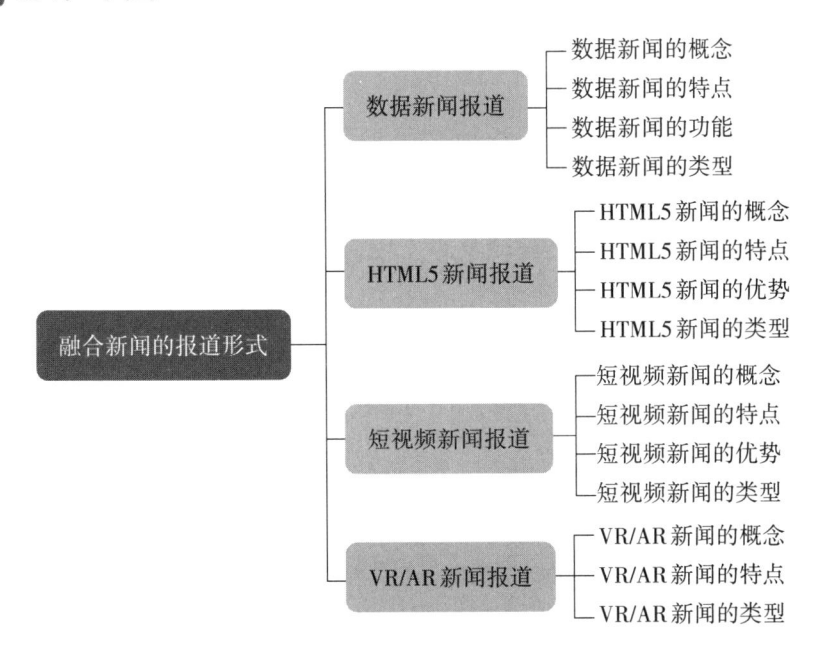

@ 案例导入

2017年全国两会期间,中央人民广播电台推出"央广主播的朋友圈"系列场景视频,并在微信公众号、朋友圈之间广泛传播。用户点击链接进入后,犹如进入了真正的微信朋友圈一样,在一个全屏模拟朋友圈的画面中,具有高颜值、磁性声音的央广主播王小艺就站在朋友圈的右下角,通过肢体动作(如滑动朋友圈、点击朋友圈视频等行为)和口播解读一条条朋友圈信息。在视频中王小艺点击朋友圈图片的放大效果、点击朋友圈视频的播放效果,与用户自己的点击感受完全相同,没有丝毫违和感。

"央广主播的朋友圈"系列场景新闻视频是中央人民广播电台首次试水视频类型的HTML5产品,并在视频型HTML5新闻产品的基础上增加了用户的交互操作(观看者需要在页面进行点击才可观看视频内容),并且对王小艺的形象进行AR技术处理,如后期加入了主播脚下的阴影,设计了主播点赞、飞桃心等动作特效,逐步使形象生动化,将新闻报道的形式人格化。因此该系列不仅是对视频类HTML5新闻产品的完美诠释,更在其基础上进行了模拟AR技术的尝试,为融合新闻报道的形式进行了大胆的开拓与尝试。

第一节 数据新闻报道

大数据技术带来数据新闻的兴起,改变了以往人们的阅读习惯,也改变了传统新闻报道的表现形式。传统新闻报道无法为受众提供视听读全方位一体化的新闻体验,数据新闻以数据可视化的方式呈现新闻报道的内容,形式新颖、直观生动,增强受众信息接受体验感。

一、数据新闻的概念

2014年,大数据及其技术的发展应用产生出数据新闻报道,开始成为人们关注的热点,越来越多的媒体借助大数据技术开展数据新闻报道。

(一)数据新闻的本质

数据新闻随着大数据技术的发展应运而生,它是一种崭新的新闻报道样式。2010年开始,数据新闻作品开始在卫报、纽约时报、BBC等国际知名媒体中出现,并取得良好的传播效果。中国较早开始进行数据新闻实践尝试是在2012年,网易新闻开设"数读"栏目,随后各大媒体网站纷纷进行数据新闻的制作与发布。

数据新闻从新闻事件出发,以文字图像为基础,并辅以该事件话题所产生的数据信息而形成可视化融合新闻报道。新闻内容以数据可视化的方式呈现使新闻报道更具有直观性和立体感,受众可以多视角、全方位地了解新闻事件的原貌。新闻从业者通过大数据挖掘与分析技术,从互联网海量数据库中找寻新闻线索,拓展新闻主题的广度和深度,利用可视化技术手段,过滤选定的数据,运用形象、生动的表达方式,将原本单调枯燥的数据呈现给受众,带给受众愉悦的阅读体验。

数据新闻简洁、准确、客观,是一种非常受欢迎的融合新闻报道方式。数据新闻并不能简单地和数据画等号,也不能将其简单地理解成柱状图或是扇形统计图之类的信息图表,它仍然和传统新闻报道一样,其本质仍是一则新闻,只不过是将新闻中的大多数文字转化成了更加直观、立体的数据图表,可以让受众简单清晰地了解复杂的新闻事实。[①]

(二)数据新闻的兴起

麦肯锡关于"大数据"时代的描述向我们揭示:"数据已经渗透到现时代各个行业领域,成为至关重要的生产构成要素。人们对于大数据的深度撷取和广泛运用,揭示着新一轮生产率增长和利润盈余浪潮的来袭。"[②]如今,各大主流媒体都在对海量数据进行挖掘、管理、存储并提取有价值信息用于新闻报道。大数据技术的广泛应用深刻改变新闻报道的流程和模式,2016年5月16日,广东广播电视台推出《新闻大数据》栏目,引起行业关注。该栏目对各种类型数据信息进行收集、分析处理,以直观、简洁的面貌呈现给受众,创新电视新闻报道方式。

大数据改变了人们的思维方式,对社会各行各业有着深远的影响,催生出数据新闻

[①] 章戈浩.作为开放新闻的数据新闻——英国《卫报》的数据新闻实践[J].新闻记者,2013(06):7-13.
[②] 维克托·迈尔-舍恩伯格,肯尼思·库克耶.大数据时代[M].盛杨燕,周涛译.杭州:浙江人民出版社,2013.

这一创新的新闻报道方式。冯·诺依曼奖获得者艾伯特-拉斯洛·巴拉巴西曾指出:在大数据信息时代,人类的思维方式和行为模式都在可以预测的范围之内。人类的行为并不是互不关联的孤立事件,而是相互关联的大数据信息网络中的一个个节点,诸多事件的关联性与规律性变得有迹可循。①大数据对新闻报道的思维方式和叙事方式有着巨大的影响。传统新闻报道主要考虑新闻事件的因果关系,横向关联和纵向关联由于技术限制却较少考量。数据新闻通过在纵向关联上寻找新闻事件发生的时间脉络和发展规律,进而预测即将发生的类似新闻事件;在横向关联上将新闻事件作为一个定位点,搜索关联行业领域所发生的新闻事件,运用大数据多角度全方位地诠释分析新闻内容。

数据新闻创新传统新闻报道的叙事方式,将以文字为主的静态叙事方式转化为以数据图像为主的动态叙事方式。传统新闻报道的叙事方式以文字为主,数据为辅,而数据新闻则以数据信息为主,辅以少量文字说明。数据不仅是新闻报道内容的重要构成因素,本身也成为一种新闻表现形式。数据新闻丰富新闻报道的表现形式,向受众提供大量新闻信息,同时鼓励受众参与新闻报道,搜集采纳受众提供的数据资料。这种全新的新闻报道形式使新闻内容的表达方式更具有个性化和参与性。

"互联网之父"蒂姆·伯纳斯·李对新闻的发展趋势曾经做过这样的描述:新闻的未来,是分析数据。②数据新闻主要通过大数据技术在海量数据中发现新闻素材,围绕新闻报道的主题对新闻事实进行深入解读,以可视化的形式为受众提供全面、真实、精确、系统的报道,带给受众一目了然、条理清晰的阅读体验。数据可视化是数据新闻最直接区别于传统新闻报道的地方,数据可视化将抽象数据和概念以具象化、形象化的方式加以呈现,从而达到吸引受众注意的目的,使新闻内容有效传达给受众,提高新闻报道的影响力和传播力。

数据新闻已经成为融合新闻报道的主流方向,各大媒体竞相使用,尤其是数字新兴媒体更是把数据新闻的优势发挥到极致。《百度热搜·2022年全国两会大数据》通过大数据分析两会开幕前夕的热点关注情况:社会保障、乡村振兴、教育改革是网友最关注话题;人群画像中,90后关注劳动保障,00后关注高科技,中老年人关心退休保障政策;各地网友对于两会话题也体现出不同的兴趣,广东、北京与山东地区频繁入榜前三,彰显出以上地区网民对两会极高的关注度。

---

①艾伯特-拉斯洛·巴拉巴西.爆发:大数据时代预见未来的新思维[M].马慧译.北京:中国人民大学出版社,2017.
②蒋瞰."新闻的未来,是分析数据"[J].新闻实践,2013(9):70—72.

二、数据新闻的特点

数据新闻不仅具有时效性、真实性与可读性等特点，且更为直观与真实，受众可以在第一时间通过简洁的数据呈现新闻报道中最核心的内容，这种新式的阅读体验是以往传统新闻报道所不具备的。

(一)大规模的数据采集

数据新闻建立在大规模数据采集的基础上，数据采集一定要全面、真实。这与传统新闻报道的信息收集相一致，都是对来源真实信息的收集过程。传统新闻报道在新闻素材的收集过程中多以现场走访观察为主，数据新闻以二手数据居多，在进行数据收集时，所选用的平台、渠道必须具有权威性和真实性，比如政府机构、研究报告等数据库或其他具有社会影响力的公众人物所发布的内容。

(二)可视化的呈现形式

大数据具有体量大、覆盖广的特点，如何把大量的、单调的数据信息以直观、形象的方式呈现给受众，是数据新闻需要解决的问题。数据可视化将原本抽象的数据立体化地展示出来，让受众可以直截了当地看明白数据中所传达的信息，体会到数据所涵盖的内涵，领略到数据新闻的魅力。如网易新闻在"8·12天津滨海新区爆炸事故"后制作的数据新闻——《危险品爆炸事件离你有多远》，该篇报道以数据为基础，将位置信息与地图融入其中，受众可以通过该报道定位自己的地理位置并查询身边有多少化工厂存在，将个人关切与新闻报道相连接，提高受众的安全意识。

(三)增值性的内容服务

数据新闻除了拥有传统新闻所必备的传播功能外，还可以起到增值性的内容服务效果。因为受众在阅读数据新闻的同时，可以从数据中获取大量的有用信息，再经由数据预测分析就可以得到远超数据本身所包含的信息内容。增值性是指受众对数据新闻中的内容进行分析解读，得出的对事物更深层次的认识，由此既可以收获知识又可以获得信息满足。

(四)开放式的阅读体验

在数字传播技术的作用下,数据新闻的阅读体验得到极大提升。数据新闻中所使用的图片、数据信息会给受众带来十分直观立体的阅读体验,同时在数据新闻中出现大量"超链接",将新闻报道中的某些数据来源或是报道外的扩展内容指向媒体外部,读者可以通过"超链接"的数据与原新闻进行横向或纵向的比较,同时也是一种与数据新闻的交互行为,受众可以在延伸扩展中体会到不一样的新闻内涵和新闻价值。

三、数据新闻的功能

数据新闻的崛起并不仅仅源自其可视化呈现的特点,而是在于以客观数据为基准,通过数据分析,对未来形势进行预测。数据新闻的强大功能使其在融合新闻报道中占据显赫的地位。

(一)交互式增强新闻叙事能力

数据新闻以交互式、动态化的图片和视频呈现内容,取得文字报道难以达到的传播效果。数据新闻与传统新闻的报道方式相比,新闻叙事能力更强,可以从全局出发,更加透彻、详尽地叙述新闻事件全貌。新闻事件在数据新闻中被解析得更加清楚,各个方面都能够直观清晰地展现在读者面前。数据新闻的出现改变新闻报道过程中传受双方之间的关系,传者不再是单向的线性传播,受者也不再是被动接收。无论是传统新闻报道,还是融合新闻报道,一个新闻故事想要完整地呈现在受众面前需要传受双方之间的有效参与。

(二)客观性加强受众事实判断

大数据分析可以利用图表清楚地表达事件之间的关联。数据新闻正是利用大数据分析的优势,使整个新闻事件立体化,增强新闻报道的真实性和说服力,新闻表现力也更为清晰,从根本上增加新闻报道的权威性和客观性。数据新闻通过客观的数据还原新闻事实,使受众更加清晰地对新闻事实做出自己的判断,避免被一些无效信息干扰而做出错误理解,进而影响自己的判断。

(三)预测性判断新闻未来走向

预测是大数据最重要的功能,通过对已有数据信息的分析,可以有效地预测未来发展走向,从已知推及未知,如极端天气预警、疾病来袭、实时交通路况等社会各个方面信息的预警提示。社会公众根据预警信息提前准备,并进行积极应对,可以把损失或者影响降低到最低程度。

(四)定制化提高新闻传播效果

数据新闻的信息定制功能在于其内容总是以受众为主,以受众需求为目标,如利用大数据分析为受众进行答疑解惑。数字媒体平台还可以利用算法对受众的喜好进行精准分析,以便于及时推送合适的新闻内容给指定的受众人群。内容定制化与算法推荐可以提高新闻信息的有效达到,减少冗余信息对受众的干扰。定制化的数据新闻已经在数字新兴媒体领域得到广泛应用,推动融合新闻报道创新,提高新闻传播效果。

四、数据新闻的类型

数据新闻最显著的特色便是将数据以直观简洁的形式呈现在受众面前,这种数据的呈现并不是对数据信息简单地罗列,而是通过图表等形式进行展示。这些可视化的呈现形式既简洁美观,又能让受众迅速抓住新闻内容的重点。

(一)数据图解

数据信息可以代替传统新闻报道中的文字内容,再现新闻情景,更加直观生动地对新闻内容进行解读,提升新闻报道的传播力与影响力。在数据新闻报道中合理运用图解,不仅能起到美化版面的作用,还能对新闻主题进一步解释和说明。传统新闻报道中一些烦琐的数字、流程描述等重要信息,往往隐藏在繁复的文字中,经常会对读者的阅读理解造成一定的障碍,造成错误理解,如果将这些烦琐的文字信息、流程描述提炼后用图解的方式来呈现,就可以清晰明了地阐明新闻的主旨和意图。在新闻报道没有新闻图片或是图片难以概括新闻内容或全貌时,图解的优势就可以充分发挥。

数据图解既可以摆脱文字、数字等信息而带来的枯燥感,又美观简洁,能够让读者被图解所吸引,让烦琐的内容变得易懂、易记,受众依靠图解可以直观认识到新闻内涵和报道主题。除了对数据信息进行解读之外,图解还可以对流程信息进行描述。2021年11月15日新华网数据新闻版面推出《暴雪过后积雪何时能化完?》一文,不仅讲述了积雪融化的过程与影响因素,而且包含积雪形成过程、我国常年降雪量与积雪值以及冬季简要的出行提示。这些内容如果用文字叙述稍显冗长烦琐,受众在阅读后也难以有效地理解积雪形成原因与融化过程,但是配发图解后,受众直观地了解在生活常见却容易被忽视的小常识,文字无法解决的问题换成图解便迎刃而解。

在融合新闻报道中经常会出现一些和新闻内容有关的背景信息,便于受众更加深入地理解新闻事件,这些信息有时因篇幅过长无法详细在报道中呈现,但缺少这些信息又会让受众难以理解整个新闻事件的脉络。数据新闻可以使用图解来配合文字,起到类似注释的作用,为受众提供更多的相关信息。常见的内容有:体育赛事积分排名、火车票预售时间表、重要文件信息、报道背景资料等,数据图解拓宽新闻报道的广度,体现出媒体的受众服务意识。如2021年,北京市城市管理委员会官方微信账号发布的文章——《新〈条例〉实施周年,北京交出垃圾分类成绩单》,通过图解展示北京市一年来在垃圾分类中取得的成果,不仅表现出北京市的垃圾分类设施建设取得的成效,还通过数据信息将垃圾分类的成果进行展示,既直观立体又简洁明了,而且饱含趣味性与可读性,极大地增强了新闻报道的传播力。

图解是数据的呈现形式之一,数据新闻充分利用数据图解的内涵,丰富新闻内容的表现力。形式新颖的数据图解充分发挥数据可视化的优势,增强新闻报道的权威性与可读性。数据新闻是融合新闻报道主要手段之一,简洁直观、易于理解都是它得以广泛应用的原因。

(二)数据列表

传统的新闻报道对于数据的展示往往都是通过文字进行描述和比较,偶尔也使用表格进行展示,呈现形式也比较单调,几乎千篇一律,缺乏形式美感。数据新闻运用可视化手段报道新闻,是一种技术上的突破和形式上的创新,把新闻信息运用表格呈现,这样的形式既美观,又可以提高新闻的可读性,把数据信息与新闻内容融会在一起,让受众真正地"看进去"。如今,新闻报道中使用数据列表的形式越来越常见,简单易懂、可读性强的特质深受欢迎,起到良好的传播效果。

人民网2020年7月23日发布的《中国餐饮业抗疫图鉴》包含餐饮业在疫情下的收入

损失、店面减少数量等直观信息,有效利用饼状图与柱状图等形式展示餐饮行业在疫情冲击下的自救措施。尽管疫情让餐饮业陷入萧条,但也在一定程度上加速餐饮行业的变革,对于以堂食业务为主的企业,通过其良好品牌形象,可以平稳开启外卖市场,也可以探索一些半成品、熟食制品等业务,并通过电商渠道销售。

(三)数据地图

数据地图是融合新闻报道中常用的可视化呈现方式,特别是新闻事件和某个地区具有较强的关联时作用更加明显,数据地图可以揭示不那么显而易见的关系。在地理位置对新闻叙事很重要的情况下,运用数据地图可视化进行新闻报道可以极大地增强新闻内容的表现力。百度地图推出的春节人口迁徙大数据,是以百度LBS(基于位置服务)大数据为基础并进行开发的品牌项目,2014年开始正式上线。用户在使用百度地图时,软件后台程序对自动获取的实时LBS定位数据进行统计分析,从空间和时间两个维度直观、即时、动态、全程地将春节前后人口迁徙和流动的轨迹与分布特点展示出来,人们可以通过移动设备方便迅速地了解不同城市、不同人员的移动轨迹与状况,了解春节期间最火、最受欢迎的旅游线路和流动人口最多的城市。

百度和央视进行合作,在"晚间新闻"中使用百度地图的定位功能,将采集到的春节迁徙大数据以数据新闻的形式向观众进行展示,简练而精确地播报春节期间人口迁徙的轨迹和方向,引起了人们的广泛关注,这是数据地图可视化和传统电视新闻之间的合作,也是传统媒体进行融合新闻报道的积极探索。

(四)数据动画

传统新闻媒体对于重大节日或重要人物的报道,常常采用深度报道的方式表现人物或事件影响,而这种以文字叙述方式为主的深度报道文字多、篇幅长。信息过载的社交媒体让受众难以集中在一定时间内完成阅读。运用Flash等软件技术设计制作简单的数据动画,通过图片、声音、视频和特效处理,对新闻信息进行有效整合,达到方便受众阅读、掌握与理解的效果。

在融合新闻报道中对新闻事件中具有决定性、关键性的时间节点,以动画的形式进行着重描述或提醒,可以为受众梳理新闻事件过程、分析新闻事件的起因、结果,让受众抓住新闻事件的重点,进而持续关注事态的发展。数据动画是融合新闻报道方式的尝试与创新，这种新颖的形式让受众既可以轻松了解新闻事件的经过，又可以在互动中把握新闻事件的关键之处。

第二节　HTML5新闻报道

随着数字传播技术的发展，受众的新闻接触方式出现由线下向线上的迁移，传统媒体相继开展数字化转型探索。以微信、微博和新闻客户端为代表的数字媒体平台逐渐成为人们获取新闻信息的首要选择，移动互联网的快速发展更是把人们的视线由大屏引导向小屏，手机新闻用户成为新生力量。HTML5新闻报道迎合受众媒体接触习惯的发展趋势，有效地提高新闻信息的传播效率、扩大接收范围，新闻实现传受双向充分的互动和交流。

一、HTML5新闻的概念

HTML5是指第5代HTML，简单理解就是一种编程语言，HTML是Hyper Text Markup Language的英文缩写，即"超文本标记语言"。"超文本"是指页面内除文字以外的所有东西，既可以是图片、动画、站外链接，也可以是音乐、相关应用程序等元素。HTML5页面就是利用HTML5技术所制作的网站页面，是集音视频编辑、图片处理、动画制作等多项技术的融合展示。

HTML5技术促进新闻页面的形式与内容创新，推动融合新闻报道的发展。HTML5新闻是利用HTML5技术整合文字、声音、图片、动画与链接等多种表现元素于一体的新闻报道形态。HTML5新闻使受众的感官体验不再被文字所束缚，为受众提供独特的阅读体验。

人民网、网易、腾讯等网络媒体所开发的HTML5新闻页面，均采取以触碰、滑动为第一接触方式的技术来向受众传递信息。如人民网微信公众号推出以HTML5为主的融合新闻报道，让每个人都可以感受到新闻现场的氛围。网易沸点工作室开发的HTML5新闻报道实现平面新闻向动态可视化新闻的转变。各类数字媒体平台将HTML5技术运用于新闻报道领域,打破以往传统新闻报道中纯文字的束缚,构建集图片、动画、视频、音乐于一体的HTML5新闻页面,增加新闻内容的视听感染力。

二、HTML5新闻的特点

HTML5新闻主要以移动终端为传播载体,将新闻报道的真实性、时新性、重要性、新鲜性等价值要素与HTML5技术的直观、形象、动感等特点相结合,以立体化、可视化的方式呈现新闻内容,增强传受双方的互动性。HTML5技术在融合新闻报道中主要体现在以下五个方面:内容的生动性、传播的互动性、新闻的解释性、资料的整合性和报道的主题性。

(一)内容的生动性

HTML5新闻作为一种新的新闻报道形式,在一定程度上改变传统新闻报道的叙事方式,让新闻报道更直观、更形象、更易读。借助HTML5技术使新闻内容可视化呈现是其最常见的应用,比如让突发事件的进展变成时间轴,让新闻发布会变成可视化的问答,让年终盘点变成炫酷的视频大片,最终让传统的文字与图片动起来,让受众在操控中完成新闻阅读,这些都是传统新闻报道无法实现的。

(二)传播的互动性

互动性是数字媒体的本质特征。HTML5技术的强大交互性带来融合新闻报道形式创新,为数字媒体所看重。HTML5的交互性与新闻报道结合实现互动传播,已成为HTML5新闻报道的主要意图和方向。HTML5技术的交互性在新闻报道领域得到广泛的应用,受众利用HTML5技术提供的便利,参与新闻内容互动。基于HTML5技术的新闻报道已经成为移动传播终端的常客。

(三)新闻的解释性

数字媒体平台上每天都会涌现出海量的信息,有价值的新闻内容往往淹没在信息洪流中。新闻报道运用HTML5技术将新闻事件的重要内容和有冲击力的图片、视频挑选出来,制作成一个图文型或视频类的HTML5新闻,可以有效吸引受众的关注。融合新闻报道中新闻图片是主要表现元素,运用HTML5技术后可以使静态图片产生"推""拉""摇""移"的视频镜头效果,可以结合时间轴展示新闻事件全过程,结合关系图围绕人物或者主题综合梳理编排形成新闻故事。HTML5技术增强新闻的解释性,通过提炼核心内容,辅之以图文、动画等表现手段,对新闻事实进行深度解读。

(四)资料的整合性

历史资料和背景材料是新闻报道的重要组成部分,比如重大事件的报道需要整合历史资料,突发事件的报道需要同步背景资料。因此,如何把新闻报道与历史资料、背景材料进行结合并呈现出来,便于受众理解新闻内容,是融合新闻报道面临的问题。新闻报道所涉及的历史资料与背景材料大都比较简单、枯燥,HTML5技术不仅能将梳理后的资料有逻辑地展现,而且能让受众在阅读中产生视觉美感,进一步提升新闻资料的价值,丰富新闻报道的内容。

(五)报道的主题性

数字传播时代受众的注意力变得碎片化,很难长时间集中,因此,围绕某一主题的深度报道在移动端很少出现。HTML5技术为主题性深度报道提供解决办法:一是高度整合,运用HTML5切换、弹出、划屏等技术将新闻报道的核心内容汇聚到一个HTML5新闻产品之中;二是化整为零,将一个大的报道主题切分为一个个用HTML5来表现的分类报道。HTML5新闻报道不需要卖弄花哨的动效和炫酷的特效,重点在于精心提炼报道主题,科学合理编排内容,让整个HTML5新闻张弛有度,动静相宜。

三、HTML5新闻的优势

HTML5新闻带给受众新奇的阅读体验,受到人们的热捧。利用HTML5技术创作的新闻报道,大大提升传播效果,HTML5新闻可以使新闻的接受者和传播者进行实时交流和有效沟通。

(一)具备较强的新闻视听感染力

HTML5新闻集图片、音乐、超链接等多种表现形式于一体,作用于受众多种感觉器官,为受众带来全新的阅读体验。HTML5新闻体现出融合新闻报道的典型特征,完美地诠释了新闻报道的多形式融合,通过多种新闻表现元素的综合应用,增强新闻报道视听感染力,满足受众的信息需求。

(二)促进新闻内容的有效传播

HTML5技术能够把文字、图片、视频、动画等多种信息整合在一起,更加贴近受众的阅读习惯。HTML5新闻把社会热点事件与受众日常生活紧密结合,将受众关注的新闻事件进行可视化处理,并加以艺术化的表现,实现内容与形式完美融合。HTML5新闻整合线下与线上新闻资源,将重要的内容以简单易懂的方式表现出来,更容易为受众所接受和理解,从而促进新闻信息的有效传播。

(三)实现新闻报道与受众的互动

传统新闻报道通过线性方式进行单向信息传播,受众接收新闻报道的方式也是被动的,在信息反馈方面存在很大问题。HTML5技术可以有效解决传受双方互动困难的问题,受众接收HTML5新闻报道的同时,可以通过页面反馈设计实现互动,或者提出疑问,表达自己对新闻的看法。HTML5新闻促进新闻信息的实时分享,受众发表个人观点的同时还能够与他人进行互动,同时满足受众的信息需求与社交需求。

四、HTML5新闻的类型

在融合新闻报道中各种新兴技术交互使用,产生各种表现形式,HTML5新闻报道可分为多种类型,最为常见的HTML5新闻主要有视频型、交互型与融合型。

(一)视频型

视频型HTML5新闻是在HTML5页面上插入视频,它可以在移动终端等设备上全屏播放,丰富新闻的内容,极大地提升用户在观看时的沉浸度和体验感。视频型HTML5新闻创造性地融合视频与图文等多种元素,成为最常用的融合报道形式。

(二)交互型

技术发展日新月异,融合新闻报道需要不断探索新技术的应用。HTML5新闻最大的特点就是在移动终端的支撑之下极大程度上展现了交互性的优势,让用户不再是第三视角的参观者,而是置入其中,增加了真实感和趣味性。交互型HTML5新闻需要受众参与新闻内容的生产,共同完成新闻报道,充分体现HTML5技术的交互性特点。比如在中国共产党成立100周年之际,珠江时报出品的《穿越百年,看南海变迁》就是一个非常典型的交互型HTML5新闻。该新闻搭配人脸融合接口的趣味互动,让受众主动将自己带入漫画情景之中,"穿越"回过去,与历史合影,其交互形式非常的简单,用户上传照片,经过AI人脸融合技术即可生成自己的历史海报。通过这个HTML5新闻作品,我们可以看到交互性技术的使用对传播的推动力,也能看到HTML5新闻的巨大发展空间。

(三)融合型

融合型HTML5新闻主要是将HTML5技术和其他技术相结合,比如重力感应、虚拟现实、3D动画等,形成高趣味、高科技、多交互为一体的HTML5新闻,以此来吸引更多的受众,完成新闻信息的传播。人民日报推出重磅动态长卷《复兴大道100号》,汇集上百件具有重大意义的历史事件,通过声效、动画、人脸融合等表现形式,引导受众重温历史、致敬百年征程。人民日报社新媒体中心还在北京三里屯打造"复兴大道100号"创意体验馆,搭建建党百年时光隧道,为受众打造可感知、可触摸的沉浸式体验,把线上报道与线下体验结合,在全社会引起强烈反响。

数字传播技术快速推动HTML5新闻报道不断创新,除了上面提到的类型之外,HTML5新闻在展示方面可分为数据型、展示型、游戏型等。虽然每一种HTML5新闻都有其独到之处,但从实践的角度讲,一个优秀的HTML5新闻产品一定是博采众长的,通过多种类技术相互结合、相互碰撞的产物,并不仅仅是运用单一的技术。在HTML5新闻报道中,其实以复合型新闻产品居多,这样的新闻报道能够在信息洪流中脱颖而出,快速抓住受众的眼球,实现新闻信息的有效传播。[①]

---

① 王梓薇.HTML5在新闻报道中的创新应用研究[J].智库时代,2019(27):266,268.

第三节　短视频新闻报道

短视频新闻是依托短视频平台兴起的一种融合新闻报道形式,具有内容生产即时交互、表现方式直观生动、传播效果易于接受等典型特征,丰富新闻报道的表现形式,拓展新闻报道的话语空间,满足受众碎片化浏览需求。短视频新闻充分发挥短视频这种新兴的传播形态,开创新闻报道的形式。

一、短视频新闻的概念

短视频新闻通常是指长度以秒计算,总时长一般不超过5分钟,利用智能终端进行美化、编辑,并可在多种社交平台上实时分享的一种视频类融合新闻报道。短视频新闻在形态上融合语音、视频、文字、音乐等元素,表达形式直观、立体,以适应数字传播时代移动化、碎片化的传播环境。

短视频行业飞速发展,以抖音、快手为代表的各类移动短视频平台成为新的媒介传播形态。在2016年全国两会期间,短视频新闻首次应用于新闻报道,到2018年的全国两会期间,视频类和直播类报道已经崛起成为排名前两位的新闻报道形态。截至2021年12月,我国短视频用户规模达到9.34亿人,占网民总数的九成以上,可以说短视频新闻在融合新闻报道中已经占据非常重要的地位。

二、短视频新闻的特点

短视频新闻适应人们快节奏的生活习惯,具有即时交互性内容生产、直观生动化信息传播与碎片化易于受众接受的特点。

1. 即时交互性内容生产

短视频便捷化的拍摄、编辑与上传功能为当下"人人都是传播者"创造机会,只要你身在事件现场,就拥有即时采集、即时发布第一手新闻素材的条件。随着移动5G网络的全面覆盖,作为通过图像进行传播的短视频新闻会迎来更加广阔的发展空间。尽管传统新闻报道通过文字或图文叠加的形式也能实现信息的传达,但从吸引受众注意力的层面上来看,短视频凭借"声音+画面"两种感官形式的融合性传播,更具有精准优势。通过极具感染力的视听效果和受众感官的全方位刺激,短视频新闻能够扩充信息容量,产生更具画面感和代入感的信息效果,同时一键上传、转发、评论、点赞等社交功能的加入,极大地丰富了新闻报道的内涵。

2. 直观生动化信息传播

短视频主要通过声音与画面等视听符号传播信息,可以将一些无法用语言描述,或者描述易产生歧义的内容直接用视频形式呈现出来,避免文字及图文信息在传播过程中的信息失真,体现信息的生动性、直观性及审美性。尤其是在突发新闻报道中,当消息来源复杂且存在大量不确定因素的情况下,受众很难在第一时间接收到原始信息,缺少辨别消息真伪的有力证据,这时一条简洁直观的短视频不仅能够全景式反映新闻事件现场,使新闻信息显得更真实更严谨,而且也能在较短时间内使不明情况的受众清晰了解新闻事件,有助于还原新闻事实真相。

3. 碎片化易于受众接受

随着互联网的进一步发展,智能手机与平板电脑等移动终端成为新闻信息传播的主要渠道,信息碎片化传播,使得受众注意力成为更加稀缺的资源。短视频新闻因其短小精悍的特点,可以在受众碎片化的时间空隙中找到生存空间。短视频新闻轻量化的传播特质促使媒体必须精准选取与新闻报道主题直接相关的内容。短视频新闻观点鲜明、主题突出、内容简洁的特征正好符合当前快节奏、碎片化的受众媒介使用状况,通过短视频进行新闻报道容易被受众接受和认可,有利于新闻内容的有效传播。

三、短视频新闻的优势

随着移动互联网的快速普及与人们生活节奏的加快,短视频新闻的优势更加明显。短视频新闻的优势不仅在于增加新闻传播的深度与广度,而且还能满足受众需求,符合传播形态的发展趋势。

1. 丰富新闻报道的表现形式

短视频新闻运用生动的画面与声音将文字无法直观、客观描述的内容直接表现出来,形式丰富,是当前最受欢迎的新闻报道形式之一。不同于文字内容的抽象,静态图片的单一,短视频新闻以动态图像的形式全景反映新闻现场,让受众用自己的眼睛观察新闻事件,得出自己对新闻事件的看法和判断。短视频新闻所包含的声音画面对文字新闻是一种很好的补充和完善,同时连续不间断的图像也比静态图片更加生动、丰富,更具视觉冲击力,突破传统新闻报道的局限。

2. 拓展新闻报道的话语空间

短视频降低了人们使用媒介的门槛,人们通过从不同视角上传、发布新闻信息,极大地丰富了新闻报道的内容,提高对新闻事件的认识,延伸新闻报道的话语空间。在人人都是传播者的媒体环境中,新闻信息来源渠道多样,受众很难辨别消息真伪。短视频在新闻报道中的使用,既提高新闻报道的时效性和信息到达率,又延伸新闻报道的话语空间。

3. 满足受众碎片化的浏览需求

数字传播时代,信息的碎片化传播与受众的碎片化浏览成为重要特征,人们对碎片化时间的利用已经成为不可逆转的趋势。"麦肯锡30秒电梯理论"提出,好的东西一定要在30秒内吸引到他人,赢得他人有限的注意力。目前,短视频的时长一般限定在6秒至30秒左右,并支持快速编辑美化,这与微博140字数限制相仿,都是为了信息便捷快速传播。由于短视频时长短,内容容量有限,因此在表达上往往开门见山、直奔主题,更适合受众的碎片化浏览需求,易产生情感共鸣,形成持久有效的传播力和影响力。

四、短视频新闻的类型

短视频新闻在不同情形下延伸出多种类别,依据新闻事件内容与传播平台的不同,短视频新闻主要分为政务类短视频新闻、资讯类短视频新闻和Vlog短视频新闻三种类型。

(一)政务类短视频新闻

政务新闻的严肃性主题与冲击力强、可视化效果好的短视频形式结合,在选题视角、叙事风格、呈现方式等方面显示出不同于传统新闻报道的特性。政务新闻报道如何让宏大主题更加贴近受众生活,处在一直在探索的道路上,短视频新闻开启了一条新路径。在庆祝新中国成立70周年阅兵仪式的报道中,央视新闻将阅兵这样的宏大主题从小切口入手,跳出宏观叙事的报道模式,更加注重个体话语表达和平民叙事视角,将报道落在大背景、大环境下的小事件、小人物上,通过短视频展现阅兵前后数月诸多人物的冷暖故事,收获了大批网友的点赞、转发和评论。央视新闻还注重挖掘百姓的微观故事,通过受众身边的小事展现鲜活的生活场景,呈现更接地气的新闻报道,增强受众的情感共鸣,拉近媒体与受众的距离。

政务短视频新闻在叙事方面一改过去严肃高冷的风格,实现叙事话语的转变,用通俗诙谐的话语体系传递主流声音中严肃的内容。央视2019年7月推出的"主播说联播"短视频栏目,叙事风格从《新闻联播》的庄重严肃转向了轻松诙谐。主播们通过简单直白的吐槽式话语表达,以幽默诙谐的叙事风格对新闻事件进行平民化讲述。主播们频出的"金句"吸引广大受众的点赞和转发,将严肃的政务新闻通俗流畅地传递给受众,给政务新闻报道增添一丝人间烟火气。

政务短视频新闻在呈现方式上兼顾新闻报道的时效性和真实性,对精彩镜头通过拼接和组合等方式进行视觉优化展示。例如对重点新闻画面加上合适的音乐和精炼的文字,在视觉感官上能最大程度地吸引受众,增进受众对新闻内容的了解和关注。短视频新闻是依托社交媒体成长起来的融合新闻报道形式,具有强大的社交属性,因而在互动方面具有得天独厚的优势,受众可以通过转发、评论、点赞和收藏等途径积极开展互动交流。政务短视频还可以利用互动特性,制造话题,持续传播。比如对已有短视频进行"再生产",即通过声音、画面和文本的二次制作,对已有内容进行混剪组合,增加新闻信息量和情绪渲染,实现传播效果的最大化。

(二)资讯类短视频新闻

资讯类短视频新闻以传递各类生活资讯为主,按照运营主体不同可以分为三个类别。第一类是传统媒体推出短视频账号,提供新闻资讯服务;第二类是自媒体短视频,专注于某一垂直类内容,以满足某个领域的信息需求;第三类是专门化的新闻短视频平台,满足不同用户的生产与分享需求。

1.传统媒体官方账号

在国家政策层面的推动下,传统媒体与新兴媒体进一步融合,传统媒体利用微博、微信以及短视频平台进行新闻报道已经成为寻常之事。传统媒体短视频官方账号把传统媒体内容制作优势与新兴媒体的强力分发渠道相结合,借助短视频和直播新闻的强劲势头进行转型。比如新京报创立的"我们视频"官方视频账号,于2016年9月上线。

2. 自媒体短视频

数字传播技术带来自媒体的兴盛,深耕于垂直领域的自媒体账号各有特色,不同领域的自媒体账号为受众提供专业内容新闻资讯服务。以"一条视频"自媒体账户为例,作为资讯内容提供者,定位于奢侈品与生活方式的传播,并基于"生活、潮流、文艺"三个理念,多采取纪录片的拍摄方式以第一人称叙述,拍摄的内容保持较高的水准与统一的风格,受众喜闻乐见。

3. 短视频新闻平台

在短视频新闻报道中一些专业的资讯平台非常活跃,这些专业的短视频平台通常以"平民"生产、专业把关、热点话题为新闻报道模式。我国最大的短视频新闻平台"梨视频"日均生产1500条资讯类短视频(2018年)。梨视频的内容来源主要依靠全球布局的拍客网络系统,以及自己的专业审核系统来鉴别真伪,通过交叉审核、专业剪辑、质量控制等手段进行把关,为受众提供高质量的短视频新闻资讯。

(三)Vlog短视频新闻

Vlog短视频新闻作为新兴的新闻报道方式,打破传统新闻叙事模式,将新闻信息多样性和新兴媒体的移动便捷性完美结合,给新闻报道赋予新的活力。Vlog短视频新闻由报道者主导视频进程,从正式拍摄的前期准备工作、中期的突发情况处理以及后期的制作都属于正片内容。Vlog短视频新闻最大程度地还原新闻现场,受众跟随拍摄者的镜头进入新闻报道,满足人们了解新闻背后故事的好奇心,亲身体验般的感受让新闻报道更具真实性。

Vlog短视频新闻由日常生活记录走入新闻报道,转换了新闻报道的角度,打破了传统报道的单向传播性,不仅将受众目光聚焦于报道现场,同时也让受众关注报道背后的故事,多角度的呈现使新闻内容展现更加立体。Vlog短视频新闻在强调真实性和现场感的同时,打破传统新闻报道的程式化藩篱,拉近新闻报道与受众之间的距离,新闻叙事的个性化让新闻更具"人情味",更加"接地气"。

Vlog短视频新闻在新冠疫情期间大放异彩,涌现大量新闻报道作品,向受众呈现最新消息。报道主体涉及不同的职业、不同的人群,从媒体记者到一线工作人员,还有参与抗疫的志愿者们,他们拿起手机,记录武汉这段时间里发生的点滴细节。这些Vlog短视频新闻立足受众视角,深入医院、病房、超市、街道进行细节报道,满足人们对疫情防控的好奇心。Vlog短视频新闻利用便捷发达的社交媒体平台作为传播渠道,传统媒体与自媒体相互合作。因第一人称视角的拍摄方式,Vlog短视频新闻的叙事功能更具有故事性,能够为受众带来强烈的代入感,增强情感互动,传播效果更好。

第四节 VR/AR新闻报道

虚拟现实(Virtual Reality,简称VR)和增强现实(Augmented Reality,简称AR)技术的兴起,成为人们关注的热点话题。VR/AR技术因其强大的复现功能、互动的操作方式、独特的传播体验,被国内外新闻媒体竞相采用,从而引发了新闻报道方式的深刻变革。VR/AR新闻报道运用新兴的虚拟现实与增强现实技术给受众带来沉浸式体验,受众在场参与新闻互动,颠覆传统新闻报道方式。

一、VR/AR新闻的概念

VR/AR技术向人们展现360°全方位虚拟现实体验,逐渐应用于新闻报道领域。VR新闻与AR新闻是融合新闻报道的重要形式,也是未来新闻报道的发展方向。

(一)VR新闻

VR新闻是指虚拟现实技术在新闻报道领域应用产生的一种融合新闻形态,具有沉浸式、多感官、交互性、非线性叙事等特点。与传统新闻以提供新闻信息为主相比,VR新闻更注重提供新闻体验。VR与新闻报道的结合最早可以追溯到2015年《纽约时报》推出的新闻纪录片《流离失所》。受众使用VR设备即可观看到一间因战火而塌陷的教室全景,仿佛身临其境,不仅可以360°体验战争遗留下的场景,还可以进行互动体验。这部VR新闻纪录片利用图层叠加和3D生成技术,重现满目疮痍、触目惊心的战后细节。

随着5G技术的普及,VR新闻将会进一步突破带宽限制,借助网络高速率拓展时空维度,以高带宽、低时延减轻受众长时间佩戴设备的不适,缓解虚拟体验的眩晕感,更好地调动受众感官,全方位提供传统新闻报道难以实现的体验感。各大主流媒体纷纷试水VR新闻,2019年央视新闻客户端正式推出"VR频道",《昆曲涅槃》开启VR全景报道时代。中国青年报的"融媒小厨"制作大量VR新闻。在庆祝中华人民共和国成立70周年阅兵盛典上,新华社采用"5G+8K+VR"直播的融合新闻报道方式展现阅兵实况。

(二)AR新闻

AR新闻是利用AR技术进行融合新闻报道的新闻形态。AR技术的突出特点在于构建三维世界基础上的虚拟场景,从而达到交互性和沉浸式的双重体验。AR技术最早应用于新闻报道领域的尝试可以追溯到1999年哥伦比亚大学开发的"情境纪录片"(Situated Documentary),这是一种基于图层叠加技术产生的一种"沉浸式"叙事方式。这种叙事方式让用户头戴"透视型"设备,并结合地理位置信息,让用户全方位、立体化进入3D环境中,深刻感知当时当地发生的新闻事件。

AR新闻利用沉浸式与互动式的多形态呈现方式来进行"深度体验"和"互动参与",从而延伸和强化受众的"感官体验"。受众接收AR新闻时,如果想了解相关联事件内容详情,只需要轻点屏幕,相关内容便会以文字、图像、数据、音视频等多种形式呈现出来,配合全方位感官体验和空间延伸,实现感性与理性的完美融合。2019年举办的重庆智博会使用"5G+AR"技术,将实体信息仿真叠加到现实世界中,受众只要通过数字画屏、AR手持终端等设备对历史文物和艺术作品进行扫描,相关信息即可跃入眼帘,受众可以进行深度探索,带来超越现实的沉浸式感官体验。

二、VR/AR新闻的特点

新闻报道的目的是尽可能为受众提供最接近事实的信息。传统媒体由于技术上的限制只能为受众提供"局部真相"和"间接体验",VR/AR技术实现新闻报道的深度渗透和互动参与,让受众产生身临其境的"代入感"。

(一)受众在场的沉浸式体验

VR/AR新闻依靠技术对新闻事件进行"全息"式呈现,受众在体验叙事文本建构的虚拟现场时,突破时间与空间的屏障,借助在场的沉浸式体验深入新闻事件发生现场。传统新闻报道中,信息传播者与信息接受者以媒体为中介进行连接,传受之间存在一定距离,VR/AR技术消弭了这种距离。受众借助VR/AR设备,在360°3D环境中捕捉新闻细节,仿佛亲身走入新闻现场,深刻了解新闻事实和新闻事件的发生过程。

(二)受众参与的交互式体验

传统新闻报道的表现手段主要是文字、声音与图片,随着电视的兴起,图像加入新闻报道中,以图像为主的电视直播能够增强临场感,使观众能够看到现场,有助于还原事实原貌,但受众毕竟没有到过现场,无法体验真实的在场感。VR/AR新闻可以解决受众无法进入新闻现场的缺憾,受众利用VR/AR设备对新闻事件进行第一人称沉浸式的体验,建立与新闻现场的情感联系,并对新闻事件进行即时反馈,这对新闻报道而言是前所未有的创新变革。

(三)受众表达的能动性增强

VR/AR新闻具有显著的去中介化特征,媒体的中介作用在新闻报道中被削弱,受众的自主性得到释放与增强。在VR/AR新闻报道中,传受双方能够进行实时互动,不同的人在阅读同一新闻时,因为个体间认知的差别会产生不同的信息解码与反馈,这种极具个人特色的新闻报道方式构成独特的受众体验过程。受众在临场体验中对融合新闻报道的内容形成独立思考,可以带动认知的提升,从而指导生活实践。

三、VR/AR新闻的类型

从新闻报道的内容上看,VR/AR新闻报道类型主要有战争与灾难主题、重大时事主题与自然科技主题。

(一)战争与灾难主题

《纽约时报》主编杰克·西尔弗斯坦认为VR技术能使观众对离自己现实生活遥远的人们的生活产生一种真切的感受和理解。[1]VR/AR的技术优势在战争与灾难主题的新

---

[1] 李川,牛洋洋.VR技术在新闻实践中的应用路径与现实困境[J].中国广播电视学刊,2017(11):54-56.

闻报道中十分适用,富有冲击力的现场直观呈现,多场景的灵活转接,多视角、全方位、细节化的镜头处理,充分代入的技术手段,为融合新闻报道赋予新的内涵。在战争新闻方面,2020年腾讯新闻联合环球时报推出"VR重现抗美援朝空战经典案例"专题报道,受众点击进入就可以通过不同视角全景感受战场环境、驾驶舱内部、被击落的敌机、英雄驾驶的战机等画面,了解英雄先烈及其英勇战绩。受众以第一视角体验战役现场的各种场景,身临其境地感受战争的惨烈,达到铭记历史、缅怀先烈的效果。

在灾难新闻方面,2017年8月15日,四川日报针对8月8日九寨沟遭遇的7.0级地震推出了"AR动新闻",用《川报观察》3.0版AR摄像头扫描头版底端小图和第五版《457公里出九寨记》中的图片,一段震撼大气的视频"跃然报上",这段1分40秒的视频集合了交通、救援、医疗、转移等现场照片及镜头,向受众展现九寨沟地震发生之后,各方力量驰援灾区,数万游客安全转移的"生命接力"。借助AR技术,白纸黑字的文字报道延伸出了视听俱佳的光影,让观众仿佛也跟随前方记者一道体验地震紧急驰援的分秒必争。

(二)重大时事主题

2019年两会期间,央视网推出的《全景沉浸看报告》是其首次在重大主题报道中使用"VR+AR"技术。该报道聚焦政府工作报告中的主要议题,提炼重点数据进行解读,在VR实景视频的基础上,在真实场景中糅合三维动画,对政府工作报告进行生动、具象的可视化展现,给受众带来前所未有的沉浸式体验。该报道共使用21个全景VR视频,涵盖经济建设、就业保障、民生、生态文明、建设投资、医疗、教育等方面,运用业界先进的光流缝合技术,使画面无缝衔接。该报道将政府工作报告中的重要数据做成动画,与全景VR画面融合,丰富受众获取新闻信息的方式,做到超越时间、空间局限,拉近了受众与政府工作报告中施政纲领的距离。

(三)自然与科技主题

在自然与科技新闻报道中,通过VR/AR技术让人们直面环保问题,通过构建虚拟现实让人们感同身受。2019年,英国设计事务所棉花糖激光盛宴(Marshmallow Laser Feast)推出多感官沉浸式VR体验装置"We Live in an Ocean of Air",将现实世界三维建模成像,当受众戴上配备心率检测器、呼吸传感器和追踪系统组合而成的VR头盔时,便可以沉浸在极具真实体验的森林世界里,以动物的视角探索未知的森林世界。VR虚拟现实可以让你在森林中探索出另一番景象,体验到不同的视觉冲击,通过情感传递和视觉传达的冲击激发人们保护自然生态系统的兴致,其逼真沉浸的虚拟现实体验促使更多人开始认识到人与自然平衡共生的重要性。

VR/AR新闻是一种新兴的报道形式,但其实践仍然存在一些障碍。首先,观看VR/AR新闻的硬件设备并未普及,并且距离普及还有一段时间。其次,传统的新闻报道可以进行编辑与剪辑,有经验的编辑会针对一条主线对新闻素材进行编辑,凸显新闻报道主题。但是VR/AR新闻报道很难进行编辑与裁剪,传统的编辑与剪辑会打破VR报道空间上的延续感。因此,VR/AR新闻不利于引导受众。最后,从受众的媒介素养的层面来看,受众还没有完全习惯VR/AR新闻报道的模式,同时VR/AR硬件设备本身也需要完善,比如提高直播的清晰度与流畅度等问题。

知识回顾

媒介融合的背景下,融合新闻报道成为主流,其表现形式更是多种多样,出现了数据新闻、HTML5新闻、短视频新闻、VR/AR新闻等多种形式。数据新闻是融合新闻报道中最为常见的报道形式,利用数据可视化技术呈现新闻内容。HTML5新闻是利用HTML5技术整合文字、声音、图片、动画与链接等多种表现元素于一体的新闻报道形态。短视频新闻是依托短视频平台兴起的一种融合新闻报道形式,具有即时交互性内容产生、直观生动的内容传播与碎片化易于受众接受等特点。VR/AR新闻报道运用新兴的虚拟现实与增强现实技术给受众带来沉浸式体验,受众在场参与新闻互动,颠覆传统新闻报道方式。融合新闻报道在素材处理与新闻编辑时,需要依据素材类型、新闻内容、应用场景、受众人群来选择适当的表现形式,最大程度上提升融合新闻报道的传播范围与力度。

思考与拓展

1. 融合新闻报道有哪些表现形式?
2. 简述数据新闻的产生与发展。
3. HTML5新闻的特点与优势体现在哪些方面?
4. 短视频新闻的特点与优势有哪些?
5. 简述VR/AR新闻报道的特点。

第五章　融合新闻报道的选题

知识目标

1. 了解融合新闻报道选题的来源。
2. 掌握融合新闻报道选题的原则与标准。
3. 学会融合新闻报道选题的策划与实施。

能力目标

1. 具备融合新闻报道选题策划的能力。
2. 掌握融合新闻报道选题策划的方法。

思维导图

- 融合新闻报道的选题
  - 融合新闻报道选题的来源
    - 新闻选题与融合新闻选题
    - 新闻线索与新闻选题
    - 融合新闻选题来源的多样化
  - 融合新闻报道选题的原则与要求
    - 融合新闻选题的原则
    - 融合新闻选题的要求
  - 融合新闻报道选题的策划
    - 融合新闻选题策划的意义
    - 融合新闻选题策划的要素
    - 融合新闻选题策划的思路
    - 融合新闻选题策划的实施

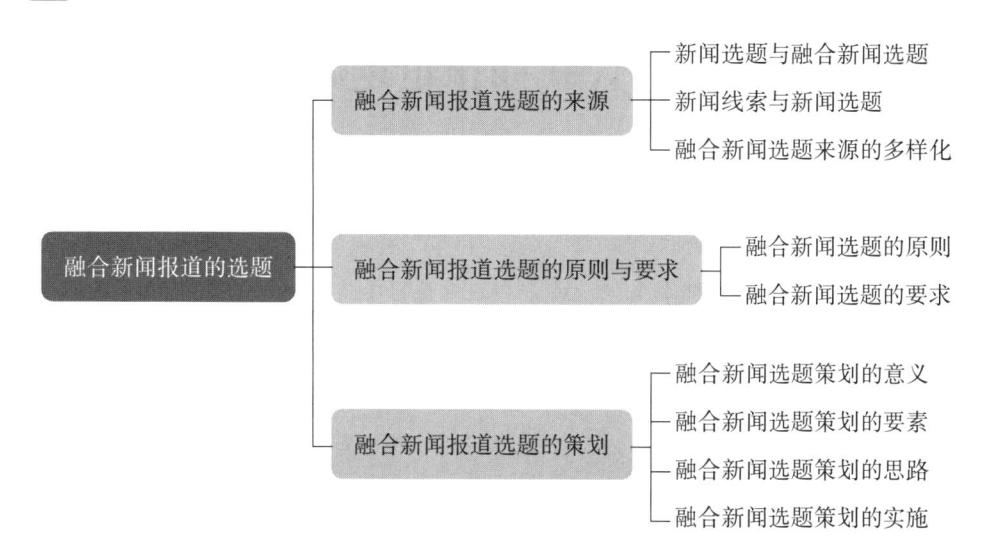

案例导入

2020年2月5日，南方都市报的摄影记者随广东省第二批援助湖北医务人员进入湖北，并蹲守"重灾区里的重灾区"汉口医院隔离病区，成功抢拍出第一批前方医务人员的肖像特写照，口罩和护目镜留下的印痕，疲惫中的昂然和淡定，直抵人心。从2月13日起，南方都市报在同一主题下，推出融合新闻报道，包括海报《你们摘掉口罩的样子，很美！》，长图《印？记》，图文报道《千言万语尽在脸上》等，引发广泛共鸣，被人民日报、新华网、央视新闻、今日头条、腾讯、新浪等160多个平台广泛转载。2月17日晚，南方都市报在广州塔、猎德大桥等城市地标率先开启"为最美逆行者亮灯"致敬行动，随后广东其余20个地级市积极响应，抗疫一线医务人员巨幅海报在广东地标建筑1000多块LED屏滚动播放，致敬英雄。

南方都市报"最美逆行者"系列融合新闻报道荣获中国新闻奖一等奖。该选题弘扬抗疫人员的艰苦与奉献，展现他们的精神面貌，创造性地以"线上全媒体、线下多场景"的创新宣传形态，反映主流价值观，唱响社会正气歌，真正做到融合新闻报道的多元呈现、多介质发布、多样化宣传，用最直观、最形象的传播方式讲好抗疫暖心故事，树立医护人员大爱无疆的良好形象。

第一节　融合新闻报道选题的来源

媒体类型的丰富，传播渠道的增多，新闻入口竞争越来越激烈，新闻从业者难免会有"酒香也怕巷子深"的感慨。如何让受众在众多选择中接受自己的新闻报道，成为新闻从业者最为重要而又迫切的问题。面对传播渠道的激烈竞争，新闻媒体最好的应对法则是"内容为王"。在媒体深度融合的传播环境下，传播渠道已经不是独家资源了，谁拥有最高质量的新闻内容，谁就能在激烈的争夺中占据优势地位，而新闻选题是新闻报道能否成功的关键因素。

一、新闻选题与融合新闻选题

优质内容始终能够引发人们的追捧,于是更多的新闻从业者开始意识到新闻选题的重要性。相对于传统新闻选题方式,融合新闻报道面临如何提高选题质量,吸引受众注意力的严峻挑战。信息泛滥的时代,新闻报道创新与日俱增,媒体间竞争越来越激烈,任何一家媒体独享新闻信息资源已经变得几乎不可能,因此新闻选题与报道视角显得非常重要。

(一)新闻选题

"选题"这个词并不是新闻报道的专利,它因行业的不同所指的内容也会有所不同。就新闻报道来说,"选"是选择,"题"则是题目、题材,"选题"的基本含义就是选择题材(动)、选定的题目(名)。新闻选题即是选择新闻报道的题材和题目。新闻选题既是过程又是结果,过程是指挖掘新闻选题是一个不断变化、不断更新改进的过程。当面对社会热点问题或者确定一个新闻报道方向时,新闻从业者会不断地深入挖掘事实,在挖掘的过程中发现新的新闻素材,产生新的报道题目和方向,这是一个不断进行的过程。结果则是报道主题的确立。新闻选题能使新闻从业者(采访主体)与特定对象(采访对象)之间的关系得以建立,从而使每一次具体的新闻报道活动通过主体与客体之间的互动而得以有效地开展。

新闻选题是新闻从业者对接触到的信息进行甄别、选择与处理的活动,即对信息有没有新闻价值的判断,什么是一般社会信息,什么是有新闻价值的社会信息。把有新闻价值的社会信息作为新闻报道计划,才能够形成新闻选题。[1]新闻选题并不等同于新闻线索,新闻选题比新闻线索寻找的要求更高,是新闻从业者对新闻线索进行深入了解与思考探讨后的结果。新闻选题对于新闻专业人员来说,不是简单地复制已有的知识、观念、思想,而是通过积极的精神劳动和创造性思维,在已知的客观事实基础上不断发现未知,并创造出新的知识、新的观念和新的思想,进而产出优秀的新闻报道。

新闻报道是从客观存在的新闻事实中产生的,是新闻工作者的主观意识对客观存在的反映。新闻选题是以新闻竞争为第一原动力,以充分挖掘新闻报道潜力为目的,以

---

[1]陈廉.如何做好新闻选题策划[J].新闻战线,2020(10):94-95.

新闻事实自身的存在逻辑为依据,以突出新闻报道价值为归宿的主体能动性活动。

(二)融合新闻选题

随着数字传播时代的到来,各种数字新兴媒体如雨后春笋般涌现,传统媒体与新兴媒体进一步融合。新闻报道的模式由传统的一次生成、一次使用、一次发布向一次收集、多元制作、多次发布的融合新闻报道模式转变。新的报道模式需要媒体在思想观念、管理方式、技术平台以及采编人员的业务能力等方面进行变革。

媒体融合时代新闻报道的选题不同于传统媒体时代,它的要求更高、更严格、更规范。融合新闻报道的选题,要有统一的筹划、统一的选题生成机制。只有这样,才能让新闻报道在信息的汪洋大海中脱颖而出,并在合法的、公平竞争的环境中达到相应的传播效果。

那么,什么是融合新闻报道的选题呢？简单讲,融合新闻报道的选题是根据媒体融合发展的要求,针对新闻事实与新闻事件的发生发展过程,选取报道主题与报道视角进行融合新闻报道的活动。媒体融合背景下不同媒体平台对于新闻报道有不同的需求,传统的新闻报道模式很难适应这一发展需求。融合新闻报道的选题要具有灵活性,题材丰富、形式多样。

二、新闻线索与新闻选题

新闻选题是根据新闻热点事件和新闻线索作为依据进行确定的,一个真实有效的新闻线索往往可以引出一个关注度较高的新闻事件,因此新闻线索是新闻选题的基础。

(一)新闻线索的概念

新闻线索是为新闻采访提示新闻所在与报道的方向,为新闻报道提供原始资料的信息。新闻线索是关于正在进行的或将要进行的事情的简明讯息或信号,也可以作为新闻报道材料,具有一定的新闻报道价值。新闻线索不等同于完整的新闻事实,它也无法用来构成新闻故事。[1]在新闻报道实践中,新闻线索可能是饭桌上的聊天,可能是互联网上网友的留言,往往比新闻事实更为琐碎。由于是简单的消息或信号,新闻线索往

---

[1]刘海贵.当代新闻采访[M].第2版.上海:复旦大学出版社,2004.

往真假参半,有些新闻线索可能没有任何新闻价值,需要新闻记者核实。当新闻记者在没有确认新闻线索真实性的情况下,显然不能据此采访并直接进行新闻报道。新闻报道注重时效性,但更注重真实性,对新闻线索要交叉验证进行核实,不能凭主观意志去随意评判。

(二)新闻线索的获取

1. 从日常工作中获取新闻线索

新闻报道一般按照行业领域有专门的分工,新闻记者通常从他们的工作分管范围和采访领域获取大量的新闻线索。新闻记者和所在分工单位的领导与宣传部门人员维持着紧密、经常性的联络,有些单位还设有通讯员负责对接媒体,这样新闻记者可以获取大量新闻线索。新闻敏感性比较强的记者在新闻报道过程中往往主动发现更多新闻线索,获取更多的新闻信息,丰富新闻报道的内容。新闻记者自主寻找的新闻线索通常比单位或个人自主提出的新闻线索更具有报道意义,通常更适合于新闻选题方向。新闻记者面对各种各样的新闻线索,需要去粗取精,去伪存真,发现真正值得报道的信息点。

2. 从数字媒体平台获取新闻线索

数字传播技术推动各类数字媒体平台的快速发展,微博、微信、客户端等成为重要的信息渠道。在各类数字媒体平台上获取新闻线索是融合新闻报道最主要的途径,为新闻记者提供高效、全面的新闻线索来源,特别是在微博、微信上比较活跃的自媒体。数字媒体平台受众的广泛参与性、信息传播的快捷性让新闻记者有了更多的新闻线索来源。新闻记者每日必做的功课便是查阅各大新闻资讯网站,如人民网、新浪网、凤凰网等,以及浏览微博和微信公众号,寻找最有价值的新闻线索。由于各类数字媒体平台信息复杂多样,新闻记者需要对获取的新闻线索做好反复过滤与核实,避免因使用虚假新闻线索而造成新闻报道失实。

3. 从重要活动中获取新闻线索

无论是国际还是国内,经常会遇到重大活动、体育赛事、节日、纪念日等。这些重要活动隐藏丰富的新闻线索,甚至活动本身就是动态新闻,活动主题就是要注意的新闻话题,活动发展过程就是新闻报道内容。另外,这些重要活动的参与者之间的交往与互动也会揭示更多的新闻线索。新闻虽然无处不在,但是人们也必须具有敏锐的新闻发现眼光。春节、清明节、国际劳动节、中秋节和国庆节都蕴藏着无穷无尽的新闻线索,新闻记者积极参加这些重要活动,所碰到的人与事都可能会牵引出一些新闻线索,新闻记者多关注能够获得新闻线索的具体细节,从中发现新闻报道的选题。

(三)新闻线索甄别

真实性是新闻的生命,新闻线索是新闻报道基础,因此对新闻线索需要仔细地辨别,尤其是通过互联网获取的新闻线索。新闻线索的甄别包括真实性甄别,法律性衡量与新闻价值判断。

1. 真实性甄别

随着数字传播技术的发展,新闻线索由仅仅通过受众打新闻热线转化为积极开拓互联网资源。各类数字媒体平台成为取之不尽的消息源泉,互联网的开放性使得人人都可以发布信息,造成各种虚假信息甚至是非法信息泛滥。如果新闻记者不核对和查证新闻线索的真伪,就据此进行选题报道,很容易形成虚假新闻。

在数字媒体平台上出现突发新闻线索时,新闻记者应当保持冷静,从多个渠道进行核实,在必要时应联系线索提供者加以证实;对于那些不能互相验证、无法提供来源的新闻线索,要大胆抛弃;不能为了哗众取宠,为了吸引受众注意力,而忽视新闻线索的真实性。

一条有价值的新闻线索,必须经得起有关内容和事实的查验。一些新闻线索看起来貌似合理,但是经不起推敲,新闻记者若稍有疏漏,就很容易变成虚假新闻的推手。目前,各种简单实用的图像编辑软件广泛应用,大大降低了图像处理的复杂度,利用虚假图像操纵信息变得更加简单。因此,新闻从业者需要加强技术能力训练,通过对新闻线索中的图片、视频等材料进行技术分析,找出是否存在虚假或者欺诈的信息,这在一定程度上可以避免虚假新闻的产生。

2. 法律性甄别

新闻线索除了真实性核实以外,还要注意合法性审核。一些新闻线索可能存在法律上的侵权行为,所以新闻记者必须慎重对待新闻线索,避免新闻报道侵权现象发生。在新闻报道中常见的侵权行为主要表现为侵犯他人名誉权,侵犯他人隐私权,侵犯他人专利与著作权等。

侵犯他人名誉权的情况主要体现为新闻报道内容不实导致严重侵犯了他人声誉。因此,针对数字媒体平台上受众提供的新闻线索,新闻记者应当认真研究,多方求证,并向当事人了解具体情况,避免出现意见偏颇、混淆是非的情况。

个人隐私内容包括个人的健康状况、婚恋历史、个人财富情况、私密日记、生活习惯等。数字媒体平台上经常出现"人肉搜索""社会性死亡"等网络暴力事件,新闻记者在处理这些新闻线索时需要认真权衡,避免影响新闻报道对象的正常生活。

另外,针对数字媒体平台上的新闻线索,还应注意是否出现侵犯他人专利与著作权等方面的行为发生。有些新闻报道在援引他人言论或者其他媒体的内容时,如果不注意规范,很可能会引起相应的法律纠纷,近年来,因侵犯他人著作权而"吃官司"的媒体层出不穷。

3.价值性甄别

新闻线索甄别的关键因素——价值性。一条新闻线索是否具有新闻价值,取决于它的重要性、时效性和积极性。一条新闻线索反映的事件很重要,但如果它对社会没有积极意义,就没有报道价值。因此,判断新闻线索的价值,应从多个方面衡量。新闻记者在进行甄别时,除了要在深度和广度上进行分析和思考外,还要考虑对社会发展是否有指导意义或警示作用。

新闻线索的有效甄别并不简单,新闻线索的真伪、价值大小有时并不是一眼就能看清,稍不留神就可能被伪真相所蒙蔽,被虚假的事实所掩盖。新闻线索有没有报道价值,需要新闻记者自己判断和选择。因此,获取到新闻线索后,记者首先要理性地看待它,弄清线索的来源与前因后果,从多层次、多渠道审视新闻线索,用审慎怀疑的眼光进行新闻线索的甄别和处理。

三、融合新闻选题来源的多样化

与传统媒体相比,融合新闻报道的选题来源渠道更加丰富和多样。结合媒体融合发展的传播环境,融合新闻报道选题的来源主要有以下几个渠道。

(一)上级部门下达的选题

新闻媒体作为党和政府管理的部门,承担宣传党和政府的大政方针,引导舆论的重

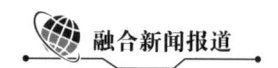

要任务。党和政府根据一个时期的政治热点,如围绕环保节约、科技创新等主题,让相关的报纸、杂志、广播、电视台等新闻单位来挖掘线索,确定选题,以发挥舆论引导作用;有的则是表彰先进人物或事迹,以引起社会关注为目的,比如党和政府开设的各类奖项、各种先进人物评选等新闻选题。

国家治理能力现代化体系中,媒体成为公众参与社会治理的重要途径,党和国家的大政方针通过新闻媒体的广泛报道,在社会生活中发挥越来越重要的作用。人民生活与国家的政治息息相关,国计民生的发展也依赖于国家的政策。新闻记者的任务就是及时关注了解当下最新的治国理政方针,抓住当下最重要的政策性文件,选择直接关乎人们切身利益的新闻信息进行报道,只有这样做才能满足媒体融合时代受众的真正需求。

(二)新闻从业者发现的选题

新闻从业者是最为接近新闻选题的人群,常年从事采访、写稿与编辑等新闻业务活动,练就了最基本的功夫,即新闻的敏感性,最为常见的就是对新闻题材的选择。许多新闻从业者通过多年的工作经验,积累了丰富的知识基础,这就成为发现新闻线索、策划新闻选题的财富。

一名优秀的新闻从业者,在日常工作中应该做到观察入微,留意身边的细节,练就"新闻眼",发现新闻线索,寻找新闻选题。比如看到桃花不仅要马上想到可能是春天来到,树叶枯落可能秋天已经到来等,新闻从业者还要学会逆向思考,桃树开花是否是温室里的桃树呢?树叶枯萎是因为树生病了吗?[1]新闻从业者一定要开动大脑,挖掘新闻线索,综合运用多种思维方式开拓创新,发现事物的真正价值,有深度地报道,才能满足当下受众的需求。

(三)从采访材料中生成的选题

在日常的新闻采访中,新闻从业者会自动收集一些采访的材料,包括自己采集的信息和一些被采访单位散发的资料,新闻工作者可以从这些资料中发现一些有新闻价值的线索,寻找新闻选题,深度挖掘内容。生活是丰富多彩的,在传播渠道竞争日益激烈的媒体融合时代,新闻工作者不能坐等新闻,要走出去寻找新鲜的新闻选题,去探索那

---

[1] 陈廉.如何做好新闻选题策划[J].新闻战线,2020(10):94-95.

些吸引受众的、与众不同的、其他媒体不曾涉及的独特的新闻选题,记录下来,留以备用。此外,日常工作生活中,新闻从业者拜访很多典型人物,一般都会都会记录访谈内容,可以从这些采访记录中选择一些当下备受关注的典型材料作为选题进行新闻报道。

(四)从媒体报道中获取的选题

一个新闻从业者或一个媒体的力量总是有限的,不同的人面对相同的材料可能会有不同的发现,因此,新闻从业者可以根据各类媒体的不同特点,去发现其各自的长处和弱点,向不同媒体学习其长处,会得到不同的新闻选题。媒体融合时代传播渠道多元化,微博、微信等社交媒体上的信息不仅种类多,而且涉及面广,涵盖全国各地各个方面的信息,视频、图片、文字、链接等资源应有尽有。新闻从业者可以从其他数字媒体新闻报道中选择一些有价值的信息进行选题挖掘,可以想想自己所在地区是否也可以做类似的选题,该怎么做,是否可以做得更好。媒体融合时代新闻报道的选题需要学会借鉴其他媒体的经验,做到取长补短,以优化自己的选题,但同时也应该认识到选题的来源复杂,虚假信息多,学会合理筛选。

(五)受众提供的选题

数字传播时代受众的主动意识不断增强,受众参与新闻报道的能力大大加强,每个人都可以是新闻源。过去受众主要通过热线电话和邮寄信件为新闻媒体提供线索。媒体一般都会设置热线电话,并安排专人负责接电话。媒体融合时代媒体与受众联系的渠道更加多样化,互动也更加紧密,这为新闻选题提供更为便利的条件。受众的需求是不断变化的,新闻媒体要想在激烈的市场竞争中取得成功,就必须了解目标受众的新特点、新需求、新期待。通过受众各种形式的信息反馈,我们可以知道受众关心的热点、焦点问题,传递受众迫切需要了解的信息。因此,受众的信息反馈为新闻报道的选题提供反向思路。

(六)从互联网中寻找的选题

当前互联网普及程度越来越高,各级党政部门、企事业单位基本上都有自己的门户网站,并会在第一时间将自己的新闻放在网络上。从政府网站、公司网站、学校网站等网站,新闻从业者都可以找到或者看到最近公众关注的事情,比如点击率最高的信息,通过进一步的分析挖掘,找出合适的选题。随着各种数字媒体平台的崛起,融合新闻报道的选题来源渠道更加广泛。新闻从业者应该多关注数字媒体平台上的信息,加入不同领域的网络社群,多和意见领袖交流,遇到感兴趣的或者有价值的话题积极参加讨论,深入挖掘新闻事实,寻找新闻事件的细节,并进行综合分析,从中寻找新闻选题。

(七)从大数据中挖掘的选题

大数据技术的发展给融合新闻报道带来新的突破,为新闻选题提供足量的数据资源。大数据时代,人们在互联网上的所有行为都可以保留下来,当受众通过互联网各种应用获取新闻资讯时,后台系统就会记录下用户的浏览、转发、点赞、评论等交互行为的数据,并根据这些数据生成不同的"用户画像",然后再利用算法推荐技术,根据用户的偏好和需要实现精准推荐。所以,融合新闻报道可以借助大数据分析的算法推荐技术,通过深入挖掘用户的热点和喜好,有针对性地进行选题挖掘。大数据反映了一系列社会现象,包含了很多有趣的新闻线索,在大数据技术分析加持下,可寻找到符合受众需求的新闻选题。

第二节　融合新闻报道选题的原则与要求

新闻选题应该具备真实性、时代性及贴近性。当我们将目光投向那些具有重大新闻价值的新闻事件时,需要考虑在对现有的新闻线索和新闻资源进行整理的基础上,如何选取报道视角,充分挖掘新闻价值,选择最适当的时机、运用最恰当的方式推出报道,以求达到预期的传播效果。数字传播时代,各种热门事件层出不穷,新闻信息可谓数不胜数,而真正具有新闻价值的事件需要认真寻找,因此,融合新闻报道必须要坚持一定的选题原则与标准。

一、融合新闻选题的原则

选题是新闻报道的关键,选题的好坏直接决定了新闻报道的成败。媒体融合时代,新闻报道类型众多,选题来源渠道广泛,选题变得更加困难。融合新闻报道的选题应遵循真实性、贴近性、超前性、时效性、导向性与深度性等原则。

(一)真实性

真实性是新闻报道的生命线,新闻选题是对已经存在或发生的事实的报道,新闻报道选题的首要原则就是真实性原则。数字传播技术的发展为信息采集、加工处理带来极大的便利,每个人都可以利用各种移动终端将自己所闻所见记录下来,然后通过数字媒体平台进行多层次的传播。在"人人都是麦克风"的数字传播时代,如果缺失信息的选择把关,信息的真实性就无法得到保证。受众对虚假的信息已经产生疲劳、厌倦之感,当人们对自己所接收到的信息无法做出真实性判断时,难免会产生愤懑不平的情绪,从而降低对媒体的信任度。融合新闻报道选题必须坚持真实性原则,加强选题质量把控,提升人们对新闻报道的信心,塑造新闻媒体的公信力,才能更好地提高新闻媒体的社会价值和经济价值。

(二)贴近性

融合新闻报道的选题必须贴近受众,满足受众的需要,才能获得受众的欢迎。新闻选题应该多关注与受众日常生活密切相关的衣食住行等方面的事情。这些看起来是小事,但对受众来说是与他们生活息息相关的大事。新闻选题只有贴近受众生活实际,一切从受众实际情况出发,才会对受众产生更大的吸引力。媒体融合的传播环境使得信息的贴近性显得更为重要,社会生活中充斥着数不胜数的信息,受众有限的注意力不可能选择所有的信息去浏览,只会选择浏览那些与自己生活最为贴近的、符合自己切身利益的或自己关心的信息。

(三)超前性

作为一名合格的新闻记者,要具备高度的新闻敏感性,才能够准确把握社会热点问题,做到"春江水暖鸭先知"。新闻记者应该将触觉伸展到社会的每个角落,注意社会的发展动态,留意每个细节,从中捕获一些有新闻价值的信息来确定新闻选题。尤其在媒体融合时代,谁先掌握信息,谁就会赢得受众,在媒体市场竞争中占据主动地位。信息可消除不确定性的东西,人们需要掌握足够的信息,以求顺利完成自己的工作和享受生活。在信息泛滥的传播环境中,媒体能够提供超前的信息是非常重要的。因此,在新闻选题方面要注重超前性,发现受众的信息需求,然后满足受众的信息需求,这样才能在众多媒体渠道中脱颖而出。

(四)时效性

新闻的本质是新近发生事实的报道,当然要力求新颖,要具有较强的时效性。新闻选题是以新闻事实为基础的策划活动,对于新闻事件必须及时进行报道。所以,新闻选题要鲜活,尤其是媒体融合时代,更要追求时效性。数字传播时代新闻报道的更新是以秒为单位的,人们需要的是更加新颖的选题。所以新闻记者在进行选题的时候要选择新颖的新闻事件进行挖掘报道,以求达到更好的传播效果。媒体融合时代信息更新的速度加快,所以对新闻报道的时效性要求也相应地提高。

(五)导向性

新闻选题的导向性原则包括两个方面:一是政治性导向;二是市场性导向。坚持正确的政治导向是新闻报道的根本要求,因此,新闻选题需要注重政治导向,始终与党和国家的政治方向保持高度一致。市场性导向是媒体产业化发展的要求,当媒体市场化经营时,新闻选题就不得不考虑受众接受的问题。新闻选题导向性原则需要政治导向与市场导向相结合,在二者之间找到最佳结合点,要尽量做到成本低而价值高。在融合新闻选题中,既要坚持正确的舆论导向,又要符合市场运行的规则,只有这样,才能形成最佳的投入产出比。新闻从业者既要具有较高的政治站位,又要树立市场化运营的思维,选择政治性与可读性皆佳的新闻选题,提供优秀的新闻报道,这样才能更好地维持媒体的可持续发展。

(六)深度性

在信息爆炸的传播环境下,新闻报道追求"短""平""快",对新闻事件的报道往往只是浮光掠影,缺乏对新闻事件背后的深度解读。因此,新闻从业者要以开放性思维去观察和思考,善于用联系和发展的观点看问题,除了对重要的信息进行报道之外,还要对受众关心的信息进行深挖,对于热点新闻、重要新闻,必须通过连续报道或者系列报道揭示事件的来龙去脉,满足人们对知道"所以然"的期待,给受众留下深刻的印象。所以,新闻选题要有一定的深度。媒体要尽可能选择可以深度挖掘、富有深层次内涵的、有价值的新闻选题。受众已经不满足停留于表面信息的接受,他们需要更深层次的分析,谁的报道更有深度,谁的影响就会扩大。

二、融合新闻选题的要求

新闻从业者如何对选题的新闻价值进行评价、判断和决策？在新闻报道实践中,不同的新闻从业者、不同的新闻媒体、不同历史时期对新闻价值有不同的理解。传统媒体与新兴媒体深度融合时代,融合新闻报道对新闻选题提出全新要求。

(一)坚持政策引导

新闻报道具有较强的政治性,把握大政方针、正确引导舆论是对新闻媒体最为基本的要求。在长期的新闻选题实践中,政策导向标准发挥着重要的作用。新闻选题的政策导向是指新闻线索是否可以作为新闻选题,要看这一新闻线索是否符合,或者能否满足宣传党和政府的方针政策的要求。比如该新闻线索符合当前党和国家方针政策的新成就、新经验、新风尚,那么该新闻选题就符合政策引导的要求。

新闻媒体是党和国家的舆论喉舌,一定要坚持党和国家的政策方针。因此,新闻媒体一定要坚持党性原则,跟着国家的政策方针走,坚持正确的政策导向是新闻选题最为重要的要求。

新闻从业者以是否符合党和政府的方针政策作为新闻选题的标准。在新闻报道实践中的具体做法是,新闻从业者必须熟悉党的方针政策,密切关注党中央的精神和具体政策的变化,不仅要深刻了解成文的政策,而且要对制定政策的现实依据有相当的把握。新闻从业者要对现实社会问题和群众呼声有敏感的觉察和深切的理解,才有可能随时在党的宣传方针政策和新闻事实之间架起互通的桥梁。

(二)贴近受众需求

随着我国媒体市场化进程的加快,受众需求对新闻报道的影响越来越明显。新闻报道的目的就是满足受众的信息需求,所以新闻选题不能忽视受众的需求。新闻选题的受众需求是指以是否符合社会公众的共同兴趣,能否满足受众的需求为价值尺度。

民生问题关系到社会的稳定和国家的长治久安,古今中外,无不备受关注。民生问题也理应成为新闻媒体关注的对象,成为新闻报道的内容。新闻媒体关注民生问题的表现之一就是新闻选题要考虑受众需求。受众需求极大地拓展新闻选题范围,也极大地增强新闻媒体引导舆论、服务社会的功能。

当然,新闻选题不是一味地盲从、迎合受众需要,而是在选题时从受众的角度思考问题,强调受众对新闻报道的可接受性。受众规模巨大,层次不同,因而需求也千差万别。如果新闻媒体一味地根据受众需求进行选题,就会导致新闻报道走向另外一个极端,即只要是受众感兴趣的"热点"或者"焦点",就是市场上"好卖"的新闻报道,"卖点"就成了新闻选题的依据。

当受众需求作为新闻选题的唯一标准时,可能会出现大量媚俗的选题,诸如凶杀暴力、色情猎奇、明星绯闻等新闻报道充斥报端,占据荧屏。低俗化的新闻报道虽可满足某部分受众的信息需求,暂时获得一些经济利益,但从长远来看,对媒体的形象和品牌塑造却是不利的。同时,低俗化的选题还会对社会风气造成恶劣的影响。在媒体融合时代,如果一味迎合受众需求进行新闻选题,其弊端与危害无疑是巨大的。

(三)遵从新闻价值

新闻价值是新闻选题的重要依据。新闻报道作为一种信息传播活动,是对客观事实的再现和反映。那些有重大社会影响,和人们生活息息相关的客观存在或发生的事实,理应出现在新闻报道中,满足人们对于信息的需求。新闻价值的时效性、重要性、显著性、接近性和趣味性,是衡量新闻价值大小的标准,也称之为"事实为本"论。新闻价值标准不是用政策来衡量事实的新闻价值,也不是用受众需求来衡量事实的新闻价值,而是看事实本身的社会影响力,对社会影响大的,自然入选,反之则被放弃。

以新闻事实的价值属性作为选题的标准,新闻从业者要处理好"重要性"与"趣味性"之间的关系。一些具有"重要性"的事实,并不一定能引起受众的兴趣,并不具备"趣味性"的特征。新闻媒体认为"重要"并加以报道的事实,并不一定为受众所广泛关注。"重要性"作为新闻价值标准,更多的是从新闻媒体的社会功能出发。新闻媒体是社会的公器,理应为社会公众服务,它认为重要的信息,应该在第一时间忠实地告诉受众。新闻媒体有责任将关系到整个社会发展、关系到公众生存的重要信息及时告知受众。新闻选题也要兼顾趣味性。新闻报道是给受众看或听的,如果新闻选题并不被受众所乐意接受,那新闻报道也就失去了其存在的价值。

(四)符合媒体定位

媒体定位不同所面对的市场和目标受众也不一样,新闻报道内容也有较大差异,选题标准也大相径庭。比如《人民日报》作为中共中央机关报,新闻报道自然围绕当前国家的大政方针进行,所以选题标准具有很强的政策导向性。而《新民晚报》作为市民生活报,被称为"飞入寻常百姓家的燕子",其新闻报道关注民生热点,自然围绕市民生活来选题。再比如美国的《商业周刊》是一本兼具服务商业实践和经济理论研究的商业杂志,所以其新闻选题紧紧围绕着"商业与经济"这一核心展开。

功能定位不同的媒体,新闻报道的内容也有所差别,往往在选题时也会显示出不同的倾向。在新闻报道实践中,不同的媒体很难使用同一标准来判断选题。根据媒体定位的差异,策划新闻选题时,常常表现出三种取向:一是偏重政策导向的选题倾向;二是偏重受众需求的选题倾向;三是偏重社会热点事件的选题倾向。媒体融合时代,新闻媒体都应该体现出自己的特色以区别于其他媒体,拥有自己的选题标准,形成自己的选题特色,在激烈的媒体竞争中站稳脚跟。

新闻报道属于创造性的实践活动,在新闻选题过程中需要新闻从业者不断探索,因此,做好新闻选题还有赖于新闻从业者自身修养、业务能力的不断提升。融合新闻报道对新闻选题提出了更高的要求,面对日益复杂的传播环境,新闻从业者只有不断增强自身的新闻敏感性和判断力,才能挖掘出更多更好的新闻选题。

第三节　融合新闻报道选题的策划

融合新闻报道是一项复杂的工作,一个人往往很难完成,需要团队合作。新闻报道选题策划往往需要进行集体讨论,通过头脑风暴交流想法是一种必要的方式,新闻从业者在一起互相交流思想,新闻选题可能就在无意中一句话的启发中萌生。同时新闻从业者也可以一起讨论有什么好的选题可以做以及如何做,共同提高业务水平。在竞争激烈的媒体融合时代,新闻选题需要集体的智慧和力量。

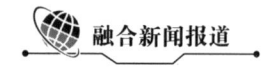

一、融合新闻选题策划的意义

新闻媒体是受众了解当今社会的重要窗口,新闻信息对大众价值观的树立也有着重要的影响。因此,新闻报道要服务大局、团结人民、鼓舞士气。新闻报道要重视选题质量和选题策划,选取最能贴近受众生活、体现社会主流价值观的内容。由于数字传播技术的迅速发展,媒体的数量也日趋增多,只有能够引起受众关注的有价值的新闻报道,才能在竞争激烈的媒体市场中占有一席之地。新闻选题决定新闻报道的取材方向,独特的选题视角能够呈现新闻事件背后的社会价值,使报道内容更具有社会意义。因此,在新闻报道中,注重选题策划与选题质量,对于提高新闻报道的传播效果十分有益。

如何从日益复杂的传播环境中开展创新性的选题,是媒体融合时期新闻媒体必须面对的问题。基于媒体融合视野的新闻选题创新,能够提高新闻选题与公众需求的匹配度,进而为新闻报道提供更多参考。融合新闻报道的选题需要对新闻素材进行深入发掘,找寻新闻报道的着力点与闪光点,从而提高新闻报道的质量与影响力。新闻选题创新需要紧密结合媒体融合的发展趋势,符合不同媒体平台的特点,最大限度提高媒体平台的利用率,提升新闻报道的传播效果。因此,在媒体深度融合的背景下,有针对性、有目标地开展融合新闻报道的创新性选题是十分关键和必要的。

二、融合新闻选题策划的要素

在进行融合新闻报道选题策划时,需要关注的要素和传统的新闻报道不同,除了经典的时效性、有趣性等要素之外,平台、技术和终端等要素也需要被重视。

(一)主题要素

融合新闻报道虽然表现形式多样,但需要围绕一个主题展开。新闻从业者在进行新闻报道时,一定要明确主题,选题策划紧紧围绕新闻报道的主题进行。比如2021年庆祝中国共产党成立一百周年,一百年伟大征程,蕴含着丰富的报道素材与内容,新闻报道者要以全新的视角策划报道选题,从独特视角进行切入,更好地抓住受众的注意力,展现中国共产党百年伟业和奋斗历程。

(二)节点要素

节点要素是新闻选题策划的关键要素之一,特别是在融合新闻报道中更应关注节点要素,以做好新闻内容和传播时间节点之间的结合。例如,在中秋节前后,新闻媒体可以与各文化场馆进行合作活动,在开放馆内进行夜游,并同时举办演讲、音乐会、诗歌朗诵、中国字画欣赏、中式服装制作等文化活动,感受别样的中秋之夜,并体验我国传统节日及民俗文化的美好精神与特殊魅力。

(三)平台要素

数字技术的发展产生了众多的数字媒体平台,承担着信息传播的任务。因此,新闻报道应当提高对数字新兴媒体平台的认识,并选取恰当的数字媒体平台传播适当的新闻信息。媒体融合时代,新闻报道的表现形式丰富多样,新闻选题需要针对平台的特性做出调整,以提高新闻报道适应性,为新闻报道的多平台发布奠定基础。

(四)技术要素

技术要素是指新闻报道采用什么技术手段将内容传递给受众。数字传播时代,新型传播技术手段不断涌现,比如VR/AR技术逐渐在新闻报道中被运用,VR技术在新闻报道中营造身临其境的感受,AR技术把各种时间与空间的图像信息融合在一起,从而营造出空间感。因此,新闻选题应该把握技术要素:一是根据新兴传播技术的应用进行选题;二是掌握新兴传播技术手段,提高融合新闻报道的能力。

(五)终端要素

终端要素也是融合新闻报道选题策划的独特要求,同时也是新闻选题最易被忽视的基本要素之一。终端要素主要分为两个方面——操作系统和显示屏幕。不同的操作系统,即使内容一样,也有不同的渲染效果。比如安卓系统与iOS系统在使用上会有一定的区别,会影响资讯传递的有效性。显示器大小也是影响新闻报道传播效果的重要因素之一,而显示器的尺寸与清晰度也会影响新闻报道效果。融合新闻选题要考虑传播终端的特点,提高跨屏传播能力。

三、融合新闻选题策划的思路

新闻报道选题策划在融媒体时代有着新的思路,不同于传统媒体时代的选题策划思维,融媒体时代更注重针对性、时效性、多元化、辨识度和关注度。

(一)选题策划的针对性

在数字传播技术蓬勃发展的背景下,可供选用的信息资源逐渐增加,受众需求偏好也越来越受到重视。在选题策划过程中,新闻报道者要从受众的喜好入手,在确定新闻报道的主题后做好选题策划工作,发挥选题策划在新闻报道中的作用。新闻媒体需要对自身的优势资源和受众群体做出客观分析,并从分析结论中确定选题策划的方向,围绕选题方向开展适合的选题。比如,新闻媒体在开展地方新闻报道时,能够把当地历史人文遗存、风土人情、民俗风情、名优特产等独有的自然人文资源融入选题策划,以凸显新闻报道的本土化特征。

(二)选题策划的时效性

数字媒体平台大量涌现,受众获取信息的渠道越来越多,速度也越来越快,这就要求新闻选题策划须贯彻时效性原则,唯有如此才能确保选题策划与时俱进,以便达到良好的传播效果。新闻选题要密切关注政治、经济、人文、教育、医疗、军事、外交等方面的重大变革,以符合国家政策走向和适合受众需要的重要内容作为选题策划的主要指向,突出选题策划的时事性与时效性,也凸显选题策划作为新闻报道前端环节的导向价值。新冠疫情暴发初期,新闻媒体迅速从疫情原因、防护治疗、心理疏导等方面进行选题策划,积极策划立体宣传,及时为社会公众答疑解惑、驱散恐慌、坚定信心,助力科学防控,为战胜疫情贡献力量。

(三)选题策划的多元化

随着生活水平的不断提高,受众的信息需求呈现出个性化和多样化的特点。因此,在新闻选题策划实践中,新闻媒体要提供各种信息内容满足受众的多元化需要,进而促进新闻报道内容与表现形式的多样性,符合媒体融合时代的发展要求。新闻报道需要平衡"大众"与"小众"的关系,在满足大众信息需求的同时,还要注重新颖的、独特的个性化信息需求,只有这样,才能最大限度地实现新闻选题策划的创新与发展。以时政领域的选题策划为例,新闻选题策划注意各个年龄段、各行业群体的关注点,或突出趣味性,或突出社会性,或突出政治性,内容多方面结合,并有所侧重;或者基于文字,或者基于图像,或者基于视频,形式多样化展现,受众各取所需,发挥融合新闻报道的优势。

(四)选题策划的辨识度

随着传播渠道的日渐丰富,"独家新闻"已经很难实现,在一个重要的新闻事件出现后,各个新闻媒体大都会进行关注。如何对相同的新闻事件进行不同角度的报道,从雷同的新闻素材中发现新意,从而让新闻报道更有辨识度,这就需要在选题策划方面下功夫。新闻选题决定新闻事实的选取与新闻报道的内容呈现,体现出独特的视角与观念。新闻选题策划需要寻找新闻事件的特殊报道角度,并善于对已有新闻信息加以整理总结,以独到的表达方式呈现。独特的选题策划更能反映新闻报道的特色,从而提高新闻报道的辨识度。

(五)选题策划的关注度

数字媒体平台上,热点新闻事件会迅速发酵,引发广泛关注与讨论。热点新闻报道切入角度非常重要,选题策划需要具备敏感的洞察力与反应速度,选题策划要不失时机地"借势热点"。针对社会热点事件,选题策划要能够做到借势发力。在热门话题不断出现的传播环境下,新闻报道怎样脱颖而出,不被热点淹没,就必须看选题策划的切入视角是否能够引起受众关注。融合新闻选题策划需要找到可以延伸的新闻主题板块,让新闻主题得以纵向或深度扩展,既可将每一个新闻报道的切入点独立成题,又可采用合并的方法把几个切入点整合在同一个主题板块下,使选题更有深度、更有广度,满足融合新闻报道的现实需要。

四、融合新闻选题策划的实施

在新闻报道工作中,选题策划是至关重要的一步,也是新闻报道最基础的工作。随着数字传播技术的不断进步,媒体之间的竞争显得格外激烈,各类数字媒体平台无时无刻不在向受众传递新闻信息,怎样选取一个最能够激起人们浏览欲望的新闻选题,需要精心策划。选题策划完成后需要围绕选题进行新闻素材的收集与加工处理等一系列实施工作。选题实施有助于收集最有新闻价值的材料，提高新闻报道的质量，从而获得受众的认可。

融合新闻报道要求一次采访、多渠道发布、全天候滚动更新，新闻选题策划也变得更加迅速。新闻媒体需要利用数字媒体平台收集受众的反馈，实现对新闻线索的多方面获取与有效的信息捕捉来确定选题。新闻从业者要实时地有效沟通，协调报道要点，并重新组织或归纳报道要点，及时探寻最新热点，保证新闻选题策划的实施。

新闻报道选题的具体实施，要充分考虑新闻报道的社会价值，即新闻报道内容能够产生怎样的社会引导价值和服务价值。新闻报道的社会价值包括报道内容创新，报道内容回应重大社会关切。新闻媒体是受众认识社会的主要途径，新闻报道对社会公众的价值观也有重大影响。新闻选题策划实施过程中要有着明确的目标，发展成高质量的新闻报道。

新闻媒体通过新闻选题策划为新闻报道指明方向，为受众提供独特的新闻内容。新闻选题策划是一种事前行为，选题实施需要跟随新闻事件的进展持续关注，才能真正取得预想的传播效果。所以，为了提高新闻选题策划的有效性，新闻媒体就必须持续推进选题策划的实施，充分运用数字媒体平台，开展连续性新闻报道。新闻记者利用微博、微信、新闻客户端等各种数字媒体平台，及时了解受众对新闻事件的客观反应和持续需求，并挖掘出一些可用的线索作为后续报道的选题。例如新华社对"丰县生育八孩"女子事件报道后，网上舆论发酵，纷纷要求严查，更有网友通过照片与视频深度分析，质疑徐州的官方声明，新闻记者抓住这些线索深度挖掘选题，从而报道了事件完整的真相。

知识回顾

新闻选题是新闻报道的重要内容，出色的选题能够产生优秀的新闻报道，因此选题策划是构建融合新闻报道的基本要求。在媒体融合时代，新闻报道选题的来源渠道更加丰富，既有来自上级部门下达的选题，也有受众提供的选题，既有从采访资料中发现的选题，又有从大数据中挖掘的选题。融合新闻报道的选题应遵循真实性、贴近性、超前性、时效性、导向性与深度性等原则。媒体融合时代，融合新闻报道选题需要满足政策导向、受众需求、新闻价值与媒体定位的要求。融合新闻报道选题策划需要加强针对性、时效性、多元化、辨识度与关注度等，并进行专门的组织安排，保证选题策划的实施。

思考与拓展

1. 简述媒体融合时代新闻选题的来源渠道。
2. 融合新闻报道选题的重要性表现在哪些方面？
3. 融合新闻报道的选题有什么要求？
4. 媒体融合时代如何进行新闻选题策划？

第六章　融合新闻报道的采访

知识目标

1.了解融合新闻报道采访的技术。
2.熟悉融合新闻报道采访的原则。

能力目标

1.熟练运用融合新闻报道采访的技能。
2.掌握融合新闻报道采访的方法。

思维导图

融合新闻报道的采访
- 融合新闻报道采访概述
  - 新闻采访与融合新闻采访
  - 融合新闻采访的特征
  - 融合新闻采访的原则
- 融合新闻报道采访的技术
  - 传统新闻采访的技术
  - 新兴新闻采访的技术
- 融合新闻报道采访的能力与技巧
  - 融合新闻采访的能力
  - 融合新闻采访的技巧
  - 融合新闻采访的注意事项
- 融合新闻报道采访的记录
  - 融合新闻采访的记录
  - 融合新闻采访记录的特点
  - 融合新闻采访记录的方式

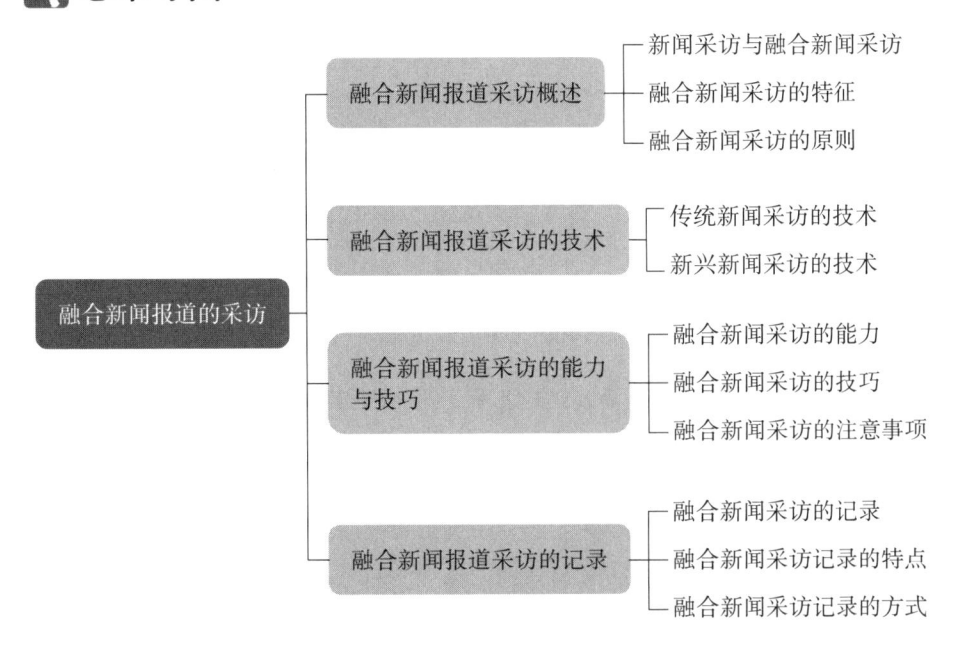

@ 案例导入

媒体融合时代新闻报道采访出现了诸多崭新的变化,无人机、大数据、人工智能、全息投影等新技术改变了传统新闻报道的采访方式。2021年全国两会报道中,为了适应疫情防控的需要,人民网采用全息投影、云技术等技术,通过网络、视频、书面文字等形式对代表委员们进行采访,策划多档"云采访"栏目,真正实现了记者们"云跑两会"。这种创新性的"云采访"方式不仅克服了疫情带来的影响,还进一步丰富了两会观众的观会体验。

5G视频访谈节目"两会云客厅"运用全息投影技术配合电脑、手机、电视等硬件设备的使用,再加上5G技术的实时传输,代表委员们可与记者、主持人实现实时的"隔空"交流互动。[①]相比于传统的现场提问,"云采访"这种新型采访形式的采访环境更加轻松,记者们带着提前准备好的问题采访提问,其针对性和有效性也会更强。

第一节 融合新闻报道采访概述

新闻采访是新闻报道收集素材与资料的重要方式,各种新的技术手段在新闻报道中的广泛运用为新闻素材的采集提供了便利的条件。融合新闻信息采集的手段日趋现代化与科学化,科技与新闻采访的结合成为新闻报道发展的新趋势。

一、新闻采访与融合新闻采访

技术的变革带来新闻信息采集方式的变革,并催生了新闻采访的新形式——融合新闻采访。为了更好地认识和把握新闻采访与融合新闻采访的区别与联系,首先需要认识新闻采访和融合新闻采访的概念。

---

① 贾忱扬.2021年全国两会报道的采访模式创新及其特色阐释[J].传媒,2022(04):64-66.

(一)新闻采访

任何类型的新闻报道在进行写作之前都需要收集相关材料,而新闻采访就是通过各种形式收集新闻素材的过程。关于新闻采访的定义存在多种说法,目前主要有材料采集、调查研究和互动交流三种视角。

从新闻材料采集的视角出发对新闻采访进行定义。甘惜分教授认为访问与观察是新闻采访的两种常用方式,新闻采访是记者通过访问、观察等方式,采集新闻材料的活动。[1]林如鹏教授强调新闻采访的主要内容是事实材料采集与分析。新闻采访是新闻工作者为了报道新闻而进行的各种采集和分析新闻事实材料的职业性活动,是全部新闻工作的基础和前提,也是每个新闻工作者都应该掌握的一项基本功。[2]

从调查研究的视角定义新闻采访,把新闻采访看作是新闻从业者的主要工作任务,是记者对客观事物进行的一种特殊的调查研究活动。罗以澄教授把新闻采访定义为:新闻采访是新闻记者(包括业余通讯员在内的新闻采访者)为写作新闻而进行的了解和掌握客观事实的活动。[3]著名新闻工作者艾丰先生也认为采访是对客观情况的了解,采访是新闻记者(包括业余报道者)为进行新闻报道所作的了解客观情况的活动。[4]

从互动交流的视角对新闻采访进行定义,强调记者和采访对象的交流沟通。沃伦·K.艾吉等人认为,采访是一种人际的交往,是被采访者与采访者之间面对面的一种思想和个性的交流。[5]在采访活动中记者与采访对象交流与互动非常重要,新闻采访是新闻采访者在新闻场域内围绕新闻事实所作的一种透过信息的互动行为。[6]

从上述有关新闻采访的定义我们可以看出新闻采访的本质是对客观事实的调查,新闻采访的基本要素有新闻记者、新闻素材、采访对象、采访方式等。因此,我们可以将新闻采访定义为,新闻记者为收集客观事实,通过访问、观察等方式与采访对象进行交流互动的调查研究活动。新闻采访的方式可以分为:面对面采访、体验式采访、书面采访、电话采访、网络采访、隐性采访等。

---

[1] 甘惜分.新闻学大辞典[M].郑州:河南人民出版社,1993.
[2] 林如鹏.新闻采访学[M].广州:暨南大学出版社,1998.
[3] 罗以澄.新闻采访学新论[M].武汉:武汉大学出版社,2000.
[4] 艾丰.新闻采访方法论[M].3版.北京:人民日报出版社,1996.
[5] 沃伦·K.艾吉,菲利普·H.奥尔特,埃德温·埃默里.实用新闻学基础[M].华世平译.北京:中国新闻出版社,1988.
[6] 邱沛篁.新闻采访论[M].成都:四川大学出版社,2001.

(二)融合新闻采访

融合新闻又称"多样化新闻",主要指利用多媒体手段进行新闻报道活动。不同的媒体集中在一个信息操作平台上,统一策划、相互协调,取长补短,根据各个媒体和受众特点对信息进行分类加工,发挥各自的传播优势,有针对性地传播给特定受众。[1]融合新闻报道突破媒体之间的界限,整合不同媒介资源,集中力量采集新闻素材,再根据不同媒体受众特征进行加工,形成新闻报道作品。

在数字传播技术的影响下,传统媒体与新兴媒体融合发展,多媒体手段广泛应用于新闻生产与发布领域,新闻采访也在一定程度上发生了相应的变化。新闻从业者需要掌握先进的信息采集技术,提高新闻信息采集能力,转变采访思路,利用多种信息来源渠道,获取新闻报道所需的资料。融合新闻采访就是为适应媒体融合发展的时代要求,利用先进的采访手段与形式,通过各种信息获取渠道,以期最大可能地占有海量新闻素材以及适配多终端发布的信息采集与交流活动。

二、融合新闻采访的特征

相较于传统的新闻采访,融合新闻的报道采访追求事实的本质并没有改变,但在数字传播技术影响下也呈现出了新的特征,具体表现为以下三个方面:注重多媒体平台传播,综合利用各种新技术,满足受众的新闻需求。

(一)采访思路——注重多媒体平台传播

在传统新闻采访中,记者的采访思路相对比较简单,只需要获取单一媒体新闻报道所需的新闻素材即可。在媒体融合日渐深化的今天,新闻报道流程往往是集中力量采集新闻素材,再根据各自媒体受众的接受特点进行加工,制作成不同的新闻报道,最后通过不同的传播渠道传播给受众。[2]因此,融合新闻报道的记者在进行新闻采访时需要综合考虑多方面的因素。一方面,记者的新闻素材采集需要符合数字传播技术的要求;另一方面,报纸、广播、电视、网站及手机等媒体因其平台风格和受众特点不同,其所需

---

[1] 宋宣谕.浅析融合新闻外延下的全媒介联动新闻中心——以美国佛罗里达州坦帕市坦帕新闻中心为雏形[J].新闻传播,2013(09):47-48+50.
[2] 徐晓敏.融合新闻:中国新闻传播业的新转型[J].新闻窗,2007(03):20-22.

要的信息内容也不相同,那么就需要记者采集适应性比较强的新闻素材。在开展采访工作之前,新闻记者首先需要明确自己采访的要求,根据不同媒体平台的特点制订采访计划,根据采访计划有针对性地获取第一手资料,提高信息采集的效率。在具体的采访工作中,新闻记者应做好文字、图片、音频、视频等各类新闻素材的收集,通过一次性采集获取各类新闻素材,实现多媒体平台的发布。

(二)采访方式——综合利用各种新技术

相较于传统的新闻采访主要采用面对面采访的方式,融合新闻报道的采访方式更多元化,除了面对面采访,新闻记者还会采用视频采访、电话采访以及电子邮件采访等方式。新闻记者根据不同的采访需求选择合适的采访方式,极大地方便采访工作,提高采访效率。为了获取不同媒体所需的采访素材,新闻记者还会采用录音笔、摄像机、手机以及虚拟现实技术等进行辅助采访,拓展信息采集渠道以获取更多的新闻素材。新闻记者还可关注论坛、微博、微信、抖音等数字媒体平台的信息资源,借助网民发布的新闻线索丰富自己的采访内容。在数据新闻报道中,记者还可利用大数据技术进行信息采集与新闻生产。

(三)采访内容——满足受众信息需求

数字传播技术的发展极大地降低了受众的信息获取门槛,受众可以通过更多的渠道获取新闻信息,对新闻报道的深度和广度也都有了更高的要求,融合新闻报道的类型和内容发生了改变,产生了新的新闻价值判断标准。媒体融合时代,新闻报道内容更加贴近生活实际,体现出了明显的时效性、实用性和趣味性。除此之外,新闻的显著性和亲近性也有所加强,新闻内容变得更加符合受众需要,注重缩短媒体与受众之间的距离。融合新闻报道为了保证新闻内容具有更高的新闻价值,更好地满足受众的新闻需求,对采访内容的选择就变得至关重要。在开展采访工作之前,记者需要对具体的新闻信息作对比分析,在保证真实性的前提下,选择具有较高价值的采访信息,提高新闻采访的质量。[①]

[①] 李禄文.媒体融合背景下新闻采访及写作技巧[J].西部广播电视,2021,42(05):173-175.

三、融合新闻采访的原则

融合新闻采访活动涉及的范围广、内容多,经济社会各个领域的新闻事件都可以成为新闻采访内容,但这并不意味着采访活动可以随心所欲,特别是在复杂的数字传播环境下,新闻采访更应该遵循一定的原则,以适应媒体融合对新闻报道提出的要求。融合新闻报道在进行新闻采访时要坚持新闻媒体采访的基本原则,如党性、真实性、合法性和客观性原则,同时也必须适应数字传播技术变化而带来的新原则。

(一)新闻采访的基本原则

1. 党性原则

中国新闻事业是中国共产党领导的中国特色社会主义事业的重要组成部分。这一性质决定了新闻媒体必须在党的领导下进行新闻报道,在新闻采访活动中必须坚持党性原则。党性原则是无产阶级新闻事业的一大特点,要求新闻报道要自觉接受党的领导,与党的事业发展方向一致。新闻工作者在新闻采访活动中应当以党的指导思想作为新闻工作的准绳,要接受党的领导、遵守党的组织原则、宣传党的方针政策。因此,新闻采访必须坚持党性原则,依靠党的各级组织,并同各级政府部门保持密切联系。记者在进行采访工作时要把握全局,以是否符合党和人民的利益为检验标准,不能为个人利益违背党和人民对新闻事业的要求。

2. 真实性原则

新闻是对新近客观事实的报道,新闻采访是新闻报道的基础,因此,坚持新闻的真实性必须从源头出发,在新闻采访阶段就必须获取真实的新闻素材,否则新闻报道真实性很难保证。在媒体融合传播环境中,由于把关机制的缺失,通过多种渠道发布的信息良莠不齐,加之公众媒介素养参差不齐,无法做到与专业媒体一样对信息真伪进行鉴别判断,所以往往会造成谣言滋生。因此,在融合新闻报道中,新闻媒体一方面要坚持实事求是的原则,避免道听途说;另一方面要增强对新闻事实的甄别能力,加强职业修养,确保新闻报道的真实性。

3. 合法性原则

合法性是新闻采访的底线,新闻采访活动中要树立法律意识,坚持合法性原则。信息繁杂多变、更新快、传播快等已经成为媒体融合时代的常见特点,但是一些数字媒体平台经常出现受众信息被泄露的情况,这也给相关部门的监管提出挑战。新闻记者在采访活动中既要从合法的途径获取信息,又要杜绝泄露受众信息的事情发生。目前,新闻报道中各种信息泄露与隐私侵犯的事件时有发生,新闻记者在新闻采访活动中应该牢牢坚守正确的价值观,传播正确的理念与信息,在采访中守住法律和道德的底线。数字媒体平台也要坚持合法性原则,做好对受众信息的保护工作,使信息报道处在法律的监管体系与框架之内。

4. 客观性原则

新闻记者是新闻事实的挖掘者和呈现者,只有在采访时坚持客观中立的原则,才能确保所收集的信息是客观真实的。信息的爆炸式增长及人们快节奏的生活方式,使得受众信息接收碎片化,思考方式浅层化。媒体的社会舆论引导作用日渐增强,新闻报道若有失公允,会对公众造成误导,不利于社会和谐稳定。新闻采访往往需要面对文化程度不同、身份各异的受访者,无论是何种采访对象,记者都应该摒弃主观色彩,以公平公正的心态对待,对强势者要不卑不亢,对弱势者要关爱体谅,清除社会地位带来的沟通障碍。"兼听则明,偏听则暗",新闻记者在采访中应该听取多方意见,防止由于采访不全面造成的新闻失实。

(二)融合新闻采访原则的变化

我们身处信息大爆炸的时代,信息量与更替速度呈现几何级数增长。在这个开放、共享,人人都是信息发布者的时代,融合新闻采访需要把握新的原则。

1. 时效性原则

数字传播技术的发展使得新闻报道的时效性进一步增强,信息传播可以同步进行,媒体形式的丰富和多样化使受众可以及时获得信息。移动互联网的发展使得随时随地传递、接收、分享信息得以实现,受众可以在最短的时间内获取所需的新闻信息。时效性是各个新闻媒体平台竞争的重要因素。谁最先获得消息源,发布报道,谁就能获取受众的青睐,因此,时效性原则在媒体融合时代更显重要。

融合新闻报道的时效性要求新闻记者的信息采集的速度必须要同步跟上,尤其是在突发新闻报道中,新闻记者需要第一时间奔赴新闻现场,向外界传递新闻事件的信息。因此,随时随地获取第一现场的消息是媒体融合环境下对新闻采访的基本要求。

在新闻事件发生的现场,借助于电脑、智能手机以及实时直播技术等,新闻记者更是实现了新闻的边采边发、边拍边播。

2. 贴近性原则

进入20世纪90年代,随着传媒的市场化进程加快,媒体除了担负起政治宣传和舆论引导的功能以外,也要面对市场和受众。在数字传播环境下,受众的地位越来越高,他们更关心周围发生的事情,新闻报道要满足受众需求,那么采访内容就要体现受众所思所想。

智能手机、平板电脑等移动终端的普及让新闻记者的采访更加方便。互联网的发展冲破传统媒体的限制,以往采访权是传统媒体的特权,但在2015年11月,人民网、新华网、中国网、国际在线、中国日报网、中国网络电视台、中国青年网、中国西藏网、光明网、中国广播网、中国新闻网和中青在线等14家网站获得采访权。[1]一些商业网站虽然没有采访权,但是用户生成的内容越来越多。这些变化为新闻采访带来极大的机遇,可以更加便利地获取受众需求,因此,融合新闻采访必须关注受众所需,坚持贴近性原则。

3. 灵活性原则

区别于传统媒体单一的现场访问的采访方式,融合新闻采访方式更加灵活、形式更加多样,更易寻找受众喜闻乐见的线索,并进行深入挖掘。数字传播技术的发展使得记者的采访手段更加丰富,新闻记者的采访越来越多媒体化与高科技化,各种先进的信息收集技术与采访手段被广泛使用,新闻记者与采访对象的互动也更加平等与频繁。

数字传播技术的发展要求记者能灵活运用各种技术手段进行采访,收集新闻信息。比如当遇到灾难性事件时,面对人不能进入的现场,使用无人机采集现场信息便成常见的选择,此时就需要新闻记者具备专业的无人机使用技能。随着互联网的发展,新闻事件的呈现方式更加多元化,人们的信息获取需求也发生了改变,传统的采访提问风格和方式显然已经过时。那么新闻记者就需要考虑新闻事件的性质、受访者性格等多种因素,灵活选择提问方式,获得具有较高质量的新闻信息。

4. 专业性原则

数字技术的发展和数字新兴媒体的普及,一方面使得人们可以通过多种渠道获取

---

[1] 人民网. 首批14家中央主要新闻网站记者获颁新闻记者证[EB/OL]. http://media.people.com.cn/n/2015/1107/c40606-27788133.html.

信息,信息获取方式更便捷,但也导致数字媒体平台上新闻信息真假难辨;另一方面,一些新闻记者为了抢时效、吸引眼球等,对一些新闻线索不加考证就加以采访报道,从而导致新闻失真。面对各种良莠不齐的新闻信息,受众若缺乏专业的信息辨别能力,很容易受其影响和误导,从而对社会产生负面影响。

媒体融合时代,新闻记者在开展采访工作时一定要发挥新闻从业者的专业性,准确辨别数字媒体平台上各种新闻事件和新闻信息的真假,在确保新闻线索真实的前提下进行新闻采访,挖掘新闻事件的深度,给受众传递有价值的新闻内容。[1]新闻采访的专业性原则要求新闻记者具备较高的媒体使用素养与信息辨别素养,保障信息来源渠道的可靠性,从而获取高质量的新闻素材。

第二节 融合新闻报道采访的技术

新闻报道采访的技术是指新闻采访活动中所使用的技术手段。伴随着大数据、5G、人工智能新技术在新闻采访中的运用,新闻记者采集信息的手段日趋现代化,高科技的信息采集技术成为融合新闻采访的发展趋势。

一、传统新闻采访的技术

在新闻采访活动的初期,受限于技术手段,采访活动仅仅依靠口、耳。传统采访活动主要有两个缺点:一是难以保存;二是效率低。新闻报道采访技术的演进过程与科技的发展密不可分,采访技术的演进也反映了不同媒体的传播特点。

(一)印刷媒体新闻采访的技术

著名记者黄远生曾对记者提出四个要求:能有自己的思想,能够不辞辛苦到处奔走,能够做一个良好的听众,能有过硬的笔头功夫。这四项能力展示出以报纸杂志为代表的印刷媒体时期,新闻记者所应具备的基本素质。印刷媒体的采访多采用面对面交

---

[1]熊泽亮.融媒体时代电视新闻记者采访提问技巧策略分析[J].传播力研究,2019(29):121.

谈的方式，以逻辑思维为主，用图片和文字呈现新闻事实。面对面交谈对新闻记者的采访能力要求较高，如何在访谈过程中掌握主动性、挖掘出有价值的信息是对新闻记者的一大考验。新闻记者应该具备主观能动性，通过事前充分的准备，应对采访过程中可能出现的状况，以确保采访活动能够顺利进行。

报纸和杂志有所不同，它具有较强的时效性，突出的重点应该在于新鲜的话题、有热度的人物和事件。因此，报纸新闻采访要求记者在采访中抓住话题的核心，掌握谈话的侧重点，以及控制整个谈话的进度和脉络。在印刷媒体新闻采访中应该注意以下几点：一是尽量深入现场进行调研，除了掌握基本信息外还要及时记录感受，这样新闻报道才会更加鲜活；二是多角度观察与思考，防止信息片面化，要尽量做到全面、真实，杜绝偏听一方造成虚假新闻；三是采访方式要灵活多变，具体问题具体分析；四是要尽可能多掌握资料，注重细节，为新闻写作准备充分的素材。

（二）电子媒体新闻采访的技术

广播新闻素材收集和资讯获取需要借助录音设备，并且需要基于素材进行高质量的剪辑。广播新闻形式灵活，便于受众了解国家政策动态、社会热门事件、百姓民生等新闻信息，受到人们广泛关注。从技术手段上看，广播媒体主要是基于无线电通信技术传递信息，它要求新闻记者要熟悉录音器材。广播相对于报纸更具普适性，对受众文化程度要求不高，在采访技巧上提问方式更加简洁明了，用口头语言表达，通俗易懂。广播录音具有的不可逆性，增加了新闻素材的可信度，即使在融合新闻报道中，电话录音采访也是使用较为普遍的采访技术。

以电视摄像为代表的电子摄录设备为新闻报道采访开辟了新的道路。相对于以往的文字、图片和声音，电视图像的形象化更具有感染力，除去语言和图像，电子摄录设备还更加注重对细节的捕捉以及对一些非语言信息的收集，比如采访对象的面部表情与姿势体态等。一般情况下，广播电视新闻的采访都需要借助摄录设备，这样在播出时就可以达到声音和画面的同步呈现。摄录器材的使用不仅能够完整保存信息，还能通过不同的形式加以表达。但是，广播电视新闻采访过度依赖于摄录设备导致一些记者的"笔头"功夫有所下降，这是值得我们反思的。

传播技术的发展对新闻记者提出了更高的要求。记者在进行广播电视新闻采访时,除了收集客观资料外,还要注意和采访对象的沟通交流,引导采访对象配合完成采访活动,以保证采访得以顺利完成。在融合新闻报道中,新闻素材的形式更加多样化,采集方式也更加高科技化,在进行采访活动时采用何种采访方式对新闻信息的呈现具有直接的决定作用。

(三)数字媒体新闻采访的技术

随着数字传播技术的发展,互联网平台日渐成为新闻传播的主要阵地。数字媒体采访包括两个方面:一是传统实地调查采访;二是互联网平台信息采集。数字媒体新闻采访以互联网作为信息采集的平台,通过搜索引擎、网页抓取等方式采集相关信息。数字媒体采访的工具更加先进与方便,并且采访形式丰富多样,范围更广,速度更加快捷。但互联网平台上信息庞多繁杂、泥沙俱下,信息难辨真伪,新闻特点不突出等问题,也给数字媒体新闻报道采访造成了一些困难,影响新闻报道的质量。

数字媒体形式多种多样,包括QQ、微博、微信、博客、论坛、新闻客户端、短视频等等,人们彼此之间用来分享意见、见解、经验和观点。数字媒体缩短了人际交往的空间距离,方便人们传递信息,成为新闻采访的又一重要渠道。以微博为例,记者可以通过微博私信、微访谈的方式与采访对象直接联系,进行线上采访,既可突破时间、空间的限制,又可减少信息在传递过程中失真。数字媒体对新闻采访而言最重要的就是创造一种无界的、开放的、互动交流的平台,这种低成本的采访也逐渐成为一种常用的新闻信息获取方式。

二、新兴新闻采访的技术

融合新闻报道包括声音、文字、图像、动画、数据等多种元素,充分调动这些元素对于新闻报道具有非常重要的作用。技术的发展使得这些元素的收集方式也有了新的变化,比如无人机技术可以近距离低空拍摄、俯瞰全景拍摄,丰富报道内容;基于5G的视频直播增加了新闻的客观性;大数据技术使得新闻信息采集更为方便。

(一)无人机信息采集

无人机(Unmanned Aerial Vehicle)是无人驾驶飞行器的简称,英文缩写为"UAV",是利用无线电遥控设备和自备的程序控制装置操纵的不载人飞行器。从技术与构造角度可以分为：固定翼无人机、垂直起降无人机、无人飞艇、无人直升机、多旋翼无人机、伞翼无人机等。与传统的拍摄手段不同，无人机能够突破空间限制，完成拍摄任务。无人机拍摄对环境的要求低，视角独特，在重大突发事件、灾难现场等恶劣地理条件下的新闻素材的采集中逐渐担当重任。在汶川地震的采访中，为了更真实地展示震后的受灾情况，央视采用了三角翼和滑翔伞载记者前往拍摄，由于距离地面近，加之震后气候状况不佳，记者前往拍摄的危险系数很大，但是无人机就能很好地应对这个问题。

通过信息化的地面遥控、播控设备，无人机能够深入人力无法达到的区域，快速及时地采集新闻报道所需的信息。在天津港仓库重大火灾爆炸的事故中，在爆炸发生后5小时，央视无人机就飞入爆炸核心区拍摄，展现了灾后第一现场的全景图，不仅为观众呈现了灾后状况，还为灾后的救援工作提供了依据。作为一种特殊的信息采集手段，无人机的使用受到一定的限制，一般要遵守以下原则：必要性原则、合法性原则、安全性原则和可控性原则。无人机航拍结束后，需要对拍摄的素材进行严格的审查，除了依照相关的新闻标准外，还应该确认是否侵犯个人隐私以及是否涉及保密区域。

（二）大数据技术

大数据技术包括数据采集、数据存储、数据处理、统计分析、数据挖掘、模型预测、可视化呈现等。[1]大数据采集方式有网络爬虫、开放数据库、利用软件接口、软件机器人采集等，通过这些方式获得各种类型的结构化、半结构化及非结构化的海量数据。[2]数据挖掘是指利用算法在大量的数据中搜索特定信息的过程。在大数据的背景下，新闻业为了适应信息环境的变化积极使用大数据技术进行信息采集与处理。

大数据技术使新闻报道的信息采集更容易也更便捷，新闻媒体能够在极短的时间内获得新闻报道所需信息数据，并进行可视化处理。大数据的兴起带来数据新闻的快速发展，基于大数据与云计算技术的发展应用，占有优势资源的媒体大多已经建立起集"数据层、采编层、发布层"于一体的融合新闻报道平台。大数据技术推动新闻采访向前迈进了一大步，对于新闻记者的要求也日益提高，融合新闻报道需要集多种技能于一身的复合型人才。

---

[1]曾凡斌,李艺.国内新闻传播学界对大数据的认识和研究[J].中国广播,2016(03):22-26.
[2]廖建新.大数据技术的应用现状与展望[J].电信科学,2015(07):7-18.

(三)5G智能技术

5G技术的发展和应用为新闻信息采集带来极大的便利,5G技术的高速率、低时延和广连接的特点,在新闻信息采集与传输方面发挥重要的作用。5G智能眼镜是一款借助5G、人工智能与AR技术的可穿戴设备,被称为新闻记者实时采访的辅助"神器",可实现采访现场音视频的实时录制、实时回传、实时编辑、人脸识别等功能。

在2020年全国两会中各路媒体纷纷借力5G智能眼镜等新技术设备开启不一样的两会报道。5G智能眼镜通过一部手机、一副眼镜,即可全息化展现新闻第一现场。5G智能眼镜通过提前导入系统之中的代表委员身份信息,实时锁定和识别会场采访对象,已识别人物的姓名、职务等信息也会实时展示在眼镜右上角的微型屏幕上,起到采访提示的作用,极大地便利新闻记者的实时新闻采访。[1]5G智能眼镜充当新闻记者的"眼""腿""嘴",新闻素材实时回传至记者手机和云端,以第一视角带给用户新鲜资讯,实时回应用户关切。[2]

(四)全息投影技术

全息投影技术也称虚拟成像技术,是利用干涉和衍射原理记录并再现物体真实的三维图像技术,广泛应用于电影特效、舞台表演、展览展示等领域。近年来,全息投影开始慢慢与新闻报道相结合,实现新闻记者与采访对象的异地同屏采访。2020年全国两会前夕,新华社首次推出5G全息异地同屏系列访谈,讲述全国人大代表履职的故事,实现主持人与嘉宾的异地同屏连线。2021年全国两会前夕,新华社技术创意再次升级,又推出首个"全球5G沉浸式多地跨屏访谈",使用5G、CAVE(基于投影的虚拟现实)、MR(混合现实)技术,让采访对象和记者跨越"时空"相见并实时交流互动,身处演播室的记者与代表委员实现面对面交流,受众能够同时获得多方位的视听信息,以全实景、真跨屏的方式,沉浸式地听代表委员讲述他们的履职故事。[3]

新闻报道采访技术的演进并不是对原有技术的推翻与否定,而是在以往基础之上的整合与发展,呈多样化、形象化、生动化的发展趋势。高科技新闻素材采集手段已经成为融合新闻报道的重要特点之一,无人机、大数据、虚拟现实技术、人工智能等技术在

---

[1]新华网.疫情下两会采访5G装备将派上大用场.
[2]新华网.中国联通5G+AR采访眼镜助力采访更高效.
[3]齐慧杰,高熹,何强."跨"屏传播,怎么来真的?——以5G沉浸式多地跨屏访谈为例[J].中国记者,2021(04):18-20.

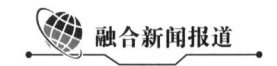

传媒领域的应用为媒体融合发展提供技术支撑。这些采访技术的运用为受众还原出逼真的新闻现场,同时也对融合新闻采访提出更高的要求。

第三节 融合新闻报道采访的能力与技巧

新闻采访需要遵循一定的原则并掌握常见的方法和技巧。新闻采访主要是人与人的沟通交流,掌握必要的心理学知识和一定的采访提问技巧是每个记者的必修课。新闻采访看似简单但却有着极强的艺术性,除了需要经验的积累,还对个人综合能力有很高的要求。融合新闻采访依旧离不开"问、听、看、想、记"五大要素,新闻采访提问仍是获取新闻素材的重要手段,但是融合新闻采访也呈现出新的特点,新闻记者随之需要具备一定的能力与技巧。

一、融合新闻采访的能力

新闻报道活动能否顺利进行取决于采访的成功与否,新闻记者的采访能力直接影响着采访的质量,新闻记者采访水平高低,关乎能否获取真实新闻素材,决定着新闻事件最终能否进行深入、全面的报道。

(一)数字化技术运用能力

数字传播技术带来丰富的新闻采访和传输工具,数字化新闻采访工具可以快捷高效地完成采访任务,满足融合新闻报道的不同呈现形式需求。从融合新闻报道产生的背景来看,由于数字传播技术和数字媒体平台的发展,传统的传播方式和媒体格局发生巨大变化,推动传统媒体与新兴媒体融合不断深入,从而产生融合新闻。[1]从某种程度上来看,融合新闻就是数字技术发展的产物,融合新闻采访也离不开各种技术手段的支持。

融合新闻报道不仅需要数字化的采访内容在不同的渠道传播,还需要科技化的手

[1] 范文德.数字化时代的媒介融合与新闻学教育改革[J].甘肃科技,2017,33(10):15-16+99.

段实现不同的表现形式及人性化的操作。新闻记者手中的设备在不断地升级换代,新闻采访必须掌握数字化采访技能。智能手机、录音笔、5G智能眼镜、全息投影等先进的数字化采访工具不仅可以采集新闻报道所需信息,甚至还能完成实时现场直播,数字化采访技术已然成为融合新闻采访能力提升的重要手段。

(二)独特化思维能力

媒介融合带来的不仅是采访技术与形式的变化,它也在渗入新闻报道的各个方面,并默默地影响着我们的信息接触习惯与方式。人们生活在信息的海洋中,大量信息充斥在人们周围,然而真正有效的信息却并不多。在各式各样的信息中,有着独特视角或是新奇的信息才更容易引起受众关注,如何找到受众爱看爱听的有用信息,形成独特的采访视角是新闻记者采访能力的体现。

在融合新闻报道中,受众的地位越来越突出,受众掌握着媒体的选择权,对新闻报道获取的主动性大大增强。新闻记者在采访过程中,要站在受众的立场上,认真思考哪些是受众真正需要的信息。因此,融合新闻采访记者能够独立整合多方资源,用自己独到的见解进行采访活动。随着传播渠道的丰富,新闻争夺战愈演愈烈,独家新闻已经越来越难获取,新闻记者只有拥有独特化的采访能力,才能获取有价值的新闻素材,写出差异化的独家报道。

(三)开放式提问能力

在进行采访时,新闻记者所提问题要根据采访目的进行有针对性的设计,问题要求简单化、具体化与生动化,根据采访对象的不同选取合适的提问方式及问题。简单化要求在采访提问时尽量使用单一问题,语言通俗易懂,避免因为提问语言晦涩难懂而影响采访对象回答问题;具体化要求在提问时把握问题要点,减少"假、大、空"问题,尽量从事件小切口进入,避免模棱两可或泛泛而谈的问题;生动化要求提问时捕捉能打动人心的细节之处,为采访增加亮点。闭合式提问的问题指向性较强,更容易获得实质性内容,但是闭合型问题答案单一,采访者很难获取事件相关的其他信息。开放性问题只是给采访对象提供回答方向,没有太多限制,便于记者收集更多新闻素材。

二、融合新闻采访的技巧

新闻采访是获取新闻素材的重要方式,新闻记者应该掌握一定的采访技巧。美国塔尔萨论坛报记者鲍勃·福尔斯曼曾说,笔下的功夫不强照样能当一名出色的记者,但不善于进行访问是绝对当不好记者的。[1]新闻记者应熟练掌握并使用采访技巧,这是基本职业素养,也是获得新闻素材的必要手段。

(一)营造和谐的采访氛围

新闻采访是一种人与人沟通的艺术,新闻记者要态度友善,营造出一种和谐的采访气氛。要采访一个人,尽可能先了解他,了解到像一个未见面的老朋友一样,待到见了面,又要有捷径,找到沟通双方感情的桥梁。[2]数字媒体平台为人际沟通搭建了桥梁,新闻记者可以与采访对象进行事前沟通,为采访打下基础。新闻记者应该充分利用多种途径为采访做充足的准备,如通过互联网事先了解新闻事件的基本情况,通过数字媒体平台掌握受众的看法和态度,找出受众所真正关心的内容,并加以设计采访问题;在采访过程中注意从受众需要的角度深入挖掘采访对象回答的内容,以提高自身的新闻采访水平。

数字媒体平台的开放性有助于营造友好的交流氛围,可以使被采访者心情放松,讲述真实感受。在新闻采访过程中,记者的友好态度和友善的语气对新闻信息的获取有着直接的影响。记者诚恳的态度能够拉近双方之间的距离,使采访对象不会对记者的提问产生抗拒,积极回答记者的问题。提问题的方式不要呆板,要有技巧,要看对象,他是什么人物?是政界的、军界的,还是文化界的?对不同的人物,要提出不同的问题。提问题也是思想和艺术的结合,要得到高质量的回答,必须提出高质量的问题。[3]因此,在新闻采访的过程中,记者应当注重说话的语气,彼此尊重并且在不涉及对方隐私的情况下进行采访,以获取有效的新闻信息。

(二)灵活多变的沟通交流

媒体融合时代新闻报道方式的多元化培养出"看图、读数据、泛娱乐"的受众接受方

---

[1]周澜源.脚下有功夫心中有方向——浅谈新闻采访的技巧[J].传媒观察,2015(1):66-67.
[2]戚鸣.实用新闻采访[M].北京:新华出版社,2010.
[3]张亮,王培培.记者提问中的语言技巧[J].新闻传播,2008(8):32-33.

式,受众越来越倾向于简单化、形象化的表达,网络语言盛行也给新闻采访带来一些变化。由于报道平台的多元化,新闻采访方式要根据报道方式的不同而有所侧重,融合新闻采访也要依据不同的报道平台"量体裁衣"。新闻记者在采访过程中,应当对采访对象的特点进行考虑,选择恰当的采访方式,保证采访工作能够顺利进行,从而完成采访任务。①

随着数字传播技术的快速发展,新闻采访不再像过去一样单向获取信息,而是一种互动式的交流沟通。新闻记者在采访的过程中应该是一个好的听众,良好的倾听能够让受访者更放松,通过倾听,新闻记者也能够了解受访者的性格特点和表达重点。新闻记者需要具有较强的沟通意识,与受访者进行深入的交流,从而挖掘更深层次的采访内容。②融合新闻报道的采访要求记者根据不同媒介的特性进行多样性的采访,学会灵活运用多种形式有的放矢开展采访活动,以获得最佳的采访效果。

(三)层层深入的主题把握

新闻采访具有很强的目的性,因此每次采访都应围绕新闻报道确立一个主题,采访时遵循采访主题,在既定的范围内提问,确保采访能够顺利进行。记者应该控制提问的节奏,掌握采访主导权,善于启发采访对象主动回答问题,避免咄咄逼人而影响采访效果。此外,在采访中难免会遇到采访对象有所顾虑或是不信任的状况,新闻记者要保持冷静,观察采访对象的非语言动作,揣摩对方情绪与顾虑,通过耐心解释和灵活的提问方式打消对方疑虑。

新闻事件的发生是多方因素共同作用的结果,这就要求新闻记者具备清晰的逻辑思维能力,抓住新闻事件的核心,利用新闻事件疑点挖掘出有价值的新闻素材。在提问时还要注意问题的难易程度,正如一位日本记者所说,采访时要考虑的是如何提问更便于回答,写报道时主要考虑怎样行文更容易为受众接受。如果在提问时不考虑采访对象接受程度,让采访对象摸不到头脑或被难倒,容易使采访陷入尴尬氛围,最终无法获得有价值的新闻素材。

融合新闻报道需要获取大量的采访素材,新闻记者更应该进行深入的思考,既要确定采访主题把握全局,又要从小切口进入,抽丝剥茧逐层深入进行采访提问。新闻采访

---

① 王辉强.融媒体时代,电视新闻记者的提问技巧[J].中国传媒科技,2017(10):23-24.
② 肖万宁.新闻记者采访技巧的注意问题及有效途径[J].西部广播电视,2020,41(21):147-149.

的质量是新闻报道的先决条件,新闻记者需要遵循采访的原则,熟练掌握各种采访的技术与技巧,练就一副好口才,会使采访效果大大增强。

三、融合新闻采访的注意事项

融合新闻报道分发平台多样、表现形式多元,对新闻素材有着较高的要求。融合新闻报道在采访的过程中会遇到各种各样的突发问题与紧急情况,新闻记者需要在采访前做好充足准备,在保证自己的人身安全的前提下进行新闻采访与现场资料收集。

(一)做好充足的访前准备

新闻素材的充足与否直接影响新闻报道的质量,除了真实性和及时性之外,全面性也是一则高质量新闻所必不可少的要素。为了提高新闻素材收集的质量,新闻记者需要在采访之前有意识、有目的地做一些准备,了解新闻事件的前因后果,全面掌握受访者的基本信息以及兴趣爱好等。新闻记者根据已经掌握到的信息进行全面的采访,做到"先入为主"引导受访者,把握采访流程,确保新闻采访不会脱离主题。[1]

在新闻采访实践中,事先准备不充分是一种比较普遍的现象。一些资历较深的记者觉得自己经验丰富,能够随机应变,因此采访前不认真准备,缺乏对受访者的深入了解,在采访过程中常常将自己的主观情绪、片面见解带到采访中,导致获取到的信息缺乏公正性、真实性、全面性。这样的新闻采访会给后期的新闻写作带来极大的不利影响,尤其是与人民生活息息相关的新闻,如果缺乏真实性、全面性,带来的后果更是不堪设想。

(二)注意个人安全问题

在新闻采访活动中,记者常常需要前往新闻事件发生的第一现场,在自然灾害、暴力冲突、重大安全事故等新闻事件报道时,新闻记者的人身安全常会面临巨大威胁,采访期间一旦发生意外情况,其后果往往都十分严重。因此,新闻记者需充分考虑到采访活动可能存在的危险,事先对新闻事件的实际情况展开全面分析,确定采访活动是否存在危险,如需协作,可主动与公安机关等有关部门进行沟通,合作开展采访工作,以确保

---

[1] 马晓丹.新媒体背景下新闻采访的技巧与创新[J].新闻窗,2018(04):93-94.

新闻记者的人身安全。例如,在暴力冲突事件中,记者如果需要对暴力冲突的参与者进行采访,那么在采访对象情绪激动、可能采取暴力行为的情况下,就必须寻求公安机关的保护。在火灾事故的报道中,为避免火灾现场发生意外,记者则应与消防部门进行沟通,在安全位置完成采访与相关拍摄工作。①

第四节　融合新闻报道采访的记录

新闻采访活动离不开多跑、多思、多问、多记,采访记录要"眼到、心到、手到",笔记是最常规的记录方式。随着科技的发展,采访记录的手段日渐丰富,新闻记者手中多了录音录像工具,声音、图像可以被记录下来。数字技术提高了采访记录的效率,也能保留采访的细节,但是终究不能代替记者本身参与的采访记录环节。

一、融合新闻采访的记录

采访记录简单来说就是记录采访的过程。从文体上来看,它属于活动记录的一种,比如调查记录、听课记录、学习记录等。新闻记者在采访中要记录采访时间、采访地点、采访对象、采访问题与回答,还可以附上采访时的所见所闻及心理感受等。采访记录是保证新闻真实性的重要因素之一。俗话说:好记性不如烂笔头。这要求新闻记者要随时记录所见、所闻、所想,为新闻报道提供必要的素材与资料。

融合新闻采访记录已经大体形成了以文字记录为基础,以声音、图像为辅的记录方式,多样化的记录方式使得新闻报道更加生动形象地展示在受众面前。随着技术的发展与进步,采访记录的技术设备更加先进,手段也更加多样化。融合新闻采访记录相较于传统采访记录来说形式更加多元、内容更加丰富、更加便捷高效,也对新闻记者提出了更高的要求。

---

①渠玉峰.电视新闻采访的相关技巧及其需注意的问题[J].新闻文化建设,2021(07):98-99.

二、融合新闻采访记录的特点

融合新闻是多种技术手段相融合的新闻报道形式。新闻从业者运用多媒体技术把文本、图形、图像、动画和声音等多种表现元素结合在一起,形成不同表现形式的新闻报道,满足受众个性化的信息需求。融合新闻报道采访记录呈现出以下特点。

(一)采访记录工具的多样性

移动互联网与智能手机的普及使得人们可以随时随地记录身边的新闻并上传至互联网进行共享,如今记者的采访记录也不依靠单一笔记的方式,而是多种技术手段结合。除了相机、摄影机、录音笔这些基本的采访设备以外,近些年微型话筒、手机录音、5G智能眼镜等也被普遍使用,记者手中的采访记录工具越来越丰富、越来越先进。

(二)采访记录形态的丰富性

数字技术使得文字、声音和图像能够以完整的形态呈现在受众面前,调动受众的多种感官,丰富受众体验。随着3D影像、虚拟现实等技术的发展,采访记录内容呈现也更加逼近真实场景,让受众切实体会到亲临新闻第一现场的感觉。融合新闻报道离不开形态丰富的记录手段,媒体融合时代新闻采访记录形态愈加多样化,为新闻报道提供坚实的基础,丰富新闻报道作品的内容。

(三)采访记录方式的便利性

融合媒体新闻报道离不开技术条件的支撑,这一点在采访记录中也能很好地体现。目前,越来越多的高新技术运用到新闻采访记录中,使得采访记录和新闻素材能够以最完整的方式保存下来,有助于新闻记者后期的新闻写作。互联网技术、纳米技术、光传输技术为新闻采访记录和新闻素材的及时上传提供便利的条件;云存储技术便于保存新闻采访记录和素材,并且不受时间、空间的限制;影像技术的发展能够减少新闻采访记录和素材的失真,最大限度地还原真实的采访情况。

三、融合新闻采访记录的方式

采访记录是新闻采访的成果体现,无记录等于没有掌握原始的采访材料。采访记录的方式随着时代的进步不断增多,从最开始依靠纸和笔的文字记录,到录音笔的声音记录,再到摄像机的视频记录,采访工具的发展促进采访记录方式的演变。

(一)文字记录——从纸张到电脑的演进

在采访活动中,新闻记者一般要记下要点、特点、疑点、易忘点,记录这些基本信息后再加一些细节和感想,会使后面新闻报道写作便利很多。文字记录是最基础的采访记录方式,随着技术手段的进步,文字记录已经从最初的纸张记录发展到电脑速记。

采访记录并非有闻必录,而是挑选出重要的内容记录。记者在采访记录中需要记下的内容主要有:重要的人名、地名、时间、数据、引语、情节、细节、场景、神情、文献名称与出处、证据原文等。[1]无论是电脑还是纸张,文字记录对新闻记者的速记能力要求都很高,除了要点与重点记录法外,也需要新闻记者掌握记录技巧,如谐音记忆、联想记忆、顺口溜记忆等,简记、速记、补记的方法也被经常使用。采访记录结束后采访者还要做好记录整理工作,最好在结束后立刻整理,及时补记以防遗漏问题。

采访记录在一定程度上能够反映出新闻记者业务水平的高低及思想作风,新闻记者在平时工作中应加强新闻专业素养和思想作风修养。采访时要做到"眼快、脑快、手快",即使是使用电脑记录,也不能丢弃手中的笔和纸。另外,除了记录基本新闻信息之外,还需记录采访环境与采访对象的情况。

(二)声音记录——从录音笔到智能语音产品的更迭

文字记录只能记录单一的谈话内容,融合新闻报道往往同时采用图文、音视频等多种表现形式,因此新闻记者在采访记录中也需要注意对声音的记录。声音的记录一方面能够体现新闻的真实性,另一方面也能使新闻报道更加生动活泼,那么学会用好手中的录音设备就成为新闻记者在采访记录中必备的技能之一。常见的声音记录设备有录音笔、采访机、摄录一体机、智能手机、5G智能眼镜等。

---

[1]丁柏铨.新闻采访与写作[M].3版.北京:高等教育出版社,2014.

虽然目前的智能手机也都具备录音的基本功能,但在融合新闻报道中,专业的录音笔仍然有着不可比拟的优势:录音工作时间长,录音笔的录音时间一般在十小时以上,专业录音笔更适用于长时间的会议采访;专业录音笔带有声控功能,可以自动判断外界环境选择待机或工作状态,既节省电能,又减少后续整理工作耗费的时间;录音笔外带话筒,可以使录音效果更加清晰。

一般情况下,记者在外出采访时,录音笔是必备的采访工具之一,在其电量不足的情况下,也会使用智能手机进行替代录音。除了录音笔之外,5G智能眼镜的出现也为新闻记者的采访记录提供了极大便利,借助于5G智能眼镜,新闻记者在现场即可完成声音和视频的实时记录和储存,进一步提高了采访记录的效率。

(三)图像记录——从影像到视频直播转变

视频影像是融合新闻报道的重要内容,在新闻采访活动中要及时保存视频影像信息。随着技术的发展,图像的记录工具也日益增多,除了摄像机、照相机等,无人机航拍等高科技在新闻采访中也逐渐得到普遍应用,AR与VR等技术手段使得新闻事件的呈现更加贴近现实,视频直播可以保证采访记录实时进行。

随着移动通信技术和直播技术的发展,5G视频直播被广泛应用于突发性和灾难性事件的新闻报道之中。在近两年的新冠疫情抗击中,公众急需第一时间了解疫情一线的救援情况、传染路径以及如何防范等一系列问题。[①]为了满足受众的诸多信息需求,传统主流媒体和新兴数字媒体广泛使用视频直播的报道方式,第一时间直观呈现疫情现场情况,满足受众的信息需求。诸多新闻实践表明,这种集图像采集与播出于一体的视频直播的记录方式已逐渐成为新闻采访记录和报道的主流。

知识回顾

采访记录为新闻报道提供素材与资料,是新闻报道真实客观的保证。技术的发展增加了新闻采访的手段,新闻采访的形式更加多样化、内容更加丰富、更加贴近现实。媒体融合时代,记者工作更需要坚守新闻采访的原则,守住采访的底线,提升自身的职业修养;媒体更应该肩负起社会责任,发挥舆论引导与社会协调的作用。新闻记者在融

[①] 栾轶玫,张雅琦.视频直播在灾难报道中的运用及传播边控问题——以新冠肺炎疫情报道为例[J].传媒观察,2020(3):25-32.

合新闻报道中不仅需要掌握无人机、大数据、云采访和5G智能眼镜等最新的采访技术或工具,还需要掌握最新的采访技巧,以适应媒体融合给记者提出的新要求。利用各种技术工具,做好采访记录是新闻记者的基本素质。

思考与拓展

1. 融合新闻报道的采访原则有哪些新变化?
2. 简述融合新闻报道的采访技术。
3. 融合新闻报道的采访技巧有哪些?
4. 简述新闻采访记录方式的演进。

第七章　融合新闻报道的写作

知识目标

1. 了解融合新闻报道写作的要求及特点。
2. 掌握融合新闻报道写作的技术。
3. 了解融合新闻报道写作的发展趋势。

能力目标

1. 学会融合新闻报道写作的技能。
2. 掌握融合新闻报道写作的方法。

思维导图

- 融合新闻报道的写作
  - 融合新闻报道写作概述
    - 融合新闻写作的概念
    - 融合新闻写作的特征
    - 融合新闻写作的基本要求
  - 融合新闻报道写作的技术应用
    - 大数据技术的应用
    - 超链接技术的应用
    - 机器写作技术的应用
  - 融合新闻报道写作的形式
    - 融合新闻消息写作
    - 融合新闻深度报道写作
    - 融合新闻特稿写作
    - 融合新闻专题报道写作

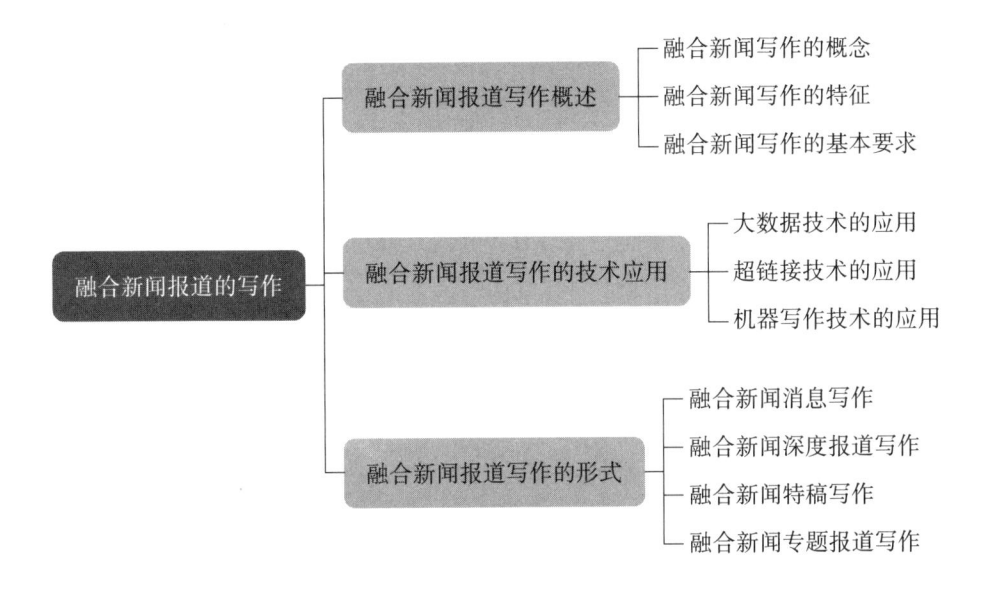

@ 案例导入

在2021年全国两会报道中,既有智能创作机器人、真人模型AI虚拟主播、智能云剪辑师辅助新闻创作,也有5G+全息、5G+8K技术助力视频访谈直播,5G沉浸式跨屏访谈、区块链新闻编辑部等新技术和新平台也纷纷亮相。各大主流媒体充分运用数字媒体平台,采用各种技术手段,拓展融合新闻报道格局。新华社推出全球首个5G沉浸式多地跨屏访谈,让北京演播室的记者和身处异地的代表委员实现"面对面交流",请代表委员们讲述他们的履职故事。全国两会作为关系国计民生的政府工作会议,信息含量非常丰富,为了将长达万字的政府工作报告直观清晰地传达给民众,新华社"政府工作报告里的2020中国答卷"通过一幅长图回顾2020年的中国成绩单。[①]

随着数字传播技术的不断革新及受众需求日益多样化,新闻写作的形式与形态正在发生重大变化。融合新闻写作更加智能化、快速化、碎片化。媒体综合运用各种新技术,打造内容深刻、形式活泼的新闻报道。为了适应数字传播技术发展的新形势,新闻从业者需在技能的全面性、采访的时效性、内容的趣味性及受众心理的接近性等诸多方面加以提高,全力生产具有创新意识和创新形式的新闻报道,在竞争愈发激烈的传播环境中赢得受众的青睐。

第一节　融合新闻报道写作概述

数字传播技术的发展与应用带来新闻媒体的变革,新闻报道写作方式也随之相应地发生变化。媒体融合背景下,融合新闻写作与传统新闻写作存在一定的差异,融合新闻写作在概念、特征与写作要求上都呈现出新的特点。

一、融合新闻写作的概念

新闻写作是将采访到的材料与信息,通过一定的方式、根据一定的要求,制作成一

---

① 王晓东.2021年全国两会媒体融合报道创新观察[J].传媒,2021(09):9-10+12.

定题材的新闻作品的过程。新闻写作的目的在于依据新闻素材,发掘其新闻价值,寻找独特切入角度,在客观叙述新闻事实过程中,向受众提供有价值的新闻信息,满足其新闻需求。[1]传统意义上的新闻写作强调新闻的写作和制作流程,但在媒体融合的背景下,信息内容的呈现方式更加多元化,新闻写作的内涵和外延也都进一步扩大化。

融合新闻写作泛指满足不同类型媒体平台新闻作品的制作,包含文字、图片、音频、视频、动画以及直播等多种形式。2021年全国两会报道中,人民日报综合运用5G、AI、直播、HTML5等技术,以视频直播、云访谈、图解、海报、动画、微视频、HTML5页面等形式打造了一批优秀的融合新闻报道作品,比如5G视频访谈节目"连麦两会"在云端发起"民生圆桌谈",首次采用"屏对屏"的访谈形式,围绕疫情防控、医保、养老、科技创新等热门话题展开讨论,表现形式活泼新颖,吸引受众关注。[2]

媒体融合背景下,新闻写作在写作风格、写作技巧和写作形式上也都发生了改变。首先是写作风格的变化,由于数字媒体平台的受众更加年轻,喜欢阅读通俗易懂和轻松活泼的内容,再加之受众阅读的碎片化,融合新闻的写作往往使用新兴网络语言并采用图文配合的方式,从而增加新闻的可读性和趣味性,以适应新时代受众阅读需求的变化。其次,写作技巧上更重视改写能力,融合新闻报道需要在不同的终端发布不同类型的新闻,那么就需要新闻从业者具备过硬的内容改写能力,根据不同的媒体平台特点对内容进行相应的调整。最后,写作形式上要言简意赅、表达准确,互联网带来的海量信息严重分散了受众的注意力,人们获得的信息越多越需要花费大量的时间来筛选自己需要的信息,融合新闻写作应该准确无误、字字斟酌,多利用图片、视频、动画等形式对新闻进行可视化的呈现。[3]

二、融合新闻写作的特征

数字传播技术的应用给新闻信息带来了丰富的表现形式和多样的发布平台,使得融合新闻写作呈现出不同于以往的新特点,具有差异化、超文本化与实时动态化的特征。

---

[1]丁柏铨.新闻采访与写作[M].3版.北京:高等教育出版社,2014.
[2]牛慧清,谭思静.重大主题报道的新闻产品创新——以人民日报2021两会融媒体报道为例[J].新闻战线,2021(11):87-89.
[3]杨玉茹.浅析新闻采访与写作[J].科技传播,2020(05):103-104.

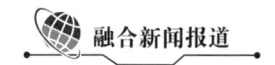

（一）内容生成差异化

媒体融合时代，一家媒体往往拥有多个发布终端，为了节省人力、整合资源，融合新闻报道通常采用"一次采集、多次生成、多元发布"的差异化生产方式，针对不同的平台特点发布不同的新闻，满足不同受众的新闻需求。目前，大多数新闻媒体已经形成了"三微一端"的传播新态势。微博作为早期的信息分享平台与互动渠道，已经成为用户普遍接受的信息发布形式；与微博相比，微信的传播空间更为私密，其公众号是一个具有媒体属性的信息集成和发布平台，基本上能够满足用户在文字、图片和视频等方面的互动；微视频极大程度上满足受众时效性、互动性以及参与感的需求；移动客户端的优势主要体现在信息收集和精准推送方面。"三微一端"适应媒体融合时代人们碎片化的信息接触方式，但也需要警惕可能产生的信息茧房、信息同质化、信息侵权等问题。

（二）超文本多种形态

与传统以文字为主、图片为辅的新闻写作不同，融合新闻报道的写作运用多种技术手段对文字、图片、音视频以及动画进行整合。以新华网在2021年全国两会中的融合专题报道为例，专题设置"现场零距离""两会炫视角""高清影像集""数据热力榜"等多个板块，页面设计风格庄重大气，契合两会氛围，融文字、高清大图、音频、视频等于一体，全媒体呈现两会最新动态。借助5G、AI、VR等技术，新华网推出了一系列融合新闻作品，从最初的两会新闻发布会到两会闭幕，新华网全程采用"5G+直播"与VR全景拍摄的形式来呈现两会的最新动态，现场直播和VR视频的报道形式在提高主流媒体影响力的同时，也给观众以身临其境的沉浸感。[①]视频、直播以及HTML5等形式的运用，一定程度上弥补了纯文字报道的单调感，给受众带来更加丰富的感官体验。

（三）实时动态更新

传统媒体时代，新闻记者在进行新闻写作之前，要经历选题、收集素材和采访等多个环节，对新闻事件的写作也通常是在收集到完整的资料之后一次性完成，从而导致写作周期长、新闻报道延缓的问题。数字传播时代，受众对新闻的时效性有了更高的要求，传统的新闻写作流程被颠覆，微博、微信、抖音等平台的出现使得信息的传播速度得

---

① 梁振奇.媒体融合背景下新闻编辑部的创新变化与思考——以新华网2021年全国两会报道为例[J].新闻文化建设,2021（15）:175-176.

到大幅度提高,信息的即时传播成为可能。融合新闻写作呈现出了动态化、实时化的特点,在新闻事件发生的第一时间进行实时播报,特别是在突发性新闻事件中,动态新闻报道已经成为常态。在2020年新冠疫情的系列报道中,新闻直播报道形式大显身手,比如火神山和雷神山两座医院的修建,新浪微博通过24小时直播的方式,让全国人民实时了解医院的修建进度。[①]融合新闻的实时动态更新对新闻写作提出了更高的要求。

三、融合新闻写作的基本要求

融合新闻报道通过不同的媒体平台发布不同类型的新闻作品,并且更加注重受众的参与互动。因此,融合新闻报道的写作应注重满足不同受众需求、创新内容表达方式、强化与受众的互动交流等新要求。

(一)满足不同受众需求

数字传播技术的发展和互联网的普及,降低了受众接触与使用媒体的技术门槛,任何人都可以通过数字媒体平台来获取和发布信息,新闻信息的传播变得更加的便捷。融合新闻报道吸纳传统媒体与新兴媒体各自的优势,内容与形式更加多元。融合新闻写作需要创新写作的形式和风格,满足不同受众的信息需求,针对不同媒体平台的特点进行不同形式的内容撰写,提高新闻报道的针对性,让新闻报道充分满足不同群体的信息需求。[②]在语言的运用上也要不断创新,合理地使用网络语言、流行词汇等,注意语言的简洁性、生动性和趣味性。

(二)创新内容表达方式

数字传播技术的发展改变了受众阅读新闻的方式,相比于文字图片,受众更喜欢视频形式的新闻报道。因此,在受众对文字新闻的阅读兴趣大大降低的背景下,新闻写作需要在文字表达、文章结构以及版面设计上创新,以吸引受众的注意力。首先,可以通过醒目、突出的文字标题来吸引受众,具体到新闻内容,可以采用立意新、趣味性强的开头,吸引受众的阅读兴趣。融合新闻写作的文字要简洁通俗,可以用生动活泼的描写代

[①]赵文俊.新媒体时代新闻写作的变化与对策分析[J].传媒论坛,2021,4(09):43-44.
[②]陈倩.媒介融合背景下新闻写作的创新分析[J].传播力研究,2019(34):145.

替概括总结,用叙事性的技巧代替报告性的技巧,用灵活的图文安排代替死板的排版模式,用具有感染力的写作风格代替平铺直叙。[1]

(三)强化受众互动交流

数字传播环境下,受众主体地位的改变使其更加注重新闻的体验感和参与感,融合新闻写作要注重与受众之间的互动。当下,数字媒体平台和受众已经形成了双向的信息传递模式,受众在各类数字媒体平台上发表自己的看法或提供新闻事件,数字媒体平台则可以对受众的反馈加以利用,更好地改进和补充后续新闻报道。融合新闻写作要做到心中有受众,有新闻服务意识,要针对当下的社会热点、政策或新闻事件,展开深度剖析,提高新闻的内涵,让受众在阅读中能够有进一步的思考。此外,融合新闻写作还要选择好的新闻话题,具备灵活的应变能力,对于受众关注的热点话题要及时做出回应。

第二节 融合新闻报道写作的技术应用

纵观人类传播发展的历史,每一次传播方式变迁背后必然是科学技术的不断进步与完善,随着大数据、云计算和人工智能技术的高速发展,新闻传播方式早已发生深刻的变化。数字技术的快速变革使得不同传播媒体之间的"坚冰"得以消融,传统媒体与新兴媒体在互相交融中前进发展。传统新闻写作的方式不再适用于媒体融合环境下的新闻报道,融合新闻写作需要运用各种新兴技术手段。

一、大数据技术的应用

"大数据"近年来备受各行业及社会关注。早在20世纪80年代,著名未来学家托夫勒在其著作《第三次浪潮》中就将"大数据"称颂为"第三次浪潮的华彩乐章"。[2]麦肯锡

---

[1] 马哲.融媒体时代的新闻写作:转型与坚守[J].新闻战线,2018(15):140-142.
[2] 阿尔文•托夫勒.第三次浪潮[M].黄明坚译,北京:中信出版社,2006.

全球研究所将大数据定义为"超出了传统数据库软件工具的抓取、存储、管理和分析能力的数据群。"[1] 自2009年开始,"大数据"成为互联网技术行业中的专业词汇,并随着其高速发展逐渐渗透到经济社会中。"大数据"蕴含海量的信息,使用者可通过对数据进行专业化的处理与分析从而获取事件之间的联系。大数据与云计算紧密联系,依托云计算的分布式处理、分布式数据库、云储存等技术对海量数据进行挖掘分析。

大数据技术在新闻报道中得到广泛应用,尤其是在财经新闻报道中。通过数据挖掘与分析,新闻从业者可以在海量数据背后准确发现常规新闻报道无法展现的逻辑联系,从全新的视角出发,找到切入点并对事件进行解读和剖析,从而呈现出更科学系统、深度细致的事实。数据新闻已经成为新闻报道的一种重要形式,大数据可视化技术丰富新闻报道的呈现方式,使融合新闻报道更加生动。

大数据技术给新闻报道提供海量数据资源,新闻从业者通过对海量数据进行快速、及时、准确地抓取、分析,从中发现有新闻价值的信息。从2014年开始至今,在每年的全国两会中,新闻媒体都会熟练运用大数据分析技术反映社情民意,发掘社会公众最关心的问题,通过大数据抓取和分析公众意见,让新闻报道回应公众关切,贴近群众内心所想。

二、超链接技术的应用

融合新闻写作虽然受传播渠道变化及受众阅读习惯等因素的影响呈现浅表化、碎片化、娱乐化、标题化的倾向,但同时也朝向纵深化、立体化发展,这与超链接技术密不可分。融合新闻报道写作是糅合文字、图片及视频等多种新闻表现形式的综合性写作,这种写作方式在当前的传播环境中被普遍运用。对于部分重大的社会事件,新闻写作不可避免地要告知受众新闻事件发生的前因后果及背景,对新闻事件发展进行深入分析。由于篇幅所限,当一篇报道的主体部分无法详尽叙述时,就需要运用超链接方式提供相关背景资料来辅助。

超链接技术作为融合新闻写作中重要的技术应用之一,常用的形式有参考链接、注释链接、扩张链接等,通过链接到相关内容页面的方式满足受众深入阅读的需求,是一种十分实用且深受欢迎的技术手段。通过超链接技术,受众不仅可以阅读到想看的文

---

[1] 许晔.大数据时代中国面临的挑战与对策[J].中国科技论坛,2015(03):24-29.

字内容,有时还可以看到相关图片或视频,甚至获取一些未经加工的新闻原始资料与素材。受众在立体、深入的阅读过程中,获取更多的新闻信息。

超链接技术连接的内容通常是对新闻要素的补充或是对新闻背景资料的展示或是某些专业名词的解释,以及对新闻事实加以补充说明的图片、视频等。超链接技术在融合新闻写作中的运用极大地增加新闻报道作品的信息含量,拓宽受众对新闻事件的认知,丰富新闻报道的表现形态,打破了时空限制。受众可以通过点击关键词或是进入整个信息页面进行深入阅读,全面理解、掌握新闻事实。超链接技术既方便新闻记者的新闻报道写作,又为受众阅读提供诸多便利,同时,也增强新闻的吸引力和可读性。

三、机器写作技术的应用

智能新闻推荐与机器新闻写作已成为近年来新闻业发展的主流趋势之一。2014年7月美联社开始使用Automated Insights开发的内容生成平台Wordsmith撰写公司财报,正式将机器新闻写作引入全球视野。在财经新闻写作上,该软件与普通记者所写相差无几,却在效率上提升了15倍,只需几秒即可生成一篇高效准确、语言自然流畅的新闻报道。2016年,《华盛顿邮报》开发出自己的新闻写作机器人Heliograf,并在里约奥运会上以超高的时效性惊艳大众。此外,雅虎、英国卫报等多家媒体也在财经、体育领域投入使用"新闻机器人"。

随着越来越多的机器人进入传媒领域,机器人新闻写作的领域也进一步扩大,开启新闻写作的自动化时代。目前,国内外各大媒体都已经广泛使用"写稿机器人"进行特定领域的新闻写作,比如封面新闻的"小封"、《南方都市报》的"小南"、人民日报的"智能创作机器人"等等。从国内外机器写作的新闻实践来看,机器新闻写作主要应用于财经、体育新闻和地质气象等领域的报道,完成的报道也多为标准化程度较高的新闻体裁,少数涉及社会新闻领域。[①]随着人工智能技术的发展,机器写作将会得到更大范围的应用。

[①] 许向东,郭萌萌.智媒时代的新闻生产:自动化新闻的实践与思考[J].国际新闻界,2017,39(05):29-41.

第三节　融合新闻报道写作的形式

在竞争日益激烈,人人皆是传播者的数字传播时代,传统新闻写作模式难以有效适应当下多样化传播渠道。互联网环境下成长起来的年轻一代受众在阅读习惯、语言风格、对信息的接收方式等方面都发生了许多变化,这些都对目前新闻报道与写作提出新的要求。

一、融合新闻消息写作

消息是新闻报道的主要形式,是一种以简明扼要的语言文字迅速传播新近发生事实的新闻体裁。消息一般报道事情的概貌而不讲述事件详细的经过和情节,是新闻报道中使用最广泛、最经常采用的新闻文体。消息的基本元素可分为6个部分:标题、消息头、导语、背景材料、主体与结尾。消息的特点是语言简洁明快,篇幅短小,叙事直截了当,旨在突出新闻的主要内容,避免过分冗长繁杂。

(一)融合新闻消息写作的要求

传统消息写作要求迅速、准确、明了、简短。结合媒体融合的传播环境,融合新闻报道的消息写作要高度概括、适当延伸、信源真实以及形式新颖等。

1. 简明扼要概括新闻事实

移动互联网的迅猛发展使得以"三微一端"为代表的数字新兴媒体赢得受众青睐,数字媒体为受众提供信息发布、交流互动的平台,传播手段单一化的时代早已远去。媒体融合时代,消息传播的速度、广度及对受众的影响程度都在发生改变。受众对原创新闻报道的时效性要求越来越高,二次转载的新闻对受众的吸引力已大幅下降。因此,新闻从业者快速进行新闻事件的报道,展示事件概貌成为新闻争夺战中的制胜法宝之一。

消息作为新闻报道中最常用的文体之一,最主要的优势在于简短明快,能够在新闻事件发生后以最快的时间发布,受众可在第一时间获取信息。正是由于简短明快的行文风格,消息写作既要简单明了,又要能够概括出新闻事件的主要内容。消息的写作结构包括"金字塔"结构和"倒金字塔"结构,其中以"倒金字塔"结构应用最为广泛。"倒金字塔"结构指根据事件要素重要程度进行写作,将结果置于首段,其后按照事实重要程度依次展开。

媒体融合背景下,新闻信息具有海量性、重复性、快捷性、互动性等新特点,数字媒体平台给信息传播带来便利,也是一个拥有庞大数据量的信息库,打破受众获取信息的时空限制,受众可以通过微博、微信、新闻客户端、抖音等随时随地获取信息。信息获取方式的多元化和便捷化,使得媒体纷纷以消息作为重大新闻或突发事件的首选报道方式。

2. 延伸报道内容满足受众需求

数字媒体平台给受众信息获取带来巨大的便利,许多重大的事件、事故往往不是由传统媒体报道出来的,而是通过微博、微信、论坛等社交媒体传播出来。因此融合新闻的写作通常只是简单的几句话概括事件,再附上图片或视频加以说明,将新闻的时效性发挥到极致。微博的表现非常突出,虽然微博的字数限制对消息写作产生一些影响,但是微博能迅速对新闻事件做出反应。

数字传播背景下受众的阅读方式及媒介使用习惯发生改变,新闻写作的难度也相应提高。虽然数字媒体的传播速度已有效保证信息传播的时效性,但在部分新闻报道中,受众仍旧不能准确获知新闻内容。融合新闻的消息写作在保持简练明了的同时,还要对事件的背景进行挖掘,满足受众多方面的信息需求。微博新闻写作,一方面写作语言更加概括简明,一目了然;另一方面,在简洁的消息文字下方通常附有视频或文章链接,对新闻事件进行梳理或提供更多的背景资料,为受众带来更多延伸阅读内容。

3. 多方核查保证内容真实

真实是新闻的生命,复杂多变的数字传播环境对消息写作的真实性提出更高的要求,从消息来源到写作用语都要保证真实。数字媒体平台给人们带来海量信息,但是人们需要对鱼龙混杂的信息进行辨别。消息写作需注意核查消息来源及其准确性,其中引用的数据、史料等也要确凿无疑。

随着媒体之间竞争加剧,部分新闻媒体为了吸引公众注意力而采用一些夸大其词的言论,导致新闻的真实性大打折扣,其中数字媒体平台大都成为虚假新闻的源头。任何新事物的发展都有其两面性,数字媒体平台同样如此。数字媒体平台一方面使人们可以方便快捷地获取所需信息,另一方面,受众对于一些信息在没有核实的情况下就加以传播,这在一定程度上满足了其话语表达权,却也给新闻真实性带来极大的挑战。在"观点的自由市场"上,弥尔顿所描绘的"观点的自我修正"总是姗姗来迟。[1]媒体融合时代信息层出不穷,受众眼花缭乱,无所适从,他们往往会无意识地传播一些虚假消息或是猎奇新闻。作为新闻从业者,要牢固树立责任意识,坚持真实性原则,提高新闻报道的质量。

4.写作方式新颖多样

融合新闻的消息写作需要做到形式新颖多样,根据不同的媒体平台,采取合适的语言进行表述,从而满足受众不同的需求。媒体融合环境下信息传播渠道种类繁多,各类新闻应用软件都在潜移默化中改变着受众的媒体接触习惯与阅读方式。多数受众习惯运用新闻客户端或者借助微信、抖音等媒体平台阅读新闻,新闻从业者在熟练把握消息写作技巧的同时,还需做到紧密结合各类传播渠道的特点,遵循新闻写作的基本原则,贴近受众生活,与受众进行良性互动。

融合新闻内容的多样性和媒体平台的丰富性要求新闻从业者不能只用一种写作方式,有些新闻事件要求用语严肃,不能渲染,而有些活泼的新闻素材又要求不能太过死板。因此,融合新闻的消息写作需要针对不同的内容类型对写作方式进行适当调整,在叙述事实时确保要素完整,提炼观点时注重清晰明确,保持风格统一且灵活多样,事实与细节融为一体,使新闻消息更加生动逼真,富有情感,能够最大程度令受众生动直观地感受新闻事实,从而达到良好的传播效果。

(二)融合新闻消息写作的特点

消息一般分为动态消息、静态消息、综合消息及述评消息,而不同类型的消息写作特点也各有不同,从其共性出发,消息写作特点具体概括如下。

1.精选材料,迅速及时

新闻报道被称作"易碎品",一旦超出一定的时间,新闻价值便烟消云散。传统媒体时代消息报道的是"新近发生的事实",数字传播时代受众获取消息的渠道越来越多,消

---

[1] 新浪网.2015年新闻反转剧 公众信任遭受危机[EB/OL].http://sd.sina.com.cn/news/b/2015-11-27/detail-ifxmazmy2176766.shtml.

息报道的是"正在发生的事实",新闻报道时效性成为受众选择媒体的主要依据。新闻竞争的实质是速度的竞争,也是时效性的竞争。消息写作要迅速及时,才能将正在发生的事实完好地呈现在受众面前,才能保证新闻的鲜活。

我们生活在一个信息洪流的时代,社会生活中每天发生的事件层出不穷,哪些事件会获得受众的关注?我们应该及时地进行报道?新闻从业者在消息写作中应掌握辨别新闻价值的本领,快速选取有较大价值的新闻事件进行写作,这在动态消息的写作中显得尤为重要。以2022年北京冬季奥运会为例,在每场比赛结束之后,国内各大媒体纷纷以短消息的形式播报最新赛事动态,在最短时间内将北京冬奥会的最新进展做出详细报道。一般新近发生的重大事件及重要活动中最新出现的情况或动态等都属于新闻消息的范畴,因此,时效性是衡量消息写作质量的标准之一,也是消息写作的特点之一。

2. 内容真实,简洁清晰

无论是在何种体裁的新闻写作当中,真实性都是最基本的要求。新闻来源于事实,所有新闻要素都应准确无误而不能虚构。人物、时间、原因、结果等都应真实准确,且引用的背景材料及数据等也应标注出处。媒体融合环境下信息传播的方式发生改变,媒体为追求点击率及阅读量过分追逐受众的关注,导致标题党横生,这也是媒体公信力江河日下的重要因素之一。

在融合新闻消息写作中,时效性固然重要,但新闻真实性更为重要,因此,新闻从业者在新闻消息写作中应坚持寻找新闻事实真相。消息写作不能为了第一时间抢发新闻而不去核实消息的来源,要保证出现在报道中的新闻要素准确无误,经得起受众推敲。

3. 资源整合,拓展深度

媒体融合环境下信息无处不在,而处于被信息包围中的受众,有时会面临无法辨别信息真伪的困境。因此,在保证客观真实性的同时,新闻从业者在消息写作中需注意对各类媒体提供的新闻资源进行整合加工,并进行深度分析,最终将真实有效的报道呈现给受众。兼听则明,偏听则暗。随着社会进步和传播技术的发展,受众的媒介素养越来越高,对媒体传递的消息有一定的判断分析能力,并不是像大众传播时代那样完全被动地接受。因此,新闻工作者应该整合多方面的消息资源,为受众提供尽可能全面的消息报道。

融合新闻的消息写作虽然以快速准确,抢占报道先机为主,但随着新闻事件不断发展,各种新闻素材不断完善,这时消息写作就应利用数字媒体平台提供的优势,将有关信息及衍生内容整合在一起,形成较为全面的报道,为受众全方位、多角度看问题提供便利。除此之外,面对互联网上的海量信息,受众更容易被原创性和个性化的新闻内容所吸引,因此在进行消息写作时,要结合媒体自身特点找准写作视角,将新闻事件快速及时传达给受众的同时,积极引导受众思考。

4.标题新颖,动态写作

在信息爆炸和快节奏的生活环境下,受众真正阅读新闻的时间是极少的,阅读习惯也更趋向于碎片化。为了让受众对新闻内容有深入了解,媒体需要在新闻报道中展开多角度的思考,让新闻报道更加直观、明确。为了吸引更多受众阅读新闻内容,媒体通常会在保证真实性的基础上对标题进行创新,多采用一些能够吸引受众注意力的标题。在快节奏的新闻阅读环境中,个性化且能够表达主旨的标题,能够从根本上提升新闻的阅读率,让更多受众积极参与到新闻内容的思考中。

新闻事实由新变旧的过程是很短暂的,要做好新闻事实的"保鲜",在抓住受众的眼球获取受众长期、持续关注的同时,不能只追求快,更要追求新,也就是做到新闻信息的动态更新。融合新闻报道的消息写作应该加强连续性报道,主动更新,根据新闻事件的发展进行动态写作,甚至还要根据新闻事件发展趋势,或者基于数据分析做出预测性报道,把新闻事件变化过程中每一个有新闻价值的事实和动向都及时报道出来。新闻记者信息采集与写作过程的周期应尽量缩短,同时结合新的技术手段如直播等,保证全面快速地发布信息并持续跟进,综合运用文字、图片及视频相结合的方式进行动态更新,使受众及时了解最新消息。

二、融合新闻深度报道写作

深度报道是一种深入揭示"新闻背后的新闻"的新闻报道方式,是运用解释、分析预测等方法,从历史渊源、因果关系、矛盾演变、影响作用、发展趋势等方面报道新闻的一种形式。[1]深度报道以追求报道的深刻性为理念,较之其他新闻文体内容更为全面,文体结构及思维方式也更加立体。一篇合格的深度报道除去基本的新闻五要素以外,还

---

[1] 许颖.新闻采访与写作[M].北京:中国传媒大学出版社,2011.

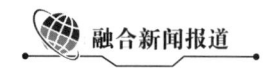

应包括以下内容:事件背景、事件分析及预测建议等。深度报道的深刻性、全面性及系统性使得新闻报道以更独特的方式反映社会现实。深度报道以不同于消息、通讯、评论等新闻报道的方式向人们展示社会生活中"新近发生的事实",并凭借观点独到或思想深刻的分析,提高受众的分辨能力,在对新闻事实进行剖析和对新闻事件进行深入挖掘探讨的过程中引导受众对社会现象及新闻事件加以反思。

(一)融合新闻深度报道写作的要求

深度报道反映的社会事件和现象都比较复杂,需要在前期做许多包括采访、调查在内的准备。因为深度报道要反映对一个事物或事件的原因、本质、意义及发展趋势等的认识,这就需要一个过程,因此,在时效性上深度报道弱于新闻消息。数字传播时代媒体平台和传播方式发生变化,融合新闻的深度报道写作与传统深度报道写作相比也有新的要求。

1.注重选题的典型性

数字传播时代碎片化的信息虽然更符合人们快节奏生活方式下的新闻阅读习惯,但也造成了信息真假难辨、质量低下、泛娱乐化现象严重等问题,更需要深度报道帮助人们解疑答惑、引导人们对社会问题进行思考。因此,融合新闻的深度报道更应该注重选题的思辨性和重要性。深度报道要选择具有普遍性、突出性和代表性的问题,将新闻事件放到更大的社会背景中分析其影响与意义,选择社会公众或者媒体关注度高、具有重大社会影响的议题,选择强调党和政府宣传方针的问题,深度报道党和国家对重大问题的态度,有效引导社会舆论。[①]此外,深度报道在选题时除了围绕重大事件、热点话题之外,还应围绕贴近受众生活的、对受众实际生活有指导或帮助意义的话题。

2.加强内容的可读性

新闻的可读性是指新闻报道适合受众阅读的程度,是随着西方报业竞争而兴起的一种吸引读者,扩大报纸发行量的手段。罗伯特·根宁公式提出新闻可读性的衡量标准:一是句子形式,句子越简单,可读性越强;二是迷雾系数(Fog Index),指词汇抽象程度及难易程度,迷雾系数越大,可读性越小;三是人情味成分,人情味与可读性成正比。总的来说,可读性包括内容和形式两个方面。

---

①张吴韩.新媒体时代深度报道的发展困境及突围路径[J].西部广播电视,2020(16):71-73.

伴随着互联网与智能手机成长起来的年轻受众,大部分并未养成深度阅读的习惯,因此在面对年轻群体的深度报道中,记者应尽量做到语言通俗易懂,深入浅出,明白晓畅,令受众在阅读过程没有障碍,这也是新闻信息得以被接受的前提。随着受众在媒体使用习惯及心理态度等方面发生变化,深度报道的形式及用语内容等都发生了一些新的改变。而其中不变的,就是对新闻可读性的要求。深度报道写作内容应立足客观事实,结构力求错落有致,文字力求言简意赅,角度上要综合把握全局,努力提升可读性。

3. 呈现形式的可视化

媒体融合时代,人们每天都会接收到大量多样化的信息,随着阅读习惯的变化,年轻读者更偏向有趣的表达方式及一目了然的信息。深度报道为达到最大化的传播效果,应该顺应数字传播技术的发展,综合运用文字、图片以及视频展开写作,从而将深度报道的主题生动、准确地表达出来。[①]深度报道不是简单地增加文字内容,也不是使用图片以拉长篇幅,而是要融入新闻记者的细微观察和独特体验,从鲜活的新闻事件出发,运用先进的传播技术与丰富的表达手段对新闻事件进行全方位的解读,将新闻内容融入图表可视化呈现,将新闻事件多角度、立体化地传播出去。

4. 提升表达的精炼化

深度报道注重从宏观角度,多方位、立体化呈现事件前因后果,对新闻事件的把握比一般消息要复杂细致,这就决定深度报道内容要更丰富、细节更完整、说理更深刻、逻辑更清晰,但这并不意味着深度报道的篇幅要长。在视听碎片化、传播同步化的媒体融合时代,深度报道也开始追求"深""快""短"的精炼表达,以满足受众的阅读需求。比如人民日报的两篇深度报道《甘肃甘谷县西坪村:山沟里好消息连连》和《河北无极县王村:大棚中科技感满满》,在内容上相辅相成,形式上新颖创新,篇幅短小精悍,让人眼前一亮。走基层微纪录片《"5592"》《巡边天路》独家记录了在条件恶劣的生命禁区内,西藏军区边防官兵的动人故事,虽没有长篇大论,但文字、图片、音响、画面真实感人,表现符号多样,展现了在沙场边疆,官兵无私奉献的家国情怀。节目播出后引发受众广泛关注,起到积极引导社会舆论,传递正能量的作用。

---

① 刘志清.媒体融合背景下深度报道的价值及特征分析[J].传媒论坛,2021,4(01):45-46.

(二)融合新闻深度报道写作的特点

深度报道作为一种重要的新闻报道方式,在重大事件及社会现象的报道中颇受媒体及受众欢迎。深度报道的优势在于,在调查分析的基础上完整传递信息,能够全方位、多角度、深层次地对事件加以阐述,为受众对新闻事件的认知判断提供参考。深度报道的写作特点可归为以下几个方面。

1. 题材重要性

深度报道的选题一般都是关系到国计民生的大问题,所涉及的题材大都是经济社会中比较重要的或是有重大影响的新闻事件,将这些新闻事件作为关注点,从多角度对事件进行剖析,可为读者提供更为清晰直观的解释。选题是一篇深度报道成功的关键因素,深度报道选题既要从大处着眼,挑选那些在全局上有重要作用或具有独特意义的事物,又要从小处着手,从现实生活中进行选题,突出社会中的热点、工作中的重点、受众关注的焦点。[1]深度报道的选题要摒弃背景单一、内容简单、不宜深入探索的题材,这就要求新闻从业者敏锐、准确地判断经济社会发展进程中出现的各种问题,并进行深入的调查分析。深度报道的最终目的是找到受众关心的问题,选择时机进行合适的报道,为问题的决策提供参考。

2. 内容详尽性

深度报道以其内容翔实、背景全面、表达深刻区别于其他写作文体。新闻记者既要从宏观层面对事件进行整体把控,又要从微观角度进行细致观察,全方位、多角度的采访调查才能得以成文。深度报道在内容上可以达到追溯过往,甚至预测未来的目的。深度报道写作不仅要报道新闻现象,还要抓住新闻现象背后的本质;不仅要叙述清楚新闻事件,还要揭示新闻事件的深层蕴含;不仅要确认新闻事件的现状,还要预测新闻事件的发展趋势。

深度报道写作要全面、完整、动态、立体地反映新闻事实,内容不局限于一事一议,要有开阔的新闻视野。2018年1月23日,《都市时报》刊发一篇名为《鲁甸转山包:"冰花"们的求学与谋生之路》的深度报道,详细记述了鲁甸县转山包村孩子们的求学之路和家庭境况,文章对孩子们求学的困难进行大篇幅描写:7点起床上学,凌晨气温在零摄

---

[1] 蔡宁涛.新形势下做好深度报道的思考[J].青年记者,2014(02):55-56.

氏度以下,徒步一个多小时,路上到处是沟壑和斜坡等等。[①]在报道"冰花男孩"的故事之外,还引出了背后更多的"冰花孩子",挖掘出新闻热点事件背后的一群人的故事,从一个人扩展至一个群体,使文字间充满张力。

3. 表达立体化

深度报道的对象所涉及的多是经济社会中的重大事件、热点问题,新闻从业者必须运用全方位、多层级、多角度的立体化思维与表达方式进行写作。传统深度报道的写作中,报道形式主要以文字为主,表达方式比较简单。虽然文字报道能够深入揭示新闻事件的发展进程,但是受众阅读体验感不强。

在媒体融合传播环境中,深度报道多采用连续性的系列报道不断深入发掘新闻事实。融合新闻的深度报道在表现形式上往往以超链接方式对信息内容进行收集组织,对报道中的关键词通常都会以超链接形式加以说明阐释,这为受众进一步获取相关信息提供了便利。融合新闻的深度报道写作所采用的超链接文本方式打破传统深度报道中的单一性,使得新闻报道更加立体化,有利于受众对新闻内容进行全方位、多角度的把握。

4. 形式综合化

深度报道要对新闻事件进行全方位的透视、多角度的考察,就需要综合运用多种表现形式,既有直接叙述,又有主观议论。深度报道因其内容之多、视角之全、跨度之大而区别于其他新闻文体,深度报道所涉及的主题通常需要将诸多新闻现象或是新闻事件加以综合,因此报道形式上比之单纯的文字报道更加丰富多样。随着数字传播技术的发展和媒体资源的丰富,媒体融合时代深度报道形式的综合化进一步加强,除了传统的图文以外,音视频、动画等形式广泛应用在融合新闻的深度报道写作中。

三、融合新闻特稿写作

新闻特稿是一种借用文学描写的各种技法,更加生动、更加详细、更加深入地报道新闻事件的新闻报道体裁[②]。特稿与通讯较为相似,但又不完全相同。特稿注重调查分析,讲究文章有深度,因而在短篇幅内难以展开。新闻特稿对时效性要求比一般消息写

[①]高小进,黄英华.深度报道的特征与写作手法[J].新闻研究导刊,2020,11(08):168-169.
[②]高钢.新闻报道教程——新闻采访写作的方法与技术[M].北京:高等教育出版社,2010.

作弱一些,但也需紧跟社会热点,新闻事件选择不能太久远。

(一)融合新闻特稿写作的要求

在数字传播时代受众阅读碎片化的趋势下,很少有人能沉下心去读完一篇长达万字的新闻特稿。在新兴媒体的压力之下,新闻特稿写作在一味的"赶时间"中压缩了许多原本用来深入了解事实的时间,这就导致报道质量有所下降。但是新技术也为特稿写作带来诸多便利。新闻从业者要抓住媒体融合发展的机遇,根据传播环境和受众媒介接触行为的变化,进行融合新闻报道的特稿写作。

1.坚持内容为王

随着技术的进步,大数据挖掘、区块链溯源、机器写作等技术在新闻报道中运用日益成熟,越来越多的简要信息写作和发布已经由机器生产代替,但要引导人们对热点新闻和社会问题的思考与探讨,还是要靠内容丰富、主题深刻的优质新闻特稿。媒体之间最根本的竞争还是来自优质的原创内容,因此新闻特稿写作要坚持内容为王。自1995年《中国青年报》开设"冰点特稿"专栏以来,坚持每周一期,至今已走过20余年。在数字传播技术的冲击下,《冰点周刊》得以发展到今天,主要得益于对自身媒体定位和优质内容的坚持。与一般的特稿不同,它的出发点不是热点、焦点或爆款文章,而是从"关注人的命运出发,维护的是善良坚忍、悲悯同情、正义自由等最基本的价值",坚持回归内容本位,创作有原创性的优质作品。在新闻同质化的数字传播环境下,有个性、有故事、有态度、有思考的内容总会赢得生存之地。

2.利用数字技术

数字传播技术的发展给当前新闻特稿写作带来了诸多机遇,多样的技术手段带来更多的表达方式。传统新闻特稿由于刊登在报纸和杂志上,往往是几千字的长文,已经不再符合当下读者的阅读习惯。在数字传播技术日益发达的今天,新闻特稿写作必须借助数字技术手段,寻找新的表达方式。新闻从业者可以利用图片、视频或虚拟技术等多种手段来进行特稿写作,为受众呈现更多样化、更丰富的新闻报道作品。被称为"手机版国家地理"的微信公众号——星球研究所上面的新闻特稿文字通俗易懂、图片应用精美绝伦,真正实现了图文并茂,很多文章都是10万+的阅读量。[1]

---

[1] 杨红.媒体生态新格局下特稿的守正与出新[J].记者摇篮,2019(11):3-5.

3.运用多种元素

相比单纯的文字,图片与视频更能够吸引受众关注,丰富的表现形式能直观生动地呈现内容,从而提升受众的阅读兴趣。此外,超链接的使用可以为受众提供延伸阅读的空间和便利。在媒体融合环境下,特稿写作要注意文字、图片、音视频、超链接等的结合使用。新闻从业者应当结合新闻特稿的写作特点和数字媒体平台的传播特点进行写作,实现既能吸引受众注意,增加阅读量,又能保持媒体竞争力的双重目的。2018年7月18日,"冰点周刊"微信公众号推出《冰点特稿——西南偏南》,介绍身处西藏边防一线的边防战士,并随推送链接了时长约8分钟的纪录片,这种文字加视频的形式将边防战士的工作点滴和成长故事生动地呈现在了读者面前,让读者在阅读时更有层次感和变化性,提供了良好的阅读体验。[①]

(二)融合新闻特稿写作的特点

特稿作为一种特殊的新闻报道体裁,写作特点与消息有着很大的差别。随着融合新闻报道手段及技术的发展,传统新闻报道已经无法满足受众日益增长的求知欲,与全面丰富的信息相比,受众更倾向于看到有情节和充满故事性的特稿作品。作为一种独特的新闻文体,特稿以其故事化的叙事手法和生动活泼的语言风格深受人们的喜爱。从早期只注重社会事件的报道发展到关注社会个体及价值观,特稿的写作对象与方式都在向纵深化发展。融合新闻报道的特稿写作呈现出以下特点。

1.内容客观真实性

新闻特稿虽然以故事化的叙事手法和充满文学性的写作方式受到许多受众的喜爱,但其本质仍属于新闻报道,因此内容客观真实是其首要的写作特点。这要求新闻从业者在写作过程中要做到客观公正,真实准确,抛开个人偏见及主观臆断等因素,强调用事实说话,只做事实的陈述者。新闻特稿的文学性和创造性都必须以真实性为前提,将已经发生的新闻事实通过文学性的描述和修辞手法的运用加以延伸,生产出让人喜闻乐见的新闻特稿作品。《冰点周刊》2020年2月刊发一篇抗疫人物特稿《她没等到樱花开》,主人公是在2020年抗击新冠疫情期间不幸染病去世的29岁医生夏思思。记者通过描写夏思思抗疫期间的工作生活,结合同事家人对她的评价与事迹讲述,于平凡的故

---

① 郭毕冲.新媒体视阈下深度报道的发展趋向和策略研究——基于"冰点周刊"微信公众号的个案分析[J].新闻前哨,2021(08):35-37.

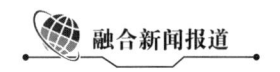

事之中呈现夏思思坚忍负责的医生形象,文学性的故事叙述又不失真实性。

2.叙事手法故事化

特稿与消息写作最为明显的区别在于其借鉴了文学创作中的故事描绘手法,使得原本枯燥的新闻变得富有趣味性和吸引力。特稿写作就是用一个个充满张力的小故事来指出社会中的问题。一个好故事让人震撼,而讲好一个故事则可以吸引更多的人,并让人经久难忘。在人们的日常生活中,感人的故事、生动的人物形象到处都有,但是如何把这些故事写进特稿中,却不是件容易的事情。

特稿是一种基于新闻事实的新闻报道,叙述具体详细,需要报道新闻事件的全过程,不但要告诉受众发生了一件什么事情,还要告诉受众事情是怎样发生的,有什么价值和意义。作为一种颇具文学色彩的新闻报道,特稿通过类似于小说的叙事手法及文学中的修辞手法来写作,并在文中加以细节描述,从细微之处表现人物个性及情感,引发读者共鸣。

3.表现形式多样性

特稿综合运用叙事、描写、抒情、议论等手法,写作形式灵活多样。在坚持新闻事实准确真实的前提下,特稿可运用多种表现形式与元素。数字传播环境下,各种新的传播手段与媒介呈现方式为特稿写作提供了良好的基础。多媒体技术在新闻报道中的运用为特稿写作注入了新鲜的活力,对一些已经发生的事件可以进行还原,也可以通过一些特效手段使受众产生身临其境的感觉,增强受众的体验。融合新闻报道的特稿写作除去流畅的文笔与叙事手法,运用多种表现形式对新闻事件进行描述也是常有的写作特点。《南方周末》《冰点周刊》《人物》等杂志都会根据新闻内容需要,采用文字、图片以及视频相结合的形式进行新闻特稿作品的表现。

4.界面设计人性化

传统媒体时代,受众只需打开报纸就会对文章的篇幅和版式有一个整体性的认识,通过翻阅报纸以规划阅读顺序和时间。但手机作为页面小且竖排的小型屏幕媒体却没有这种便利,手机阅读需要逐步往下滑动屏幕,才能让内容呈现出来,受众很难一眼看到文章的重点或者自己感兴趣的部分。为了更好地适配受众的阅读需求,融合新闻特稿通常会在正文首页增加导读部分与文章字数提醒,告诉读者文章的重点,并为读者做好时间规划。以《南方周末》的手机界面为例,导读部分位于正文页图片下方正文前面,字体颜色用灰色以区分正文,导读前面还标有类似于"全文共4812字,阅读大约需要10分钟"的文字,让读者对新闻特稿的篇幅大致心中有数,以方便规划阅读时间。[1]

四、融合新闻专题报道写作

伴随着数字传播技术的发展,从早期的手机报到后来微博、微信再到如雨后春笋般崛起的新闻客户端,数字媒介形态不断更新,同时也改变了受众的阅读方式与习惯。新闻报道呈现出更多样的形式、更完整的报道内容、更全面的解读视角以及更深层的内容挖掘,新闻专题报道应运而生。新闻专题通过对社会重大突发事件、某种显著的社会现象的新闻信息加以整合说明,以独特的视角深入分析,为受众"烹制"出深度阅读的大餐。

(一)融合新闻专题报道写作的要求

融合新闻专题报道以数字媒体为平台,运用多样化的技术手段,针对当前社会中人们所关心的热点话题以及社会现象,以组合或连续的形式进行报道。融合新闻的专题写作内容丰富,且表达形式多样,写作要求自然不同。

1.新闻标题有吸引力

俗话说"标题是新闻的眼睛",无论是一篇独立的新闻报道还是一个集纳诸多新闻信息的新闻专题,好的标题总是能第一时间抓住受众眼球,吸引他们点击并深入阅读。传统新闻报道由于版面有限,信息含量较低,受众在阅读时注意力不会太分散,从新闻标题到内容都有较为良好的把握。而在媒体融合环境中,海量信息令受众眼花缭乱,目不暇接,这就需要有一个既贴近新闻内容又能吸引受众的新闻标题。

标题拟定首先需要做到真实准确。任何时候真实都是新闻报道的第一要义,这是新闻写作的基本准则,也是必然要求。其次要做到突出主题。新闻专题的内容围绕一个新闻现象或新闻事件展开,因此拟定标题要注意语言凝练概括,突出专题报道的主题。再次要做到简洁明快。媒体融合传播环境下,信息千变万化,冗长烦琐,不能明确点出新闻要素的标题会令受众心生厌倦,不愿再去深入了解。最后不做"标题党"。随

---
[1]张翅.《南方周末》公众号新闻特稿写作探析[J].新闻世界,2021(09):54-57.

着媒体之间竞争加剧,为吸引受众眼球,哗众取宠,"标题党"现象层出不穷。标题华而不实,夸大其词,与报道内容关联不大。

2.报道内容有深度

媒介融合不仅给新闻报道带来了一定的冲击,也对受众的阅读方式产生了深远影响。媒介融合背景下新闻报道的采写、编辑、发布等环节与传统新闻报道有着显著的差异。新闻专题能够很好地体现融合新闻报道的特点,信息容量大、延伸范围广、表现方式多样立体,可以从多维度、多视角及多层面对事件或现象做出解读,满足受众对新闻事实在深度和广度上的阅读需求。

融合新闻专题报道还可看作是一种新闻整合方式,集纳各种新闻报道。不同于传统新闻报道中要推陈出新,写出特色新意,新闻专题更注重于新闻信息的有效整合。融合新闻报道的海量内容,各种各样的超链接容易让读者迷失方向,这就需要媒体以新闻专题的形式,从大量的相关事件信息中找到内在的逻辑联系,并加以整合排列,为受众提供从事件全貌到细节的详尽解释。融合新闻专题报道既可以通过比较同类新闻事件,寻找它们之间的关联,也可以突出新闻事件某一因素。

3.表现方式要新颖

记者在融合新闻专题报道写作中,要注重运用数字传播技术赋予新闻报道多种便利,除了传统的文字与图片形式的新闻报道,对当前广泛运用的技术手段也要有所了解,比如视频直播、数据图解、HTML5页面等新颖的表现方式在专题新闻报道中大量使用,丰富融合新闻专题报道的呈现方式。人民日报2021年全国两会新闻专题报道充分运用图文、图解、短视频、HTML5页面、直播等形式对两会议题进行报道。比如,视频新闻《来吧,展示!人民日报记者两会报道黑科技》,讲述如何用"智能创作机器人"整理新闻素材、追踪新闻热点、处理制作音视频等,吸引了大批受众关注。[1]HTML5新闻"中国拼字大赛"以游戏闯关的形式让网民了解"十四五"规划纲要提出的主要目标和重大举措,24小时内点击量达540万次。[2]

---

[1] 李凯,苏长虹,李康乐.突出核心 紧跟议程 融合创新——人民日报2021年全国两会报道亮点评析[J].传媒,2021(09):11-14.
[2] 辛本健,王玉琳,崔璨.凝聚起奋进新征程的强大力量——人民日报社2021年全国两会报道概览[J].新闻战线,2021(07):13-19.

4.编排设计要合理

融合新闻专题报道主要呈现在新闻门户网站或是手机客户端上,因此把握好页面编排以及内容分布,对于提升受众体验非常关键。如何有效凸显报道内容的亮点或是关键要素,以何种方式加以补充说明都是新闻专题排版中需要注意的问题。融合新闻专题报道不仅要求页面编排合理,还应对标题加以突出显示,页面色调与主题内容格调统一,新闻导语写作突出事实、精简概括,无论是从整体还是细节,都要做到精益求精。

网页新闻专题的排版布局方式主要有综合式、列举式及整合重构等。早期新闻门户网站对信息进行简单分类,将同类信息的新闻标题罗列到一起,便于受众浏览,已经具有新闻专题报道的雏形。这种相同主题汇集的方式为受众带来大量信息,但无法让受众进行更为深入的理解。后来,新闻专题报道向深度化发展,新闻媒体对同一主题下的多篇内容进行罗列串联,并运用超链接技术,丰富新闻报道的内容,补充背景资料。目前,新闻专题报道技术手段运用更为成熟,如用大数据技术生成直观清晰的图表,利用视频直播、VR还原新闻事实场景等,与原来单一的文字叙述和图片显示相比,编排方式更加合理有序。

(二)融合新闻专题报道写作的特点

与其说新闻专题是一种新闻报道方式,不如说是新闻报道的一种组织形式,新闻媒体围绕某一报道主题,组织人力、物力开展新闻采写,并进行合理编排。新闻专题是一种高度集纳式的新闻报道组织方式,以报道内容丰富翔实、表现类型多种多样等特点区别于其他新闻报道形式。

1.内容高度集纳性

融合新闻专题报道将同一新闻事件的各类报道进行综合,其中包括消息、评论,也包括深度报道,通过对诸多报道加以整合重构,从中找出新的视角切入,有时会出现意想不到的报道效果。融合新闻专题报道的内容集纳方式可通过超链接技术来实现。超链接技术将不同时间、不同媒体的同一新闻报道汇聚在一起,其中既有背景资料的解释说明,也有不同视角的解说,对受众全面理解新闻事件有着非常重要的作用。此外,内容集纳还可以是对同一事件连续式、动态式的报道,累积更多的信息,达到更好的传播效果。

2. 呈现方式动静结合

报纸以文字、图片呈现新闻,广播以音频传递消息,电视则兼具以上多种表现元素,达到声画结合传递新闻的目的。融合新闻专题报道的呈现方式更加丰富,以文字、声音、图片、视频、直播以及全息影像等形式来报道新闻。在2021年全国两会专题报道中,人民网以创新理念、技术和手段,推出以"新征程再出发"为主题的融合新闻专题报道,综合运用专区、专栏、直播、调查、留言、图解、海报、动画、微视频、HTML5页面等多种形式,全方位、立体化、多语种、交互式报道全国两会。[1]人民网兼顾国计民生议程,对会议中的重点和亮点进行深度剖析,将严肃内容以活泼的形式进行可视化呈现,成功打造通俗易懂、贴近人民的融合新闻报道专题,内容丰富详尽,报道形式动静结合,呈现方式多种多样,将媒体融合的特性体现得淋漓尽致。

3. 传受双方的互动性

融合新闻专题报道一般设置有受众调查、新闻论坛、匿名投票等互动方式,在受众与受众、受众与媒体之间搭建起一个交流互动的平台,通过收集受众的意见和反馈,增强受众与媒体之间的互动。比如人民网每年推出的全国两会调查,在走过20年之后,2021年两会期间网友关注度继续提升,共吸引520万人次参与,网民参与度再创新高。在"2021我给两会捎句话"活动中,网友既能把自己对家乡发展建设的意见、建议和期待,"托书记省长"带到会上,还能通过"向部长献一策"留言。融合新闻专题报道通过各种信息反馈渠道,让受众参与到新闻事件的讨论中,发表自己的看法,及时主动地参与传播。

知识回顾

融合新闻写作包含各种数字媒体平台上新闻作品的制作,具有差异化、超文本化与实时动态化的特征。大数据技术、超链接技术、机器写作技术等各种新技术在融合新闻写作中广泛运用,使得新闻报道的表现形式变得更加丰富多元。媒体融合发展给新闻写作提出新的要求,注重满足不同受众需求、创新内容表达方式,并强化与受众的互动交流等。在数字传播技术高度发展的传播环境下,消息、深度报道、新闻特稿、新闻专题等传统的新闻报道写作形式也都呈现出新的特点,对新闻从业者的写作能力也提出更高的要求。

---

[1] 牛慧清,谭思静.重大主题报道的新闻产品创新——以人民日报2021两会融媒体报道为例[J].新闻战线,2021(11):87-89.

思考与拓展

1. 简述融合新闻报道写作的主要特征。
2. 融合新闻报道写作的技术有哪些？
3. 融合新闻消息写作要求与特点有哪些？
4. 融合新闻深度报道写作要求与特点有哪些？
5. 融合新闻特稿写作要求与特点有哪些？
6. 融合新闻专题报道写作要求与特点有哪些？

第八章　融合新闻报道的编辑

知识目标

1. 了解融合新闻报道编辑的特点。
2. 理解融合新闻报道编辑的原则。
3. 了解融合新闻报道编辑的部门。

能力目标

1. 学会融合新闻报道的编辑技术。
2. 掌握融合新闻报道的编辑技巧

思维导图

```
融合新闻报道的编辑
├── 融合新闻报道编辑概述
│   ├── 融合新闻编辑的角色
│   ├── 融合新闻编辑的理念
│   └── 融合新闻编辑的原则
├── 融合新闻报道编辑的技能
│   ├── 图形与图片编辑技能
│   ├── 动画编辑技能
│   ├── 音视频编辑技能
│   └── 大数据编辑技能
├── 融合新闻报道编辑的素材处理
│   ├── 融合新闻素材的特点
│   ├── 融合新闻编辑的素材处理方法
│   └── 融合新闻编辑的素材处理技巧
└── 融合新闻报道编辑的部门
    ├── 融合新闻编辑部门的构成
    ├── 融合新闻编辑部门的运行
    └── 融合新闻编辑部门的管理
```

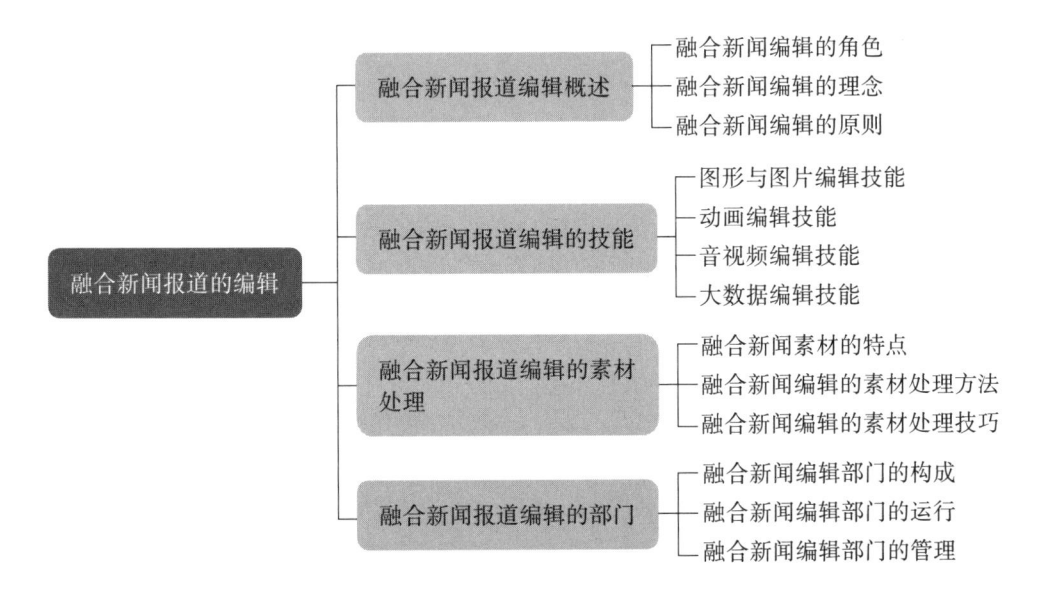

融合新闻报道

@ 案例导入

央视体育客户端为扎实推进中央广播电视总台"以创新为驱动,以技术为引领,深化'思想+艺术+技术'融合传播,全方位、全景式呈现冬奥会精彩赛事"的科技奥运战略部署,确定以"科技冬奥/8K看奥运"的技术战略为指引,从观赛体验、新媒体产品展示、观众互动、个性化设置等多方面进行全新改版升级,提升用户使用体验。在直播赛事页面,央视体育客户端对中国队参赛项目及金牌赛事进行特殊标注,方便用户快速查找,并实现三分屏、多画面、悬浮窗观看等全新功能,用户可以方便快捷地同时关注多个赛场的比赛动态。央视体育客户端冬奥会节目《北京日记》首次引入VR虚拟演播室,营造出演播室坐落在奥林匹克核心区的观感。[1]

央视体育客户端在北京冬奥会上的报道技术升级彰显了媒体融合时代"科技"的重要性,融合新闻编辑除了具备传统媒体所必需的新闻专业技能,成为采稿、编稿能手,还需要掌握最先进的数字技术,具备数据可视化信息图表和应用程序编辑的能力。一个优秀的融合新闻编辑,不仅只体现在收集整理新闻素材上,更体现在新技术的运用以及如何将最新科技应用于融合新闻报道之中。

第一节 融合新闻报道编辑概述

数字传播技术改变了传统新闻的产生方式和传播方式,新闻编辑的主动地位更加突出,也意味着融合新闻编辑的工作内容与方式也随之转变。融合新闻编辑需要紧跟时代步伐,掌握数字传播技术,从采集环节开始严格把关,不仅要提升融合新闻报道的内在价值,同时也需要充分利用新的工具与手段,提高新闻传播的效率。

---

[1] 中国日报网.央视体育客户端的革新与坚守——"科技奥运"指引下的北京冬奥会报道技术升级[EB/OL].http://cn.chinadaily.com.cn/a/202202/28/WS621c3fdca3107be497a0824b.html.

一、融合新闻编辑的角色

数字新兴媒体的飞速发展对传统媒体产生了巨大的冲击,新闻编辑面临全新的媒体生态系统,融合新闻报道开始取代传统新闻报道,成为时代主流。因此,新闻编辑需要不断提升自身的专业素养,转变编辑思路,满足融合新闻报道对编辑的新要求。

传统的新闻编辑在报纸或电视单一媒体进行工作,其主要职能是对当天所要报道的新闻进行把关。在媒介融合发展趋势下,原本充当"把关人"角色的编辑,开始成为融合新闻报道的主角,因此编辑须具备专业的知识,掌握全面的技能。融合新闻编辑通过报纸、广播、电视、移动客户端等多平台,将新闻内容转变成为多形态的融合新闻报道。融合新闻报道赋予编辑更多的权限和职能,形成以编辑为核心的管理体系,使新闻报道具备高效性、灵活性和及时性。

融合新闻编辑要从融合新闻报道过程之初着手,对各种新闻素材进行资源整合,针对不同传播平台之间的差异,对新闻生产链及传播链进行重塑,因此,融合新闻编辑不仅要熟悉新闻采编业务,还要具有一定的管理协调能力与策划公关能力,做好媒体融合时代的新闻策划人、主持人和把关人。

数字传播技术带来不同样态的媒体形式,传统新闻编辑的角色定位被媒介融合的发展趋势改变,数字媒体平台应该建立网状的、立体化的分工与合作模式,需要能够熟练使用新兴传播技术的融合新闻编辑。美国《华盛顿邮报》成立至今已有140多年的历史,在媒体融合的影响下,为了更好地顺应时代潮流,《华盛顿邮报》成立统一的编辑部门,注重培养编辑记者的多领域复合型能力,把报纸与网络编辑部进行资源整合,将原有的新闻采编部门进行重组,根据具体的新闻报道领域对编辑记者进行划分,同时为报纸、手机及网络等多媒体终端提供内容。《华盛顿邮报》的革新手段将原先烦琐的新闻编辑工作流程简化,极大地提升处理新闻素材的能力与速度。

虽然对融合新闻编辑要求面面俱到,但依据其职能类型仍可以划分为两类,即内容生产型编辑与协调管理型编辑。内容生产型编辑主要负责新闻内容生产,并与管理型编辑合作,共同实现融合新闻报道的内容策划、制作和发布。管理型编辑主要负责新闻采编的流程以及资源管理,根据各种媒体平台的不同特点,进行融合新闻报道的策划及资源分配。

熟练运用数字传播技术进行新闻报道是融合新闻编辑的基本能力,同时其须对受众需求具备敏锐的观察力和判断力。融合新闻编辑集新闻信息的采集、整理、生产于一体,并针对不同的传播渠道和传播平台发布。除此之外,融合新闻编辑还要负责与记者进行沟通,对融合新闻报道的选题、报道视角及播出平台进行统一安排。

二、融合新闻编辑的理念

数字传播技术的发展为新闻报道带来了巨大的冲击,融合新闻编辑的理念必须进行创造性地转换。融合新闻编辑充分利用各种编辑技术带来的便利性,提高新闻质量。

(一)创新编辑技能

随着数字传播技术的发展,各类数字媒体平台不断涌现,由此也形成受众"碎片化"的阅读趋势。新闻报道只有充分把握受众的阅读需求,才能提高受众的关注度和满意度。融合新闻编辑应该掌握并熟练运用各种新兴技术手段,合理有效地利用各种数字化编辑技能,真正做出具有实际意义、富有价值内涵的融合新闻报道。比如中国人民大学校园自媒体"RUC新闻坊"的《1183位求助者的数据画像:不是弱者,而是你我》报道,以四百多万条微博数据为基础,结合1413条新冠疫情患者报道为求助者进行了画像,借以提醒公众关注数字背后鲜活的生命。

(二)坚持优选优化

融合新闻编辑在工作过程中需要坚持优选优化的理念。优选优化其实就是对新闻信息筛选加工的过程,不仅需要体现融合新闻的科学性,还需要反映融合新闻所表达的内在价值观念与时代主流思想。融合新闻编辑要以受众的需求为指引,但是不能将受众的需求导向等同于迎合受众。融合新闻编辑承担着新闻报道内容把关人的重要角色,通过对数据、视频、图片等内容进行鉴别和整合,把科学性、人文性和趣味性的价值理念融入新闻内容。因此,融合新闻编辑必须要有敏锐的眼光,以受众的需求为导向,坚持优选优化,从海量信息中寻找有价值的新闻。

(三)整合立体化编辑

在媒介融合的发展过程中,信息的传播渠道变得多样化,不仅传播途径变得宽泛,而且传播方式更加灵活多样,为融合新闻报道提供多样化的平台与传播途径。融合新闻编辑需要创新原有的编辑理念,树立立体化编辑理念,将数字传播技术融会贯通,使用多样化的呈现方式,给受众带来前所未有的视听效果。立体化编辑理念可以提升融合新闻编辑的业务能力,提高新闻内容质量,扩大新闻报道的覆盖面和影响力,改善受众之间的交互行为以及受者向传者的反馈渠道。

三、融合新闻编辑的原则

媒体融合时代,新闻报道所面对的传播环境日益复杂,对新闻编辑的综合素质要求越来越高。新兴媒体发展迅速,但是也存在一些监管问题,导致虚假新闻泛滥。因此,融合新闻编辑必须坚持一定的原则,保证新闻报道的质量。

(一)真实性原则

无论新闻报道的技术和手段如何改变,真实性永远是新闻的生命。融合新闻编辑必须坚持发扬实事求是的作风,深入群众、深入实际、深入基层,加强调查研究。融合新闻编辑必须坚持用事实说话,客观真实地把新闻事实提供给受众。信息的作用是消除不确定性,我们周围存在太多的不确定性,所以受众才有信息的需求。受众在日常生活中是依靠信息做出决策和采取行动,进而认识世界和改造世界的。如果新闻媒体的编辑确保所提供的信息是正确、真实的,就会帮助受众进行日常行为决策。

新闻报道反映的是现实生活中的真实事件,新闻编辑是新闻事实的记录者。因此,新闻编辑应该时刻记住自己记录者的身份,为受众提供真实准确的新闻信息。美国报业编辑协会把真实作为编辑必须遵守的法则写进"新闻工作准则",把真实看作是"忠诚于读者",是"一切新闻工作"的基础。

融合新闻编辑面对的传播环境更为复杂,海量信息真假难辨,尤其是随着大数据的崛起,传统的数据处理技术已经过时,新闻编辑要不断学习新的知识,掌握新的技能,为受众提供高质量的新闻报道。融合新闻编辑应该对新闻传播过程进行严格的把关,使用可靠的信息来源和新闻素材,认真把握每一个事实细节,力求保证新闻报道的客观真实,提高新闻报道的价值和质量。

(二)创新性原则

我们处在科技飞速发展的时代,新技术、新发明层出不穷。在技术变革的推动下,新闻传播业正在发生巨大的变革,新闻报道生产和传播方式都出现了创造性的变化。新闻编辑必须要坚持创新的原则,才能适应传播环境的变化。融合新闻编辑的创新性原则主要体现在编辑技术的创新、模式的创新、表达的创新等方面。

融合新闻编辑技术的创新是指新的技术在新闻报道编辑中的运用,如图片处理技术、视频编辑技术、数据新闻技术、HTML5页面编辑技术等。人民日报社利用AI对视频素材进行智能化处理自动生成视频产品,再通过AI精准识别视频、图片中出现的人物自动生成精华片段,运用大量辅助工具对视频产品进行自动排版美化,大幅提升视频新闻编辑效率。融合新闻编辑模式中新闻从业者没有明确的分工,受众也可以参与到新闻信息的生产和加工之中,新闻编辑非常注重与受众的互动与交流。融合新闻编辑表达的创新具体体现在语言风格上。传统新闻报道要求语言准确、规范,特别是会议新闻和政治新闻用语比较严肃。然而伴随着互联网成长起来的一代受众,习惯网络语言的生动、活泼。因此,一些网络流行语开始出现在新闻报道中,比如"任性""萌萌哒"等,融合新闻的表达方式随着时代的步伐而不断变化。

(三)政治性原则

新闻报道要讲政治,新闻编辑必须要坚持政治性原则。新闻舆论工作是党的一项重要工作,是治国理政、定国安邦的大事。新闻编辑人员把编辑工作做好,最为重要的一点就是自觉地遵守党的宗旨,毫不含糊地、忠实地、实事求是地坚持政治性原则。新闻编辑在实际组稿、编辑稿件和刊发稿件时要严格把好政治关,旗帜鲜明地在政治上与党和国家政策保持一致,这是新闻编辑不可动摇的政治素质。

坚持政治性原则要求编辑在实际编辑工作中必须坚持正确的舆论导向。新闻报道具有重要的导向作用,提高舆论引导力,传递正能量,必须坚持政治性原则。新闻编辑必须做到:一是不可为了吸引眼球而违反相关法律法规,避免出现片面评论误导广大人民群众;二是不可为了独家新闻而泄露国家机密,做出危害国家安全、煽动群众的事。

媒体融合发展时代,新闻报道面临复杂的传播环境,新闻编辑需要不断增强政治意识、责任意识。融合新闻编辑要在工作中坚持政治性原则,切忌掉到业务堆里而迷失自己的政治方向,给党和国家造成不应有的影响和损失。除此之外,融合新闻编辑还需注意新闻报道的价值引领,传播高质量内容,严禁散播虚假低俗信息;只有坚持政治性原则,才能促进新闻事业健康蓬勃发展。

(四)公正公平性原则

新闻媒体是社会公器,新闻从业者是社会的瞭望者。新闻报道必须抱着对社会认真负责的态度,用事实说话,公平公正地报道新闻事件。新闻编辑一定要做到客观公正地传播信息,全面准确地提供新闻事实,并且为新闻事件冲突的双方提供平等的发表意见的机会,特别是对于弱势群体要给予充分的关注,避免造成强势者的话语霸权。

媒体融合时代,受众对于媒体的利用率空前提高,数字媒体平台为受众发表意见与主张提供了坚实的基础。融合新闻编辑要敢于面对各种困难,遇到矛盾、冲突、不同观点,一定要进行深入的调查研究,认真核实,仔细听取双方的意见,做到公开、公平、公正,确保新闻报道经得起事实和时间的检验。

(五)道德性原则

道德是一种社会意识形态,是调整人与人之间以及人与社会之间关系的行为规范的总和。道德不具有强制性,但是对全社会成员都具有一定的约束力。是非曲直、善恶美丑、诚实虚伪、公正偏私等词汇都是用来形容道德的。各行各业都有一套职业道德标准来规范从业人员行为。新闻媒体行业在长期新闻报道实践中也形成了具有一定约束力的职业行为准则和道德规范。

数字技术为新闻报道编辑提供了诸多便利,但是也造成把关不易的困扰。在数字媒体平台上,网络暴力、信息泄露、数据安全等问题日益严重,一些自媒体认为只要新闻话题能够带来巨大的点击量,完全不在乎新闻事件的真实性。融合新闻编辑在利用新的编辑技术与手段进行新闻信息处理时,一定不要忽视新技术所引发的道德问题,在日常的编辑工作中守住自己作为新闻从业者的道德底线,恪守新闻职业伦理,以还原事件真相为己任,遵循新闻报道的道德性原则。

第二节 融合新闻报道编辑的技能

融合新闻编辑除了具备新闻专业知识,还需要掌握一定的数字传播技术,能够进行各种页面编辑和数据可视化图表编辑,熟练地编排文本、照片、图表、动画、音频、视频等新闻素材。融合新闻编辑技能主要包括图形与图片编辑技能、动画编辑技能、音视频编辑技能与大数据编辑技能。

一、图形与图片编辑技能

新闻报道中运用图片的形式呈现与展示新闻内容,可以让受众对新闻事件有更直观的、形象的认识,起到增加美感和可信度的作用,有句流行语叫"有图有真相"。融合新闻编辑可以将一幅图片剪辑出不同的场景,也可以将不同景别的图片组合成一组新闻来报道,这样既可以活跃视觉效果,又能给受众带来更多的信息,提供更为丰富的、有趣的新闻内容。

新闻图片处理是一种对视觉效果要求非常严格的工作,一张完美的新闻图片一般都要通过反复修改,才能得到满意的效果。Photoshop具有非常完善的图片修饰和加工功能,可以快速有效地处理一些拍摄效果不够理想的照片,修复一些破旧的新闻图片,也可以去除新闻照片中人脸上的斑点、痘印,对照片加以美化,达到比原照片更好的效果。

融合新闻编辑中Photoshop的使用非常广泛,涉及图形设计、文字处理和出版印刷等方面,大大改善了新闻图片的效果,丰富了新闻报道的表现形式,使得新闻报道作品更具艺术性和观赏性,增强了新闻报道对受众的吸引力。Photoshop强大的处理及修饰功能可以对新闻图片进行二次加工,尤其适于处理一些时间久远的旧照片和有污迹、破损的残存照片,让新闻报道看起来更加有趣、更具有吸引力。

二、动画编辑技能

动画具有形象直观、灵活多变等特点,最能体现数字媒体的特性,成为融合新闻报道呈现的主流形式。动画新闻是媒体融合时代数字技术与艺术设计相结合的产物,动画新闻编辑常用的软件与技术主要有 Flash、3D Studio Max、Adobe After Effects 等。

Flash 软件作为一款动画新闻编辑工具,在融合新闻报道中应用非常广泛。Flash 制作的动态图片新闻具有更强的趣味性和视觉冲击力,也更易于传输。Flash 可将各种媒体信息组合在一起,构成连续影像,组成可以连续播放的信息单元,因此,比单纯的视频影片的表现方式更为丰富与灵活,具有更好的交互性。Flash 动画编辑的页面设计主要可以分为三种形式:全部动画设计、动画的静态形式、静态页面中插入部分动态设计。在动画新闻页面设计中,编辑既需要从全局上把握动态画面与静态形式的关系,以取得整体效果,还要将静态特征和动态设计进行完美的融合,呈现出较高水准的制作效果。

Flash 动画新闻不仅能够有效地传递新闻信息,还能给受众带来愉悦的审美体验,增强新闻报道作品的视觉传播效果,使新闻报道的界面更具艺术特征。有的新闻网站在动画特效设计过程中,页面编辑依据 Flash 动画设计软件的特点,针对不同的报道主题选择相应的页面风格,将不同的新闻报道整合到统一的页面上,使新闻报道更具艺术的美感,丰富受众的浏览体验,给受众留下深刻的印象。

Adobe After Effects 是另外一款广受欢迎的动画编辑软件,具有高像素支持、多层剪辑、关键帧编辑、高准确性和高效渲染效果的特点,在融合新闻报道中得到广泛使用。融合新闻编辑利用 Adobe After Effects 可以高效且精确地创建无数种引人注目的动态图形和震撼人心的视觉效果,制作出高质量、具有电影效果的动画新闻,为融合新闻报道增添令人耳目一新的效果。

三、音视频编辑技能

融合新闻报道的表现形式丰富多彩,其中视频新闻是最为重要的新闻报道形式之一。融合新闻报道中文字使用越来越少,而视频信息因可以用易于理解的方式展示,成为融合新闻报道的主角。融合新闻编辑需要掌握的音视频编辑软件有会声会影、Adobe

Audition、MediaStudio Pro等。

  融合新闻编辑运用会声会影不但可以捕获、截取视频片段,还可以根据新闻报道的需要进行编辑加工,更为难得的是其还具有分享的功能,可以方便快捷地将视频分享到社交媒体上,非常适合融合新闻报道。会声会影拥有上百种视频转场特效、视频滤镜、覆叠效果和标题样式,新闻编辑可以依据新闻报道内容和主题的需要进行修饰,使新闻报道表现更加丰富。会声会影为融合新闻编辑提供了重要的帮助,满足媒体融合时代不同媒体平台的发布需求。

  Adobe Audition专为在照相室、广播设备和后期制作设备方面工作的音频和视频专业人员设计,可提供先进的音频混合、编辑、控制和效果处理功能。作为一款专门的音频剪辑软件,它最多可以混合128个声道,可编辑单个音频文件,是一个完善的多声道录音室,可提供灵活的工作流程,并且使用简便。Adobe Audition为融合新闻编辑提供专业化的音频编辑环境,具有灵活的工作流程,使用非常简单,可以轻松制作出音质饱满、细致入微的高品质音效。

四、大数据编辑技能

  大数据时代,融合新闻编辑需要具有三项基本能力,即数据搜集能力、数据整理能力和数据呈现能力。数据搜集能力是融合新闻编辑在搜集新闻素材时必须掌握的能力。融合新闻编辑需要保持敏锐的观察力与敏感性,学会从海量的数据中找到融合新闻报道所需要的信息。大数据已经成为这个时代最为重要的资源,各类数字媒体平台上包含大量的数据,融合新闻编辑须充分利用这些数据资源,并从中获取有价值的新闻信息,形成融合新闻报道。

  融合新闻编辑在海量数据中收集到合适的数据后,还需要对数据进行处理,真实有效的数据是融合新闻报道客观性与严谨性的基础。如何在编辑数据时不出现纰漏,如何正确使用有效的工具进行整理,如何确保数据的真实有效,都是融合新闻编辑需要锻炼与加强的能力。融合新闻编辑只有不断提升自己的数据处理能力,才能有效地选出具有新闻价值的新闻素材,进而为受众带来高质量的融合新闻报道。因此,融合新闻编辑必须要提高自己的数据处理能力,创新数据编辑能力。

  大数据可视化技术为融合新闻报道的可视化呈现带来诸多选择,融合新闻编辑可以直接利用模板,输入数据后就能够自动生成可视化图表,这不仅让受众更加直观地理解,还可以增强新闻报道的可读性。[①]

第三节 融合新闻报道编辑的素材处理

新闻素材是新闻报道的基础,媒体融合时代新闻素材呈现出新的特点,类型多样、信息量大的新闻素材给融合新闻报道提出了新的挑战。各种数字传播技术在新闻素材处理中加以应用,有助于提升新闻报道的质量。

一、融合新闻素材的特点

移动互联网、大数据以及人工智能技术的深入发展给融合新闻报道带来新的变化。结合数字传播时代新闻报道的变化,新闻素材出现以下几方面的新特点。

(一)素材种类多,信息量大

各类数字媒体平台向受众传播大量的信息,毫无疑问我们已进入信息爆炸的时代。海量信息为新闻报道提供了大量素材,新闻编辑想要什么新闻素材,只需通过百度等搜索引擎输入相关的关键词,即可轻松获取。智能手机等移动终端更是带来信息获取的便利性,人们只依靠一部小小的手机就可以获取到各式各样的信息,信息量大已经成为融合新闻报道的典型特征。

融合新闻报道素材不仅量大,而且类型也多种多样。传统媒体时代的新闻素材主要以文字、图片为主,而在数字传播环境下,新闻素材的种类越来越丰富,比如动画、视频、数据等。大数据技术的出现,为新闻素材的利用提供有力的工具,运用大数据挖掘分析技术既可以对现有素材进行整理,也可以进行深度挖掘,从中找到对新闻报道有价值的信息。

[①]侯夷.编辑理念与编辑能力创新刍议——基于数据新闻学视角[J].采写编,2018(01):45-46.

(二)受众积极参与,互动性强

媒体融合时代信息交互传播,广泛的互动性是数字传播时代最为显著的特征。随着数字新兴媒体的出现,传者与受者的关系渐趋平等。数字媒体平台最大的特点在于其强大的互动性,受众不仅是新闻报道的接受者,也是新闻报道的评论者、发布者和直接参与者。融合新闻报道增加受众的参与体验,走进受众的日常生活,扩大新闻报道的影响。

受众将自己原创的内容通过数字媒体平台进行展示,为新闻报道提供了大量的素材。数字媒体平台的开放性和互动性在不断延伸,每个人都可以将自己获得的信息上传到网络媒体上,使网络信息越来越丰富。在融合新闻报道的素材中,受众贡献的比例越来越高。因此,融合新闻报道必须开放互动渠道,倾听受众的意见,否则将难以获得持续发展。

(三)渠道多样,获取便捷

媒体融合时代,新闻素材收集渠道多样,获取快速及便捷化是另一个重要特点。传统新闻编辑获取素材的渠道较为单一,主要依靠新闻从业者的采访调查和文献资料的记载,并且素材的收集也不太方便,亲自采访和实地考察耗时费力,在汗牛充栋的文献资料中,使用传统的文献查找方式获取所需的信息也不是一件容易的事情。

数字传播技术的发展使得信息发布与传播速度不断提升,受众可以随时在数字媒体平台上传信息,同时也可以获取自己感兴趣的信息。新闻素材的收集渠道更加多样化,既可通过新闻编辑的调查采访等传统方式获取,也可以使用搜索引擎快速检索。移动互联网快速发展,智能手机等移动终端的不断出现,为融合新闻编辑提供获取素材更加便捷的条件。

二、融合新闻编辑的素材处理方法

在大数据技术与数字传播技术飞速发展的交互影响下,融合新闻编辑能够以各种手段、各种形式对新闻素材进行全方位的展示。为了更好地促进融合新闻报道的发展,融合新闻编辑必须提升新闻素材的处理能力,掌握新闻素材的处理方法。

(一)根据新闻内容处理新闻素材

媒体融合发展为新闻编辑提供了大量的信息和素材,但是这些信息和素材并不都是具有新闻价值的,新闻编辑应具有一定的鉴别、分析、判断能力,对复杂且数量庞大的信息进行筛选,为广大受众提供有价值的新闻信息。新闻编辑进行素材处理时必须擦亮眼睛,辨别真伪,时刻保持高度的新闻责任感,根据新闻报道的内容选择合适的新闻素材,为受众提供全面、真实的新闻报道。

互联网已经深度融入人们的社会生活和生产劳动,每天出现的各色人等,上演的各种故事,都可以成为新闻报道素材。融合新闻编辑面对这些新闻素材,要具备透过表面现象看清内在本质的能力,不要被假象所迷惑,以免新闻素材使用不当,造成新闻报道失实。在融合新闻报道中,被新闻事件表面的假象所迷惑的事情时有发生,如果新闻编辑不去认真核实新闻素材的真实性,就会生产出以讹传讹的虚假新闻。

(二)与受众互动中处理新闻素材

数字媒体平台具有多种互动形式,受众可以通过微信、微博以及直播弹幕等方式参与新闻报道。融合新闻报道把来自不同地域、不同种族、不同身份、不同职业的受众"聚集"到一起,发表对新闻事件的看法和意见。

融合新闻编辑通过与受众的交流与互动,可以广泛地搜集受众的意见,获知受众的需求,从而调整新闻报道方向或者内容。各种数字媒体平台成为受众发布各种消息,并进行交流与互动的载体。融合新闻编辑应及时关注新闻事件的最新动态,并第一时间做出反应,在与受众交流与互动中对新闻素材进行处理。

(三)利用先进技术处理新闻素材

不断发展的数字传播技术为新闻编辑进行素材处理提供了新的技术手段。在传统的新闻报道中,新闻编辑主要对文字进行编排,而不涉猎美术设计、编程等专业领域。但是在媒体融合传播环境下,融合新闻编辑只是掌握一些文字、图片编辑手段是远远不够的,还需要学会数据新闻处理、视频剪辑、动画编辑、页面编排、程序设计等多项编辑技能。

媒体融合发展的时代要求编辑能够利用各种先进手段处理新闻素材。融合新闻编辑应该具备整合能力,根据不同报道内容,邀请相关的文字、图片、视频、技术人员参与合作，共同完成新闻素材的处理。

三、融合新闻编辑的素材处理技巧

在融合新闻报道中，优质的传播内容诚然很重要，但是要想抓住受众的眼球，传播形式也是非常关键的因素。融合新闻编辑须掌握一定的素材处理技巧，才能生产出受众青睐的新闻报道。

1. 注重第一印象

首因效应指交往双方形成的第一次印象对今后交往关系的影响，是心理学上的一个概念，强调"先入为主"的重要性。虽然第一印象并非总是正确的，但却是最鲜明、最牢固的。新闻编辑中也存在首因效应，无论是新闻标题还是新闻页面编排，都要给受众留下深刻的第一印象。能够在浩如烟海的新闻信息中脱颖而出，引起受众关注是相当不容易的。融合新闻报道如果想要给受众留下良好的第一印象，应该在标题上下功夫。新闻标题是否吸引人，是否具有故事性，是否有悬念，是否应该浓墨重彩，这些都是新闻编辑处理新闻素材时需要考虑的问题。

融合新闻编辑需要加强用户界面的编排设计，就像报纸的头版一样，新闻网站、新闻客户端的主页编排一定要给受众很强的视觉冲击力，使其过目难忘。不仅内容编排上要做到醒目，一目了然，而且还要做到操作方便，令受众有更好的体验，这样才能在大量同质化的新闻页面中脱颖而出，赢得受众的青睐。数字传播时代受众每天要接触大量的信息，如果新闻报道没有第一时间被人注意到，恐怕以后也不会受到关注。因此，融合新闻编辑要把握好首因效应，给受众营造良好的第一印象。

2. 不断推陈出新

传统新闻媒体的改版是多年不遇的大事，且需要提出多种方案，反复权衡比较，花费较长时间才能最后确定。比如《人民日报》自1948年创刊以来只经历过十几次改版。但在数字传播时代，新技术、新手段、新功能不断涌现，如果一种界面设计保持一两年不变，就会显得陈旧过时，所以融合新闻报道必须要有推陈出新的观念，才能给受众提供生动鲜活的内容，获得受众持续关注，增强受众黏性。

融合新闻编辑技术不断出现，比如Flash动画编辑、短视频编辑、数据可视化编辑等。融合新闻编辑要学会运用多种编辑手段，尤其是数字化编辑手段，不断推陈出新，对新闻素材进行加工处理,把新闻事件通过图表、视频、动画等多种可视化的方式呈现出来,牢牢抓住受众的眼球。

3. 形式美观大方

为了吸引受众的注意力,融合新闻要做到设计优美。比如新闻网站主页的设计应以精简美观为导向,切勿堆砌太多不必要的细节,使画面过于烦琐和复杂。虽然互联网提供海量的信息存储空间,但长篇大论的文字阅读起来令人费神、费眼、费力,编辑可以把它们分开放在各个网页中,在每页建立指向其他各页的链接,这样查找起来较方便。空间与位置在融合新闻编辑中也具有一定作用。根据视觉原理,人们的注意力一般是先上后下,先左后右,所以,重要的新闻要放置在新闻页面左上方,因为它们最先跃入受众眼帘。

数字媒体的版式设计与印刷媒体的版式设计有着显著的不同,传统的编辑手段包括字符的大小、字体、色彩、线条在融合新闻报道中基本失效。为方便受众更好地阅读,以及避免受众产生视觉上的过度疲劳,融合新闻编辑在字符、线条、色彩的编排和运用上都应该尽量简单统一。融合新闻报道的页面编辑是一种无声的语言,应讲究整体编排与布局,形式新颖,美观大方。

4. 风格统一协调

融合新闻在整体风格设计上应该始终保持一致,保持统一的编排风格,这样会给受众一种严谨、清晰、有条理和专业化的感觉。融合新闻编辑常犯的毛病是喜欢在同一界面设计风格中尝试不同的配色方案,这样做往往把网页变得五颜六色、五花八门,不能形成页面整体设计的风格,过多的变化也常常让受众晕头转向。

融合新闻界面的版式设计应在布局上做到整体统一,层次分明,井然有序。如果内容较多,可以在主页界面顶部放置条理清晰、语言简练的提纲,再把提纲和相关内容用书签链接,受众可以非常方便地随意跳转。在页面的分割上不要太零碎,一般不要超过四个板块,并且做到主次分明,要确保至少有一个主板块,有60%以上的浏览窗口面积,栏目层次不要超过三层,尽量让导航条和回到主页的标志始终清晰可见,导航条上的栏目名称也要简明扼要,一目了然。

5. 引导受众浏览

注意是人的心理或意识活动对特定对象的指向和集中。所谓指向就是心理活动有选择地指向某一特定对象,而同时离开其他对象;所谓集中就是心理活动离开其他与被注意事物无关的一切东西,集中精力使心理活动深入下去。新闻报道是一种吸引受众关注的活动,获取注意力是新闻报道成功的第一步。因此,新闻编辑要掌握注意原理,引导受众阅读行为。对于一些希望能够引起受众关注的重要信息,传统新闻编辑运用字体、字号、设置专栏、加框线等编辑手段吸引受众注意力。对于融合新闻编辑而言,引导受众阅读的手段更加丰富。

融合新闻编辑可充分利用数字化编辑技术、可视化呈现手段对新闻报道进行合理编排。数字媒体平台在主界面上呈现的大多是主要新闻的内容提要,详细内容则需要通过超链接阅读。当有重大新闻发生时,网站可用字条滚动、闪烁或"new"来标记新闻的重要性,吸引受众的注意力,引导阅读。在建立超文本链接时,运用声音、图像、动画等多种编排方法对要重点推出的内容进行特殊处理,做得醒目而有吸引力。

融合新闻报道要想成功抓住受众的眼球,除了提供优质的内容以外,还必须对新闻进行高质量、实用且符合美学原则的编辑处理,以丰富的信息、精良的编排、常新的面孔、方便的检索、互动的服务、全新的视野等特点体现数字媒体平台的优势,向受众提供高品位、有价值的新闻信息。

第四节 融合新闻报道编辑的部门

媒体融合时代新闻报道的模式发生了巨大变化,其表现为从粗放单一型的新闻生产到精细集约化型的融合新闻生产,从封闭独立的新闻生产到开放协作的新闻生产,从职业新闻从业者的新闻生产到全民参与的新闻生产。在新闻报道生产模式变革的影响下,融合新闻报道的组织结构也相应地发生重大变化。

一、融合新闻编辑部门的构成

媒体新闻编辑部门负责新闻报道的策划、协同和编辑审核等工作。数字传播技术改变传统新闻信息的生产流程,因此传统新闻编辑部门迫切需要转型,新闻编辑部门开始构建多部门联动的融合新闻编辑部门。媒体融合发展局面加速新闻编辑部门组织结构的变化，新闻从业者不再是孤立的个体，融合新闻编辑部门也不再作为一个独立的部门运转，开始与相关业务部门进行合作。

融合新闻编辑部门一般包含新闻组、设计组、技术组、产品组、责编组和统筹组。但由于各个媒体的具体情况不同，具体的部门构成也不尽相同，如 CCTV NEWS 融合新闻编辑部门依据受众与角色定位，增添社交组、App 组和外国专家组。

新闻组负责各类媒体平台上的信息发布，依托信息获取便利的资源优势和条件，侧重发布各种类型的突发新闻。新闻组可以细分为图文编辑组与音视频编辑组。图文编辑主要对新闻文字与图片进行加工处理，这是融合新闻报道的基础工作。音视频编辑组负责音视频内容拍摄和后期的加工处理，并发布在数字媒体平台上。

设计组中的一部分人员需要配合其他岗位的编辑完成新闻配图的制作，另一部分人员则更多地从事运营推广业务，负责对外展示的包装设计和形象设计等。

产品组则负责开发、运营和维护移动客户端、部分软件等。

责编组需要对当天所有媒体平台所发布的内容，如短视频新闻、图片新闻和文字稿件的内容进行严格审核，以确保所发布的新闻报道不会出现错误。

统筹组的任务比较宽泛，他们需要负责上述工作之外的所有综合性事务，例如数据整合分析、用户形象分析、品牌运营推广、媒体平台合作以及行政工作等。

融合新闻编辑部门既是采编一体化平台，也是多元化发布平台，真正意义上实现新闻的采集、生产、加工运作与发布。在媒体融合时代的新闻报道实践中，融合新闻编辑部门占据核心地位，是融合新闻报道持续发展的关键要素。

二、融合新闻编辑部门的运行

融合新闻报道的编辑部门各构成部分之间分工合作，共同开展融合新闻报道。如何协调各部分之间的关系，建立协同运行机制，对于提高融合新闻报道的生产效率具有重要的意义。我们主要从大型主流媒体的"中央厨房"运行模式和县级融媒体中心的运行模式两个方面进行分析。

(一)"中央厨房"的运行模式

"中央厨房"的概念来源于餐饮行业,是指统一采购、统一配送和标准化生产制作的集成式厨房模式,其优点是以集中采购、集约生产的方式降低成本提升效益。在融合新闻报道中,"中央厨房"是一种新型的集策划、采访、制作、播发等多种功能于一身的多媒体综合平台。下面以广为人知的人民日报"中央厨房"为例进行介绍。

人民日报"中央厨房"配有总编调度中心和采编联动平台。总编调度中心在统筹报道策划、整合新闻资源、调度采访力量、协调技术支持方面发挥核心作用。采编联动平台根据报道指令和总编调度中心布置的任务,实行采访、编辑、技术部门联席办公,随时会商,全天候值守、全领域覆盖、全链条打通、全流程协作。采编联动平台分设全媒体编辑中心、采访中心、技术中心。"中央厨房"实现重大报道"一体策划、一次采集、多种生成、多元传播、全天滚动、全球覆盖",实现新兴媒体与传统媒体、网上与网下、母媒与子媒、国内媒体与国外媒体的四个"联动"。

人民日报"中央厨房"由六个功能模块组成:内部用户管理系统、互联网用户管理系统、传播效果评估系统、可视化产品制作系统、新媒体内容发布管理系统、报纸版面智能化设计系统。各系统根据需要随时召开协调会、碰头会等,沟通情况、会商选题、交流观点、讨论问题,协调解决采编流程和前后方协作中遇到的问题。"中央厨房"为融合新闻报道业务运行提供有力的技术支撑,实现信息资源共享。[1]

(二)县级融媒体中心的运行模式

县级融媒体中心是整合县级广播电视、报刊、新媒体等资源,开展媒体服务、党建服务、政务服务、公共服务、增值服务等业务的融媒体平台。县级融媒体中心建设是打通媒体融合的"最后一公里",是提升基层媒体传播力、引导力、影响力、公信力的必然要求。县级融媒体中心的运行模式是以新闻媒体为依托,开展"新闻媒体+"运行模式,打造集多元化服务于一体的综合性服务平台。

"新闻媒体+"运行模式是将融媒体中心打造成"新闻媒体+政务""新闻媒体+服务""新闻媒体+文创""新闻媒体+舆情""新闻媒体+乡村振兴"等信息服务综合体。融媒体

---

[1] 张旸.人民日报"中央厨房"构建行业新生态[J].青年记者,2017(07):19-21.

中心以技术平台为基础,以内容整合为核心,以重点项目为抓手,充分利用融媒体中心"多兵种"作战的优势,建立由指挥中心统一调度、采集中心统一采集、编制中心统一编辑、播发中心多元播发的融合新闻报道管理系统,改进传播方式,拓展传播空间,推进媒体融合纵深发展。

融媒体中心建设工作以"多渠道采集、多元化生产、多终端发布"为融合发展思路,以巩固扩大基层宣传文化阵地为定位,以优化媒体结构为目的,以建设县域主流舆论阵地、综合服务平台和社区信息枢纽为目标,按照"一次采集、多种生成、全媒传播"的要求,将现有媒体资源进行全面融合,有效提高媒体资源利用能力,提升新闻舆论引导能力,扩大新闻媒体的社会服务能力。

三、融媒体新闻编辑部门的管理

传统新闻编辑部门的管理是单一线性管理模式,对新闻选题、信息采集、编辑加工、排版校对和媒体发布进行流程管控。融合新闻编辑部门不仅仅是简单的各媒体采编机构的融合,而是各媒体生产要素、媒体资源的融合共通与平等共享,是媒体深度融合的内在需求。融合新闻编辑部门的管理是以"一次采集、多次加工、逐级生成、多元发布、融合传播"为目标,是对采编组织体系、产品生产流程、组织管理系统进行的全方位立体化流程再造。

融合新闻编辑部门的管理一般包括协同管理、资源管理、内容管理、发布管理等方面。融合新闻编辑部门对于各类新闻信息进行交互式多层级加工,梯次生成新闻报道,最后进行多元化媒体发布,从而实现全方位互动的编辑流程管理。

融合新闻编辑管理通过体制机制创新、组织架构重组、媒体资源整合,实现了各媒体要素深度融合、各种资源互动共享、各种媒介相互转换。媒体通过组建跨部门、跨终端的开放式共享平台,有效提高部门与部门、编辑与记者、采编与技术人员、平台与终端之间的协作联动,彻底改变各部门间资源不对称、各自为政、终端分散无序的状态。全方位互动融合编辑理念贯穿融合新闻报道生产全过程,有效促进融合新闻报道的健康、平稳运行。

随着数字传播技术的升级,"云端"工作成为常态。融合新闻编辑流程再造进一步加快。2020年,由湖北广播电视台融媒体新闻中心倡导筹备,湖北广播电视台"长江云"、北京广播电视台"北京时间"、上海报业集团"澎湃新闻"等12个省(区、市)的主流新媒体作为首批成员单位,在云端共同组建全国首个区块链新闻编辑部,开启跨地区媒体融合的全新尝试。

在各种新技术的加持下,融合新闻报道的内容生产与发布流程进一步升级与简化,在提高融合新闻报道内容质量的同时,采编速度和效率也得到了极大提升,进一步减少中间环节,最大程度上实现"一次采集、多元生成、多渠道融合传播",促进了媒体的深度融合。[1]融合新闻编辑部门的管理模式由垂直化走向扁平化,不断创新与变革,适应媒体融合时代新闻报道的要求。

知识回顾

进入媒介深度融合时代,融合新闻报道成为时代主流,对编辑的要求也有了进一步提升。编辑不仅需要树立融合新闻报道编辑理念,还需要熟练使用各类编辑制作软件进行融合新闻报道的制作与发布。新时代的融合新闻报道编辑是集技术、采写编、创新性思维于一体的全能型人才。同时传统的新闻编辑部门在媒体融合时代也在进行转型升级,"中央厨房"的运行模式与县级融媒体中心的运行模式成为融合新闻编辑部门的主流运行模式,融合新闻报道编辑流程不断升级再造,形成了"一次采集、多元发展、多渠道融合传播"的新特点。

思考与拓展

1.融合新闻编辑与传统新闻编辑有何不同?
2.融合新闻编辑技术运用能力体现在哪些方面?
3.融合新闻编辑的素材处理有什么技巧?
4.简述融合新闻编辑部门的运行模式。

---

[1] 成文胜,娜日莎.云时代新闻生产流程的再造和优化[J].青年记者,2020(21):11-12.

第九章　融合新闻报道的评论

知识目标

1. 了解融合新闻评论的概念和特点。
2. 了解融合新闻评论的常见形式。

能力目标

1. 学会融合新闻评论的写作技巧。
2. 掌握融合新闻评论的写作能力。

思维导图

融合新闻报道的评论
- 融合新闻报道评论概述
  - 融合新闻评论的概念
  - 融合新闻评论的特点
  - 融合新闻评论的类型
- 融合新闻评论写作的要求与技巧
  - 融合新闻评论写作的要求
  - 融合新闻评论写作的技巧
- 融合新闻评论的形式
  - 图文新闻评论
  - 短视频新闻评论
  - 动画新闻评论
  - 直播新闻评论

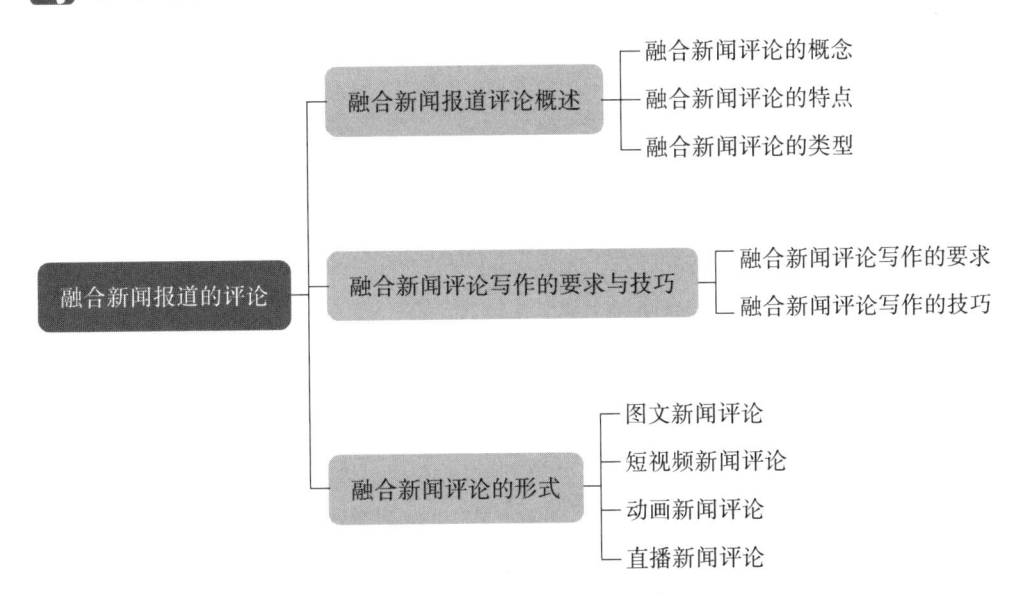

@ 案例导入

"主播说联播"是中央广播电视总台新媒体中心推出的一档新型新闻评论节目,于2019年7月正式推出,主持人有李梓萌、康辉、欧阳夏丹、海霞等央视著名主播,内容紧扣热点话题,结合当天"新闻联播"播报的重大事件和热点新闻,用通俗的语言传递主流声音。作为主流媒体新闻评论节目微型化转型的代表,"主播说联播"上线第一天就凭借焕然一新的节目形态让受众眼前一亮,并多次登上微博热搜,引起受众关注。

在内容层面,"主播说联播"挑选当天节目中的重要消息进行串联,或者从一条新闻出发,延伸至与之相关的社会热点话题进行评论,通过精选并突出重点内容,一方面减轻受众接收信息的负担,另一方面也能在一个领域内进行深度挖掘,保证内容质量,发挥报道重要新闻、宣传党和政府方针政策、引导社会舆论等功能。传播形式上,"主播说联播"使用年轻受众乐于接受的"年轻态"语言、加大加粗的字幕、符合其内容风格的背景音乐以及碎片化的短节目时长等,让受众感到十分亲切,吸引年轻受众群体的关注。[1]

媒体融合时代,新闻评论节目微型化发展成为一种趋势,"主播说联播"通过传播内容与形式的融合,在节目时长与内容叙事上微型化处理,打造多元立体的传播渠道,可以称得上是媒体融合背景下新闻评论节目融合发展的典范。"主播说联播"为更多新闻评论节目的转型发展提供了借鉴的思路,借助品牌效应积极与新媒体平台合作,打造符合时代特点的融合型、微型化评论节目。

第一节 融合新闻评论概述

数字传播技术为受众提供更多自由表达观点的平台,新闻评论的写作形式与写作风格也发生巨大变化。新闻评论的内涵愈加丰富,同时外延越来越广,成为媒体融合时代一种重要的新闻体裁。随着移动互联网的高速发展,手机作为移动信息载体的终端已成功渗透到人们的日常生活中,对其生活方式、思想观念产生巨大影响。新闻评论由原来的单一形式逐渐发展到包括职业新闻评论、专业新闻评论与用户新闻评论等多种

---

[1] 姚嘉熠.媒介融合背景下微型化新闻评论节目发展探索——以《主播说联播》为例[J].新媒体研究,2020,6(23):115-117.

形式在内的集合体。

一、融合新闻评论的概念

融合新闻评论是新闻评论在媒体融合时代衍生出的一种新形式,与传统的新闻评论相比,融合新闻评论具有主体多元、议题丰富、形式多元等特点。融合新闻评论内容不断扩展,在表现形式上也更加适应受众的阅读习惯。

(一)新闻评论

新闻评论是媒体或评论员对新近发生的有价值的新闻事件和有普遍意义的紧迫问题发议论、讲道理,有着鲜明针对性和引导性的一种新闻文体,是社论、评论、评论员文章、短评、编者按、专栏评论和述评等形式的总称,属于论说文的范畴。[1]新闻评论要在有限的篇幅内厘清事实,完整阐述观点,进而做到最大限度地指导实践。

新闻评论作为一种重要的新闻写作体裁,具有强烈的时新性、鲜明的政治性、广泛的公众性以及丰富的题材等特点,其主要目的体现在两个方面:一是表达人们对一些重大社会问题或者新闻事件的判断,对由新闻所引发的各种社会现象或问题进行思考;二是使公众通过新闻媒体或平台发表对于公共事件的看法,并进行意见交流,产生互动沟通。作为媒体的旗帜与灵魂,新闻评论通过传播观点的方式来发挥新闻媒体社会监督、引导舆论的作用,在新闻传播活动中具有十分重要的地位。[2]

随着数字传播技术的发展,媒体传播环境也发生变革,数字媒体平台的增多与技术门槛的降低带来更多信息传播与意见表达,原本新闻媒体作为传播者的优势地位被消解。在此背景下,新闻评论也需要顺应传播环境的发展趋势,坚守自身优势的同时积极拥抱新的传播技术,变革话语表达与表现形式,保持自身的竞争力、传播力和影响力。

(二)融合新闻评论

融合新闻评论是指融合新闻报道中的新闻评论,可以理解为社会各界综合运用数字传播技术和各种数字媒体平台,对具有一定价值的新闻事件、社会现象以及热门话题

---

[1] 丁法章.新闻评论教程[M].上海:复旦大学出版社,2005.
[2] 侯辉.媒体融合背景下新闻评论的转型研究[J].采写编,2021(01):41-43.

等进行评说,向受众表达观点和态度等意见性信息的集合。[①]作为媒体融合背景下新闻评论的创新表现形式,与传统的新闻评论相比,融合新闻评论在遵循传统新闻评论生产规律的同时,更加适应媒体融合时代受众的阅读习惯。

传统媒体时代,新闻评论经常采用长篇事实进行论证,条理分明且逻辑缜密,但也不可避免地存在着表现形式单一、评论内容严肃刻板,时政新闻评论说教意味浓的缺点,在一定程度上影响了新闻评论的传播力和影响力。媒体融合时代,数字传播技术的发展为普通受众表达观点和看法提供了极大便利,微博、微信、短视频等数字媒体平台为新闻评论提供了更多的传播渠道。融合新闻评论综合使用文字、图片、音视频等多种元素和多元化的传播平台,通过将抽象概念具象化、宏大叙事细致化的方式,生产出更"接地气"且为受众所喜闻乐见的评论内容,影响受众的观点,从而引导公众舆论。

二、融合新闻评论的特点

随着微博、微信、新闻客户端以及抖音等数字媒体的兴起,新闻评论需要适应新兴媒体的特点进行写作。与传统新闻评论相比,融合新闻评论呈现出评论主体多元、评论议题丰富、传播渠道多样以及呈现形式可视等特点。

(一)评论主体多元

传统媒体时代,新闻评论的主体是新闻媒体的专业评论人员,或是来自社会各领域的专家和学者,通过报纸专版或专栏的形式刊发新闻评论。这些新闻评论主体往往是以"媒体代言人"的身份出现,他们的言论通常代表着新闻媒体的看法和观点。比如《人民日报》开设的评论专版,《新京报》开设的"社论·来论"专版等,都是借助专业新闻评论队伍的力量,刊发重大新闻和热点事件的新闻评论。有所不同的是,《新京报》还打破专业评论员的身份限制,面向社会有偿征稿,鼓励更专业、更多元的见解,组建了包括律师、法官、公务员、媒体人、教师等专业人才的社会评论员队伍,弥补了新闻专职评论员在其他专业领域的空白和欠缺。[②]

随着互联网的发展和智能手机的普及,门槛低、简单易操作的数字媒体平台开始出

[①]丁远泓,文传琴,邹征玉.网络新闻评论的问题研究及其成因分析[J].新媒体研究,2021,7(06):36-40.
[②]孟凌霄.新媒体时代新闻评论写作的坚守与创新[J].新闻论坛,2021,35(01):85-86.

现,媒体评论员和网民有了更多的发声渠道,从而扩大了新闻评论员队伍。每一位受众都可以针对新闻事件或公共话题发声,平等自由地表达自己的看法和观点,新闻评论人员由传统的专业评论人员扩展到包含特约评论员、网络评论工作者、专家学者、网友等多种身份在内的新闻评论团队,新闻评论主体进一步扩大化和多元化。技术赋权使得更多非专业受众主动参与到信息传播过程,越来越多的媒体通过建立与受众意见交流的平台来获取受众观点或进行议题选择,或是通过刊登来自各行各业受众中的优质评论观点,为新闻事件提供更加多元的分析视角。①

(二)评论议题丰富

新闻评论解疑释惑、阐明立场、引导舆论的功能,决定了评论内容的广泛性。一方面,新闻评论关注国内外政治、经济、文化、重大事件以及热门话题等;另一方面,互联网出现的突发性新闻以及舆论热点事件,也可以成为新闻评论的对象。针对涉及国计民生的时政、法制、医疗、娱乐、文化、教育、体育等话题,新闻评论既可以发表宏观层面的理论见解,将党的方针政策或社会事件解释透彻,也可以立足百姓视角,从受众需求出发为社会民生事件发声。

传统媒体时代,由于传播资源的稀缺,新闻评论把舆论引导、政策解读放在首要位置,评论选题的范围和语言表达较为宏大、严肃和书面化,受众参与度比较低,传播效果欠佳。在媒体融合的背景下,随着受众主体地位的提高,新闻评论议题开始向"平民化"转变,与受众切身利益和生活状况密切相关的社会话题逐渐受到关注,新闻评论的议题更加丰富。此外,技术门槛的降低使得受众能够以多种形式参与评论,就业、生活、购房、交通等方方面面的内容开始成为新闻评论的议题,社会公众通过广泛参与为社会发展建言献策。

(三)传播渠道多样

数字传播技术的赋权与赋能,使得各种新兴媒介平台逐渐诞生,媒介生态发生了翻天覆地的变化。除了传统的报纸、广播、电视等,传播渠道日渐多元化,微博、微信、客户端、短视频等各种数字媒体平台纷纷登场。在此背景下,新闻评论的传播渠道也从线下延伸到了线上,数字媒体平台上的新闻评论传播更快捷、更及时,并且能够与读者实时

---

① 侯辉.媒体融合背景下新闻评论的转型研究[J].采写编,2021(01):41-43.

互动。微博、微信公众号、客户端、短视频等成为新闻评论的主要传播平台,新闻评论的传播渠道不断增加。

随着信息的传播渠道进一步丰富,为了在新的传播环境下稳固自己原有的影响力和传播力,媒体纷纷通过快速整合资源抢夺话语权,不仅充分利用自有媒体资源,而且还借助已有的新兴传播渠道。以《人民日报》为代表的传统主流媒体在打造自身传播平台的同时,也在积极进军数字媒体平台。除了研发客户端,还入驻微博、微信、短视频等新兴媒体平台,《人民日报》结合各平台属性生产符合其传播特点的新闻评论,对新闻事件进行深层次解读,让受众既能看得进去又能看得懂,提高自身的公信力和影响力。

(四)呈现形式可视

数字传播时代,人们开始利用碎片化时间获取有效信息和观点,传统的"深度阅读"逐渐转变为"快餐式阅读"。随着受众需求的转变,评论形式也变得更加多样,媒体为了扩大影响力,将"图、文、影、音"形式全方位融入新闻评论中,打破了以往单一的评论模式,实现了新闻评论的多元化呈现。如2019年全国两会期间,人民网推出的短视频系列微评"两会听我'蒋'",视频采用的是评说方式,独特的语言风格拉近了与受众的距离。同时,节目也符合年轻受众碎片化的特点,兼顾评论表达方式的创新,深受年轻人的喜爱。[1]

在数字传播技术不断进步与广泛应用的影响下,动画、HTML5、视频,甚至AR与VR的介入使新闻评论更加多元化与可视化,这也是融合新闻评论的未来发展方向。"人民日报评论"微信公众号在形式上一改传统的纯文字性说理,广泛运用文字加图片的形式,将传统文本形态的评论转变为海报、HTML5页面、视频等可视化产品,可读性更强,趣味性也更浓,受众也可以更加一目了然地接收到文章的观点信息。[2]媒体融合时代,这种集多种元素和表现形式于一体的融合新闻评论,不仅在评论的视角和内容表达上更接地气,也起到了社会舆论引导作用,具有较好的传播效果。

---

[1] 苏妍."融评":融媒体时代新闻评论突围的新路径[J].新闻世界,2020(05):34-36.
[2] 史文静.新媒体时代主流媒体新闻评论的特征与启示——以"人民日报评论"微信公众号为例[J].新闻前哨,2021(10):40-41.

三、融合新闻评论的类型

融合新闻评论是媒体融合发展的产物,出现在各类数字媒体平台上。根据新闻评论的主体不同,我们把融合新闻平台分为职业新闻评论、专业新闻评论和用户新闻评论三种类型。

(一)职业新闻评论

职业新闻评论是最具权威性与客观性的融合新闻评论类型,所谓"职业"即是指新闻从业者中专门从事新闻评论的人员,职业新闻评论是媒体新闻评论人员对某一社会事件或社会现象发表的看法或观点。在媒介融合传播环境下,媒体格局发生了巨大变化,依托于传统媒体的新闻评论逐渐延伸至数字媒体平台。媒体融合意味着新闻评论的传播形式可以整合文字、视频、音频、图片等表现元素,优势互补,实现多渠道、立体化传播。

新闻媒体拥有权威、专业的内容生产团队,作为深耕于新闻报道的职业新闻评论人员凭借丰富的经验和职业精神能够在重大时刻阐发主流声音、引导舆论走向。在2019年12月的中共中央政治局会议结束后,"央视快评"马上推出评论文章《增强必胜信心 实现第一个百年奋斗目标》,不仅对会议内容做出了清晰的阐述,并且深刻地解读经济工作中的问题、目标与解决办法等,凸显出"央视快评"选题的思想优势。[1]

媒体融合时代,受众的观看习惯发生转变,移动客户端的出现带来短、平、快的融合新闻评论。职业新闻评论人员对于融合新闻评论的理解不能只是把原有的新闻评论搬运到数字媒体平台上,成为内容的搬运工,而是要抓住移动用户的特点,融合新样态,写作受众易于接受、通俗易懂的融合新闻评论。虽然去中心化、去权威化是数字传播时代新闻报道的特征,但是融合新闻评论上仍要坚持本质,担负舆论导向的重任,深耕内容创作,发挥传递主流思想、凝聚社会力量的作用。[2]

(二)专业新闻评论

数字媒体平台上的新闻评论并不全是职业新闻工作者写作的,其中有部分内容是

---

[1] 马连.从"央视快评"看主流媒体的舆论引导创新[J].中国广播电视学刊,2021(01):106-108.
[2] 鲍国柱.主流媒体短视频评论节目的发展问题及策略探析[J].视听,2022(01):5-7.

由专业人士提供。这些专业人士既不是媒体从业人员,也不是普通受众,而是某一领域的专业人士。数字媒体平台的兴起为专业评论人员对公众事件发声、撰写新闻评论提供了平台与契机,这些专业评论人员的粉丝数量较多、话语权与影响力较大,因此他们在微博、微信公众号等平台所发布的新闻评论往往具有极强的舆论引导作用。

专业新闻评论与受众互动显得更加方便,专业人士往往也会在自己的新闻评论下的留言区就热点事件收集网友言论,加强与受众的交流互动,受众也能主动、自由地选择信息,双方都能够进行良好的交流。专业新闻评论往往具有较高的点击率、转载率和网民认同度。点击率反映新闻评论的受关注程度,转载率体现新闻评论内容的吸引力,网民认同度说明网民对新闻评论的接受度。专业新闻评论在互联网传播中所具备的速度与广度是其他类型的融合新闻评论所无法比拟的。[①]

专业新闻评论有助于人们了解新闻事件,在一定程度上起到引导社会舆论的作用。但因专业人士自身的影响力和其言论传播速度快与广度宽的特点,某一观点或意见会被大多数人接受且出现"先入为主"的现象,使得人们很难接受相反一方的观点。当专业人士发表不理性的专业新闻评论,往往会对公众舆论造成一定的误导。

在"流量为王"和"流量变现"的商业利益驱使下,不少专业人士表面上是与公众站在同一战线上,实际上是在悄无声息地从受众身上攫取利益。他们看似在为公众发声,实则屈服于背后的商业资本,削弱真正涉及公众利益的议题。一些专业人士为了吸引眼球,有时会超越自己专业领域对新闻事件发表评论,甚至以调侃与娱乐的心态进行发言,导致专业新闻评论的浅层化和戏谑化代替了原本应该进行的深度思考。[②]

(三)用户新闻评论

用户新闻评论即数字媒体平台用户发表的对于新闻事件的看法,是融合新闻评论中出现频次最多、应用场景最为广泛的新闻评论形式。随着微博、微信等数字媒体平台的兴起,越来越多的公众开始参与到新闻评论中。相比传统新闻评论主体的专业性,用户新闻评论没有准入门槛,任何人都能成为评论员,因此用户新闻评论内容差异性较大,质量参差不齐。

以数字媒体平台为载体的用户新闻评论具有主体多元化、隐匿性的特点。数字媒

---

① 欧向阳.全媒体时代的网络评论文章写作[J].青年记者,2020(20):54-55.
② 丁远泓,文传琴,邹征玉.网络新闻评论的问题研究及其成因分析[J].新媒体研究,2021,7(06):36-40.

体平台开放式的传播环境可以让用户各抒己见,自由发表观点与评论。用户新闻评论语言以口语化为主,语句简短,语言通俗,具有很大的随意性,同时用词追求新奇,多用表情符号、网络用语与拼音缩写。数字媒体平台用户数量庞大,质量参差不齐,对新闻事件的评论往往十分随意且缺乏理性思考,其言论总是带有一定的情绪表达,难有客观理性的新闻评论,同时用户在进行新闻评论时,其真实目的也有待考量,这些都成为影响用户新闻评论质量的重要因素。

用户新闻评论是反映社会舆论的一面镜子,具有一定的积极意义。用户新闻评论可以让人们真实地表达他们的呼声,敢于说真话,勇于传播真实情况,以达到舆论监督的目的,有助于拓展评论空间。作为新生事物,用户新闻评论存在责任意识欠缺的弊端。受互联网开放、自由和隐匿性特征影响,加之网站管理松散,一些用户散播虚假消息、不负责任的言论,造成恶劣的社会影响。不少用户语言粗俗,肆意发泄,还有一些用户无视法律法规,发表低俗、庸俗,甚至反动言论,这些都是用户新闻评论需要加强和改进的地方。[①]

第二节 融合新闻评论写作的要求与技巧

数字媒体平台为受众提供更大的意见表达空间,受众广泛参与,传播环境变得更加复杂,新闻评论引导舆论的难度也随之进一步增加。在复杂的数字传播环境中,评论人员在撰写融合新闻评论时应该遵循一定的写作要求,同时掌握必要的写作技巧,对新闻事件或问题给予权威的解读和判断,发挥舆论引导的作用。

一、融合新闻评论写作的要求

媒体融合传播环境对传统新闻写作产生的冲击不仅仅体现在语言词汇或文体风格上,还包括内容选择与表现形式等方面。作为数字新兴媒体影响最为深刻的文体之一,新闻评论写作要求也发生诸多变化。

---
① 魏中辉.新时期网民新闻评论的思考[J].新闻窗,2013(05):47.

(一)坚持政治性

新闻评论具有鲜明的针对性和指导性,在经济社会中起到引领作用和指导意义。因此,无论是传统媒体时代还是媒体融合时代,新闻评论写作首要是坚持正确的政治立场,从维护广大人民群众利益出发,运用马克思主义的立场、观点、方法,对新闻事实和重要问题做出正确判断和科学分析,旗帜鲜明地表明观点、立场,引领舆论方向。新闻评论通过对事实的深入分析,从思想方面、政策方面、理论高度剖析问题、解决问题,帮助人们明辨是非,促进社会和谐发展。

新闻评论是对新闻事件和社会现象发表见解、传递观点、表达主张的一种文体。不同于新闻报道对新闻事实进行描述和再现,新闻评论是依据新闻事实做出的深刻思考,是思想智慧的结晶。新闻评论重在说理,与评论者个人的价值观、眼界、格局、知识构成、实践经验等直接相关。因此,新闻评论对事物的见解、看法更具个性化。也正因为如此,新闻评论者要始终怀有社会责任感与正义感,在评论写作时摒弃个人情绪化倾向,坚持理性原则,客观、公正地去分析问题,全方位、多角度解读事件本质,以理服人,用说服力强、见解深刻的思想引领人们对事物的认知。[1]

(二)追求时效性

时效性是衡量新闻报道价值的基本准则,这在新闻评论中仍然适用。媒体融合时代信息传播的速度极快,新闻事件一经发生极易被受众知晓并快速传播,网民的大量转发和跟帖回复,都会导致社会舆论的迅速发酵,众多网民在不清楚事实的情况下通常会被舆论左右。因此新闻评论的写作需要做到快速、及时,紧跟事件报道,及时发声,才能在公众舆论中掌握主动地位。比如2018年5月14日,"四川航空重庆至拉萨航班事件"发生后,光明网在第一时间内刊发《人们缘何为"川航机长"点赞》的网评文章,讲述了机长的专业素养和英雄壮举,引发网民纷纷为英雄机长点赞。[2]数字传播时代对新闻事件快速有效地做出评论不仅是新闻评论写作时效性的要求,更是媒体引导舆论,掌握主动权的关键。

媒体融合时代新闻评论的写作一定要占领时间优势,谁的意见更早地出现在数字媒体平台上,谁就可以在接下来的舆论引导中掌握主动权。但需要注意的是,新闻评论

---

[1] 孟凌霄.新媒体时代新闻评论写作的坚守与创新[J].新闻论坛,2021,35(01):85-86.
[2] 欧向阳.全媒体时代的网络评论文章写作[J].青年记者,2020(20):54-55.

的写作不能盲目追求时效性而忽视新闻事实的准确性和真实性。新闻从业者在进行评论写作时可通过自身对事件的观察及把握,从现象中认清事件的本质,找寻事件发展的规律,提出深刻的见解,为受众发表观点提供参考。

融合新闻评论的类型大致有短视频评论、传统广播电视和报纸的新闻评论、新闻网站和客户端的新闻评论等几种,它们对时效性的追求也各不相同。短视频评论弱化对于新闻事件背景的介绍,更加依赖评论事件所具有的舆论热度,对时效性追求更高。针对新近发生的新闻热点,短视频评论需要在第一时间表达出鲜明观点,以吸引受众的注意力,从而提升评论的传播效果。相比于短视频评论,广播电视以及报纸的新闻评论,更加注重评论的专业性和权威性。

(三)加强导向性

新闻媒体要提高传播力、公信力和引导力,坚持正确的导向是关键。"事业性质,企业管理"是我国新闻媒体的外在表现形式,这意味着新闻媒体的性质决定它不能像一般企业那样可以自由出入市场,而是必须服从党和政府的领导。[①]因此,新闻评论的写作既要坚持正确的舆论导向,也要符合党的路线及方针政策。如人民日报、新华社、中央广播电视总台等权威主流媒体,其所发出的评论是面向全国受众的,评论必须坚持正确的导向。

在信息鱼龙混杂、真假难辨的互联网环境中,网民观点的多样性也从另一个方面体现出"乌合之众"的特性。互联网平台给予受众自由表达观点的权利,但是过分表达及一些片面无端的言论往往导致舆论走向出现偏差。"沉默的螺旋"理论告诉我们,人们在表达观点和想法的时候倾向于选择与自己观点相同或类似的想法,此类观点因此得以快速的传播扩散,而对于与己无关或少有人理会的观点则是保持沉默,由此造成一方的声音越来越大,另一方愈发沉默下去的螺旋发展过程。[②]

一篇高质量的新闻评论应该是在忠实真相的同时坚持自身立场,由浅入深,由表及里,透过现象进入本质,不随波逐流,这样才能在媒体融合时代纷繁复杂的传播环境中获得受众的认可。融合新闻评论的写作要站在高点,从全局出发,在充分了解社会舆论中各种不同的声音后冷静分析新闻事件,避免变成个人情绪的表达。新闻评论的主旨

[①]李良荣.新闻学概论[M].7版.上海:复旦大学出版社,2021.
[②]郭庆光.传播学教程[M].北京:中国人民大学出版社,2011.

在于提出新观点以指导实践,作为舆论风向标的媒体,应当从高处着眼,小处着笔,说出公众想说而未说出的话,从而起到把控全局,引导舆论的目的。[1]

(四)注重可读性

新闻评论作为一种重要的社会舆论引导手段,面向的群体是千差万别的社会公众,而作为个体的受众因家庭背景、知识结构和社会环境的不同而存在较大的差异性。新闻评论在通过摆事实、讲道理说服受众的同时,也要注重内容的可读性。可读性即是说理要平易近人、深入浅出,这对于新闻评论写作来说是一个较高的要求。新闻评论写作需将深刻的内容通俗地论述出来,将深刻的道理讲得浅显易懂,易于受众理解接受。融合新闻评论写作可以借助图片、视频、动画等多种表现元素,运用一些修辞手法,做到以辞达意,生动形象。

新闻评论主要依靠其缜密的逻辑说服受众,在通俗易懂的表述过程中应注意理顺新闻事件的内在逻辑关系,用生动活泼的形式呈现受众喜闻乐见的新闻事实,实现与受众的贴近,从而加强评论的说服性与可读性。人民日报海外版旗下的新闻评论公众号"侠客岛"的很多文章都能达到10万+的浏览量,这主要得益于其积极改变传统时政新闻评论的语态,使文章通俗易懂,富有趣味,适应受众的阅读习惯。比如《被点名的地方公安厅,到底犯了什么事?》这篇新闻评论中,就出现了"中介在各地依旧'借尸还魂'""脚踏政府和市场两只船"等表达用语,将政治术语转化成通俗易懂的表达方式。在编排形式上,"侠客岛"通过使用不同的颜色标注出文章的关键部分,帮助读者迅速锁定重要内容,便于阅读。在文章中广泛使用表情包、动图等,使得文风更接地气。[2]

(五)增强交互性

数字媒体平台的开放性为受众提供发表看法与观点的机会与空间,受众表达欲望增强,对新闻事件的参与度上升,主动发表看法且参与互动。一个热点新闻事件往往能引来大量受众的评论,一篇关于热点事件的新闻评论更是能引来上千上万条评论留言和跟帖。融合新闻评论通过收集受众言论,加强与受众的交流,往往能达到良好的互动效果并引导舆论。新华社在2020年1月针对新冠疫情推出《以非常之役迎战非常之疫》

---

[1]周涛.融合场域下新闻评论的价值坚守、发展嬗变和路径探索[J].视听界,2021(06):68-71.
[2]张旭安.探析评论类公众号在新媒体时代下的写作策略——以"侠客岛"为例[J].传媒论坛,2020,3(10):26+28.

时评文章,对"疫情现状如何、如何预防、怎样控制"等社会关切的焦点问题主动进行引导,受众纷纷留言点赞,为武汉人民和疫情防控工作加油鼓劲,文章阅读量达10万+。[1] 融合新闻评论写作需要加强交互性,与受众及时进行互动,往往能达到引导舆论的目的。

二、融合新闻评论写作的技巧

融合新闻评论需要做到内容原创、立场鲜明、观点独到、剖析深刻、篇幅适中,并且采用互联网特色的语言风格等,因此,新闻评论写作应从选题立意、评论内容与表现形式三个方面提高写作技巧。

(一)选题立意高

一则新闻评论的优劣首先要看观点立意的高低,观点立意高的文章通常具有较大的社会影响力。新闻评论的写作要把符合富强、民主、文明、和谐等社会主义核心价值观放在优先位置。在选题方面,有关国家发展和稳定大局、社会公正和民主法治以及个人素质层面的内容,都可以纳入融合新闻报道评论的选题范畴之中。比如2020年初武汉暴发的新冠疫情,严重威胁到人民身体健康,对国家发展和社会稳定造成很大的影响,因而该事件具有很高的选题价值。为了积极配合党和政府的疫情防控工作,适时正确引导社会舆论,人民日报客户端"人民锐评"栏目刊发多篇评论文章,对疫情防控情况与政策进行说明,引起社会各界人士的广泛关注。

在立论方面,对于具有价值的题材,新闻评论要表明立场、树立观点。新闻评论具有明确的主观性,在基于对新闻事实的真伪进行判断之上,表明新闻媒体及评论者的价值判断。[2] 媒体融合时代,互联网信息的海量性和观点意见的琐碎化已经成为舆论环境的常态。对于重要政策、重大新闻事件以及各种社会现象,受众可以从多个角度出发进行评论,观点亦见仁见智。但是,作为专业的新闻媒体评论员,需要树立正确的价值观,以正确的价值判断和价值选择为引领,弘扬主流价值观。因此,不管是时政类新闻,还是社会热点事件,抑或民生话题,都要考虑社会价值大小。融合新闻评论围绕大局选

---

[1] 欧向阳.全媒体时代的网络评论文章写作[J].青年记者,2020(20):54-55.
[2] 杨树.媒体融合背景下新型主流媒体新闻评论创新与发展[J].中国出版,2020(12):28-32.

题,立足百姓视角,回应公众关切,传递人间温情。

(二)内容富有文采

新闻评论写作除了要有高远的选题立意,还要有出色的语言表达能力。传统新闻评论的语言表达给人严肃、刻板的印象,说教意味浓厚,受众的关注度普遍不高。因此,如何提高新闻评论的受众接受度,内容创新成为新闻评论写作的基本要求。在媒体融合的传播环境下,独特的语言风格、通俗的话语表达能很好地解决受众接受度低的问题。因此,融合新闻评论要强化受众意识,在客观真实的前提下,运用接地气的语言、修辞手法等,使新闻评论既接地气又不失厚重,既有深度又有温度,使读者能够在轻松阅读中有所感悟。

在话语的表达方式上,融合新闻评论需要勇于突破传统主流媒体的表达藩篱,做到通俗易懂,以具象化的语言表达抽象化的道理。人民日报微信公众号2019年5月发表一篇评论文章《玩弄强权注定失道寡助!》,运用许多通俗、形象和可视化的语言来进行说理,比如"手拿锤子""钉子""看不得""后花园""泼脏水"等都是日常生活中常见的词语,其意义具体而形象,通过这些通俗易懂的语言,受众清晰认清一些美国政客的真面目。在受众快节奏生活和碎片化阅读的今天,通俗、生活化的话语表达能够有效促进新闻评论的传播,帮助新闻媒体快速聚集受众。[1]

(三)创新表现形式

新闻媒体的传播影响力不仅取决于传播内容的吸引力,而且取决于创新的表现形式。在传统媒体时代,报纸、广播和电视新闻评论受限于媒体特性,传播范围较窄,难以形成广泛的影响力。在媒体融合的背景下,微博、微信、抖音等逐渐成为新闻评论的传播渠道,与传统媒体互为补充,实现了新闻评论覆盖面的拓展。在融合新闻报道中,同一篇新闻评论既能以图文的形式在报纸、网站上进行传播,也可以以视频的形式在电视、短视频应用中传播,传播渠道被大大扩展,传播范围也进一步扩大。根据不同媒体平台的特点及优势,将同一新闻评论内容运用不同形式展现,能够给予受众耳目一新的感觉。

---

[1] 潘俊楠.媒介融合背景下的网络新闻评论分析[J].西部广播电视,2021,42(15):31-33.

第三节　融合新闻评论的形式

融合新闻评论的呈现形式多种多样,通过简洁的文字、活泼的动画来阐述新闻评论观点,实现新闻评论的创新。融合新闻评论可以通过数字媒体平台形成全天候、全方位和多渠道的立体传播,通过动画、视频、直播等多种表现形式传达意见与观点,提高新闻媒体公共服务能力与社会舆论引导力。

一、图文新闻评论

媒介融合时代,新闻评论文章不再具有局限性,何人何时何地都可以通过互联网平台进行发布。

(一)网文新闻评论

互联网的兴起打破传统新闻评论文章写作的限制,现在任何职业与非职业的人士都可以通过微博、微信等数字媒体平台来发表自己的见解与看法,并进行新闻评论文章的写作。网文新闻评论即互联网新闻评论文章,是融合新闻评论最基础的形式。与传统媒体新闻评论不同,网文新闻评论具有即时性与交互性的特点,评论文章一经发出便可以在互联网中快速传播,从受众的点赞、转发、评论中清楚地看出对方的态度倾向、观点及情感,持不同观点的受众也可以在文章下方的评论区进行讨论,交互发表各自的观点和看法,不断形成多方讨论的局面,讨论的深度、广度及规模远远超过了传统新闻评论。

网文新闻评论写作过程简便,受众通过手机就可对热点新闻事件进行评论写作并发布,极大地提高新闻评论的写作效率。因此,融合新闻评论写作需要进行转变,不再过分强调表达观点,而是更加注重阐释立场,主动适应数字传播时代受众需求的变化,以达到在复杂的传播环境中占据舆论高地,发挥引导舆论的作用。[1]

---

[1] 陈阳,周子杰.从判断转向解释:移动互联网时代新闻评论论证结构的变化——以《人民日报》评论版和"侠客岛"为例[J].当代传播,2022(01):27-33.

(二)漫画新闻评论

新闻漫画是用简单夸张的手法描绘新闻事件的图画,具有讽刺、幽默、机智诙谐的特点。新闻漫画可以配以文字,也可以无文字说明,其中最常见的主题是时政新闻和新闻人物,因其制作相对简单、周期短,能够很好地适应数字媒体的快速传播方式。新闻漫画在融合新闻评论中延伸出了新的评论形式——漫画新闻评论。不同于新闻摄影这类纪实性新闻作品,漫画新闻评论含有作者的倾向与立场,特别是在文化背景多样的国际传播中,漫画是新闻评论的一种重要表现形式。

漫画新闻评论在主流媒体中应用非常广泛,《人民日报》微信公众号"画里有话"栏目就是用漫画配合文字进行时事评论。《求是》杂志也有漫评栏目,图文配合共同表达立场、传播观点。《中国日报》的"小象漫评"栏目是漫画新闻评论中较为成熟的代表,其表现手法是针对热点事件,将同一主题的多张漫画进行排列,配上犀利、幽默的中英文双语文字,供读者阅读。"小象漫评"栏目从漫画库中选取素材进行加工,每期漫画新闻评论数量可达10张以上,同时配文遵循幽默、风趣且犀利的语言风格,摒弃教条式说教。[1] 漫画新闻评论通过较强的视觉冲击给受众带来全新的阅读体验,增强新闻评论的可读性。

二、短视频新闻评论

短视频新闻评论即"新闻评论+短视频",在数字媒体平台上以短视频形态呈现的时长不超过5分钟的新闻评论。在媒介融合时代,单纯的图文评论已经难以满足受众需求。随着短视频平台的崛起,短视频新闻评论形式脱颖而出。内容精简、时长有限、多渠道分发是短视频新闻评论最显著的特点。短视频新闻评论在时政新闻和社会新闻领域应用广泛。

时政类短视频新闻评论从脚本内容到视频制作形式,都要求沉稳、大气,同时又要具备亲民化与现代感。时政类短视频新闻评论适应当今短视频竖屏化流行趋势,以简单化、接地气的形式改造晦涩、呆板的时政新闻评论,激发出社会公众对时政热点的关心,为时政类新闻传播提供坚实的基础。社会新闻与时政新闻内容之间的差异,决定了

---

[1] 张周项.融媒体时代评论漫画的创新与发展——以《中国日报》漫画及融媒体产品为例[J].对外传播,2021(08):68-72.

社会新闻类短视频新闻评论的呈现与时政类有很大的区别。社会新闻类短视频新闻评论呈现形式更注重"情绪设置",力求贴近受众情绪,引发受众共鸣。①

短视频新闻评论的发布者不一定来自主流媒体,很多是来自互联网自媒体与意见领袖。如果这些新闻评论发布者不具备较高的媒介素养与社会责任感,可能会就新闻事件发表以偏概全、颠倒是非且不负责任的短视频新闻评论,以带动社会舆论的方式攫取流量牟利,这是需要我们注意的问题。因此,受众面对社会新闻类的短视频新闻评论,需要辨清消息来源,具备自我判断能力,拒绝盲听、盲信、盲从。

三、动画新闻评论

动画新闻评论是用"图像+音效"的手法来表现社会生活,兼具传播新闻事实与表达立场观点两大功能,具有鲜明的现实针对性、深刻思想性和讽刺说理性。动画新闻评论主要借助幽默、谐趣、生动的艺术形象,反映新闻事件与新闻人物,表达作者对相关问题的观点、立场。动画新闻评论的人物形象没有过多的限制,可以是写实风格,也可以是经过变形、夸张的抽象风格,针对不同评论的内容可选择不同的人物造型,但最终都是为新闻评论主题服务。

动画新闻评论需要有人物与故事情节,也要求创作者具有深厚的文化积累,丰富的知识经验。动画新闻评论的画面连接自然而又不失活泼,这样才能够客观真实地向受众陈述事实,更具说服力,从而引起观众的反应与思考,做出互动性的反馈意见。动画新闻评论的出现,使得受众可以从不同的视角思考新闻事件发生的来龙去脉,对新闻事实进行详细分析,找出问题的原因并进行深度剖析,极大地丰富融合新闻评论的形式。②

传统新闻评论主要以文字叙述方式为主,受众难以集中在一定时间内迅速完成阅读。运用Flash等软件技术设计制作简单的动画新闻评论,通过图片、声音和视频特效处理,达到方便受众阅读、增强受众理解的效果。融合新闻评论对重要的内容以动画的形式进行着重描述或提醒,让受众抓住新闻评论的重点。动画新闻评论是新闻评论形式

---

① 彭健,朱玉林.纸媒"新闻评论+短视频"的生产、运营与经营——以深圳晶报观点类短视频"晶报说"为例[J].青年记者,2022(01):40-41.
② 邱芊.动漫在新闻传播上的应用研究[D].西安:陕西科技大学,2013.

的创新,这种新颖的形式既可以让受众轻松了解新闻评论的事实,又可以让受众在互动中把握新闻评论的关键内容。

四、直播新闻评论

直播新闻评论是以各类数字媒体平台为依托,以年轻用户为主要受众群体,对其进行积极舆论引导的一种新闻评论形式。直播新闻评论将新闻事件发生的原貌展示在观众的视觉中,并辅以同步的专业评论与观点解说,可以满足受众对新闻事实的客观理解。[1]中央广播电视总台"新闻1+1"节目以当下的热门话题或是突发事件为评论议题,在传统的新闻评论模式中融入对话与交流,即安排主持人与观察员进行讨论,在直播中进行实时新闻评论,深度分析新闻事件的重要脉络,讲述事情的真实状况,以真实且质朴的形式呈现新闻评论。

直播新闻评论增加受众对新闻事件认识的现场感与真实感,为受众提供许多细节与深层次的信息,使其实时动态把握新闻事件,理解新闻事实。在新闻事件发生过程中进行直播新闻评论能够提高人们的关注度,而且受众对新闻评论的信任感也会增强。[2]受众可以深度介入新闻事件的评论中,评论议题与受众之间的联系更加紧密。

在数字传播技术发展推动下,融合新闻评论得以蓬勃发展。无论是传统主流媒体,还是新兴数字媒体平台,新闻评论都应该针对不同的使用场景与受众群体来选择合适的形式。面对媒体融合时代人人都握有麦克风的传播环境,融合新闻评论更应该坚持内容的质量要求,客观公正、实事求是地对新闻事件进行评论,正确引导社会舆论走向,不随波逐流,沦为流量的随从。

知识回顾

媒体融合对传统的新闻报道提出了新的要求,新闻评论的写作呈现出了新的特点。与传统的新闻评论相比,融合新闻评论具有主体多元、议题丰富、形式多元等特点。融合新闻评论要遵循追求时效性,加强导向性,注重可读性和交互性以及坚守政治立场和理性原则的写作要求。按照表现形式来看,融合新闻报道的评论已经形成了图文新闻

---

[1] 孙弘.媒介融合背景下新闻评论的发展策略研究——以网络新闻评论节目《陈迪说》为例[J].东南传播,2021(06):18-20.
[2] 夏木西卡买尔·艾买提.以《新闻1+1》为例——浅谈电视新闻评论节目的发展[J].传播力研究,2018(04):33-35.

评论、短视频新闻评论、动画新闻评论与直播新闻评论等几种常见形式,随着媒体融合进程的加快,融合新闻评论将会进一步发展,或将涌现出新的融合新闻评论形式。

思考与拓展

1. 什么是融合新闻报道评论?
2. 融合新闻报道的评论有哪些特点?
3. 融合新闻评论写作有哪些要求和技巧?
4. 融合新闻报道评论的常见形式有哪些?

第十章　融合新闻报道的未来

知识目标

1. 把握融合新闻报道主体的多元化。
2. 了解新闻报道的沉浸式体验趋势。
3. 掌握融合新闻报道智能化发展走向。

能力目标

1. 掌握融合新闻报道的多元主体。
2. 运用融合新闻报道进行智能化新闻写作。

思维导图

```
                                  ┌─用户生产内容
                                  ├─专业生产内容
              ┌─融合新闻报道的多元内容生产─┤
              │                   ├─职业生产内容
              │                   └─机器生产内容
              │
              │                   ┌─VR/AR技术与沉浸式新闻
融合新闻报道的未来─┼─融合新闻报道的沉浸式体验─┼─元宇宙与融合新闻报道
              │                   └─融合新闻报道的用户沉浸式体验
              │
              │                   ┌─人工智能与新闻报道的变革
              │                   ├─智能机器新闻写作
              └─融合新闻报道的智能化发展─┤
                                  ├─常见的智能新闻写作机器
                                  └─融合新闻报道的智能化趋势
```

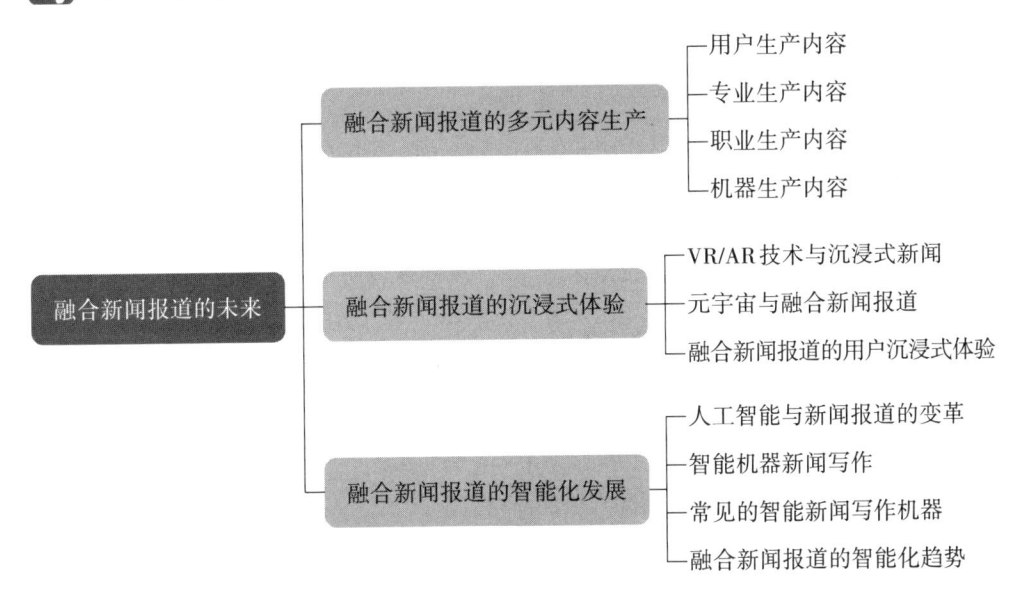

@ 案例导入

2022年3月,全国两会在北京举行。继2020年"全息异地同屏访谈"和2021年"全国两会5G沉浸式多地跨屏访谈"之后,2022年,新华社新立方智能化演播室团队利用先进的XR技术推出"能上天的访谈",将身在北京的新华社主持人"送上"太空,走进空间站,与宇航员王亚平面对面交流。"天地融屏 王亚平代表在太空讲述履职故事"在新华社客户端和微信公众号一上线就引发关注,综合传播量上亿次,新浪、百度、网易、今日头条等107家媒体平台转载,形成刷屏之效。

"能上天的访谈"利用5G融屏+沉浸式技术,通过新立方智能化演播室,创新场景呈现和拍摄形式,把空间站"搬进"了演播室,实现了真人与虚拟空间的结合、现实世界与虚拟世界的交会融合,互动访谈和科幻场景完美结合,为受众带来新奇、独特的沉浸式观看体验。

新华社新立方智能化演播室团队与百度希壤元宇宙平台合作,打造线上映射展区——新立方数字发布厅,用来展示此次新华社两会跨屏访谈内容。受众可以个性化定制自己的虚拟形象,通过自己的"数字分身"走进新立方数字发布厅,在虚拟空间中实时观看节目,近距离实现受众之间的实时互动。从5G远程同屏访谈,到强调沉浸感和三维透视的场景复现,再到今年的虚实交互,新立方智能化演播室团队再次技术升级,引领行业创新,赋能两会创新报道,实现了专业、权威、技术与美学的完美结合。

第一节 融合新闻报道的多元内容生产

新闻从业者是传统新闻报道主体,职业的记者编辑生产的内容占据媒体资源的绝大部分。融合新闻报道的主体不再局限在职业新闻从业者,而是拓展到普通网民,甚至是智能机器。"用户生产内容""专业生产内容""职业生产内容"和"机器生产内容"相互补充,相互促进,共同形成融合新闻报道的新格局。

一、用户生产内容

用户生产内容(User Generated Content,简称UGC),指的是用户在数字媒体平台上发表的内容,包括文字、图片、音视频等。随着数字传播技术的不断变革和进步,产生越来越多的用户生产内容。UGC具有互联网上公开、内容具有一定程度的创新性、由非权威人士及非专业手段创作发布三个特征。[①]

(一)用户生产内容的动机

用户生产内容的动机即普通用户在创作内容和产品时,是出于什么样的目的。世界经济合作与发展组织(OECD)将UGC的生产动机分为技术驱动力、经济驱动力、制度驱动力、法律驱动力四个方面。在归因分析中,有学者提出内部动因和外部动因模型。基于此,我们把用户生产内容的动机分为技术驱动、内在驱动、外在驱动三个方面。

1.技术驱动

技术驱动即技术诱因,正是因为有了技术的支持,用户才能获得内容生产的途径与手段。数字技术的发展带来互联网普及与应用,用户方能接触到互联网,进而有利用互联网进行内容创作的可能性。数字技术的发展奠定人们的数字化生存状态,从Web1.0到Web2.0到Web3.0,UGC得到更加充分的发展。短视频平台的出现,使得用户可以更方便地在抖音和快手等平台进行个人视频创作、分享个人生活;图片与视频软件的发展,使得用户可以便捷地进行表情包创作、视频剪辑与制作。如果没有数字技术的支撑,就不会有今天UGC发展的盛况。

2.内在驱动

内在驱动也可以理解为内在需求,即用户个人内在的需求驱动,比如自我认知的需要、自我表达的需要、娱乐的需要、自我展示的需要等。总而言之,内在驱动即用户为了满足自身需要而产生的动机。卡茨在《人际影响:个人在大众传播中的作用》一书中认为,受众接触媒介是为了满足个人需求。用户使用数字媒体平台进行信息发布,在很大程度上是出于内在心理需要动机,即表达自己的情感与态度。在2022年北京冬奥会期

[①] 赵宇翔,范哲,朱庆华.用户生成内容(UGC)概念解析及研究进展[J].中国图书馆学报,2012,38(05):68-81.

间,当吉祥物冰墩墩与雪容融走红后,不少用户在社交平台上表达"想要一个冰墩墩",这便是出于自我感情表达的需要。

3. 外在驱动

外在驱动也可以理解为社会驱动或者社会诱因,即由于社会需要而产生的动机。用户不是孤立存在的,而是生活在与他人互动交往的社会环境中。在社会中得到他人的认同与尊重、获取较高的社会地位、获取社会支持等是用户与社会互动的目的。在用户社会化过程中,会刺激产生各种动机,比如,用户在抖音短视频平台上发布的日常生活视频,有一部分原因是出于自我呈现的动机,有一部分原因是出于娱乐的动机,还有一部分原因是出于流量变现与营利的动机。

(二)用户生产内容的意义

用户生产内容充分展现互联网时代开放性的精神,赋予了用户自我表达的话语权,每个个体都有潜力发布和贡献有价值的信息。用户生产内容对于新闻报道的发展具有重要的意义。

1. 丰富新闻内容

UGC引入新闻报道领域,打破传统的以传播者为中心的新闻报道生产模式。一方面,UGC自下而上的新闻生产模式极大地丰富新闻内容,受众可以从各个角度了解新闻事实,多方面获取有关新闻事件的信息。另一方面,UGC打破新闻报道时间和空间的限制,突破媒体作为新闻报道的单一主体局限,扩展新闻事件的广度和真实度,有利于优化新闻报道的质量。

2. 提供观点表达

UGC的低门槛、高互动让新闻传播实现"去中心化"。不同于以往少数媒体、少数新闻从业者掌握话语权,UGC使得受众可以在数字媒体平台上分享自己的独特见解,与他人交流互动,获得对新闻事件的深刻认知。UGC为数字媒体平台提供大量的内容来源,用户行使自己的话语表达权,关注新闻事件,追问新闻真相,有利于维护社会公平正义。

3. 满足用户需求

在数字传播时代,用户的主动地位逐渐突出,各个媒体都在不断地增强用户黏性,流量成为数字媒体平台赖以生存的基础。数字媒体平台为了获得用户、留存用户,只有不断满足用户的互动需求、表达需求、分享需求、传播需求。UGC可以加强数字媒体平台与用户之间的交流互动,树立用户服务意识,满足用户创作需求,促进数字媒体平台的长远发展。

二、专业生产内容

专业生产内容(Professionally Generated Content,简称PGC),也有人称之为"专家生产内容"。PGC的生产主体一般是在一些领域中具备专业知识的专家,其内容具有较强的专业性和说服力。

PGC的特点是垂直深耕、专业内容、深度呈现等。PGC模式下主要由专家进行内容的产出,且经过多层筛选,非常严谨,呈现给受众的信息更加权威、有价值。比如虎嗅App等,该平台的内容大多由平台向专家约稿,质量方面足以保证。由于PGC的门槛较高,内容审核和筛选较为严格,而专家数量有限,所以尽管内容质量很高,但是信息的数量会有一定的限制。

PGC与UGC主要的区别在于内容生产者是否具备专业知识和专业资质。PGC是在UGC基础上对内容的品牌化和专业化进行打造。数字媒体平台上用户自由上传的内容,虽然数量众多,但是良莠不齐。目前,越来越多的数字媒体平台采用PGC模式,在一定程度上保证内容的质量,比如视频网站优酷重点打造的"罗辑思维""鸿观"等高质量视频节目内容。

PGC与UGC的结合产生PUGC(Professional User Generated Content)模式,即专业用户内容生产。PUGC的生产主体是具有专业知识的用户,是PGC和UGC的融合。PUGC以高质量的内容实现平台的吸引力,以广泛的用户内容提高参与度,既能发挥规模优势,又能获得更高的用户黏性。喜马拉雅FM是PUGC的典型代表,一方面通过UGC提升内容的丰富性和互动性,另一方面通过PGC提升平台的知名度和专业度。喜马拉雅FM签约众多演员、主持人、文化历史领域名人以及其他领域的内容创作者。借助PGC与UGC的融合模式,喜马拉雅FM成功地实现用户变现。

三、职业生产内容

职业生产内容(Occupationally Generated Content,简称OGC)。OGC的生产主体是具备一定知识背景和专业背景的从业人员,他们从职业身份出发参与到内容的生产中,他们的内容创作属于职业行为,是工作职责所在,并且会获得一定的报酬。职业生产内容对生产者的要求较高,不仅要求生产者具有相应的知识储备,还要拥有职业身份,这在一定程度上保证了内容的质量。

OGC的突出特点是职业把关,内容的质量更高,专业度更强。OGC的生产者大多是主流媒体的新闻从业者,一般是负责内容生产和运营的记者与编辑等,他们从属于某一媒体,具有较强专业性,为数字媒体平台生产专业化的内容也是他们工作的一部分。

与PGC、UGC相比,OGC模式更加强调职业身份,而且保留了传统的"把关人"角色。为保证内容产品的质量,在信息发布前进行信息的内部审核。在这种情况下,可能会导致信息时效性受影响。OGC强调信息的专业把关和筛选,当用户参与互动时,用户评论等内容会面临审核,因而在一定程度上也会减弱受众的参与度,使得互动性受限。

四、机器生产内容

机器生产内容(Machine Generated Content,简称MGC)。机器生产内容在国外并不陌生,国内也有很多新闻媒体在进行积极探索,比如新华社的"快笔小新""媒体大脑",腾讯的"Dreamwriter"和今日头条的"张小明"等。MGC是运用人工智能技术,由机器生产的内容。目前,MGC覆盖范围十分广阔,包括突发事件、程序化报道、网络舆情监督报道等。尤其是在突发事件的报道中,MGC可以以第一视角、在第一现场获得第一手资料和素材,第一时间发布新闻,满足受众对新闻信息的需求。

(一)机器生产内容的类型

根据机器在内容生产过程中的渗透程度,结合目前媒体内容生产的实际情况,可以将MGC分为以下四种类型。[1]

---

[1]商艳青,彭程,阮玲霞.MGC新生产范式 技术驱动新闻生产变革[J].南方传媒研究,2020(01):164-170.

第一种是机器辅助生产内容（Machine Assist Generated Content），指的是机器部分代替人工进行内容的生产。使用机器进行内容生产，可以提升新闻产品的生产效率。机器辅助生产不会完全取代人工，而是机器与人工相互协作，共同完成新闻报道。

第二种是机器引导生产内容（Machine Guide Generated Content），指的是将部分人工生产的内容由机器生产进行代替，再造新闻内容生产的流程，把一些简单化、程式化的内容交由机器生产，降低人工生产的成本。

第三种是机器独立生产内容（Machine Independent Generated Content），指的是在某种特定的情境中，机器独立完成内容的生产和制造，不需要任何人工的干预。机器独立生产内容对智能化水平要求较高，且需要满足一定的生产条件。

第四种是机器创意（Machine Creation），指的是机器依据自身学习的内容，可以自由地进行内容的生产和输出，机器创意模仿人类思维，具有一定的想象力与创造力。微软公司开发的人工智能虚拟机器人小冰，在2017年实现写诗创作。机器创意是人工智能技术应用的前沿阵地。

（二）机器生产内容的意义

机器生产内容依托人工智能技术，以智能化、程序化系统作为内容生产的主导力量，对于新闻报道具有划时代的意义。

一方面，机器生产内容使得新闻报道的时效性极大增强。机器生产内容几乎可以与新闻事件同时生成，其生产过程用时是以秒为单位计算，只需十几秒到几十秒即可完成一篇新闻报道，大大提高新闻报道的时效性。机器生产内容发出一条纯文本稿件平均耗时不到1秒钟，而且每天可以写几百篇报道，不仅节省大量人力，而且几乎零失误，大大提高新闻的真实性。

另一方面，机器生产内容可以进行一些预测性报道。机器可以通过对大规模数据的挖掘与分析，提升新闻报道的客观性，并提高趋势预测的准确性。2018年全国两会前夕，新华社"媒体大脑"从近5亿个网页中梳理出两会关键词，生产出首条关于两会内容的MGC时评新闻《2018两会MGC舆情热点》。

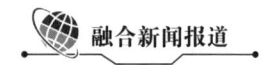

第二节　融合新闻报道的沉浸式体验

沉浸式新闻让受众以第一人称视角体验新闻事件中的真实情景。5G技术的发展推动万物互联时代的到来，万物皆媒使得新闻报道的交互性变得更加多元化。受众接受新闻的方式从传统的听、读、看变成了如今的多种感官汇集体验，融合新闻的沉浸体验感逐步加强。[①]沉浸式新闻通过数据可视化技术、多媒体融合技术以及虚拟现实技术等模拟真实的新闻场景，使用户能够以新闻"主角"身份进入新闻事件发生的现场，深入挖掘新闻事件，加强受众对新闻的理解与情感连接。沉浸式新闻增强受众视觉、听觉乃至心灵方面的感知体验。

一、VR/AR技术与沉浸式新闻

VR/AR技术的发展应用带来沉浸式新闻报道，带给受众前所未有的体验感。沉浸式新闻让受众进入一个虚拟再现的新闻场景来体验新闻事件，并在体验中产生互动关系。

（一）VR/AR技术带来的沉浸式体验

VR技术是虚拟现实技术的简称，在VR构建的虚拟现实世界里，用户可以沉浸在计算机生成的三维虚拟环境中，从自己的主观视角出发与其进行互动，并产生一种"身临其境"的代入感。[②]VR技术凭借沉浸感、交互性和想象性的特性，已经广泛应用于教育、医学、游戏娱乐等诸多领域。VR技术趋向虚幻和感性体验，主要发展存在感或称临场感技术，更好地增强用户交互式体验。

AR技术即增强现实技术，20世纪90年代人们发现虚拟现实技术营造的"虚拟世界"与现实世界有所偏差，故在VR技术基础上研发了AR技术。AR技术并不是用计算机模

[①] 马江梅.多媒体融合技术下的沉浸式新闻——以《头条里的青春中国》为例[J].视听,2021(02):149-151.
[②] 喻国明,谌椿,王佳宁.虚拟现实（VR）作为新媒介的新闻样态考察[J].新疆师范大学学报（哲学社会科学版）,2017,38(03):15-21+2.

拟的"环境"来取代现实世界,而是通过引入多层次的数字信息,对真实事物进行丰富与完善,从而实现虚拟与现实之间"实时的无缝接合"。[①]AR技术主要是对现实世界的模拟再现,需要计算机分析数据,重建场景模型,自动识别场景数据,并在特定的节点构建出预先设定的虚拟场景。

VR/AR技术的发展与应用把融合新闻的互动性推向极致。受众通过各种VR/AR设备,进入新闻事件现场,仿佛身临其境,宛如亲身体验。在融合新闻报道中,受众通过VR/AR设备可以随意在增强与虚拟现实中切换,想更清楚了解新闻事件发生现场时,可以迅速切换到虚拟现实模式,获得全方位完全沉浸式体验。VR/AR新闻打开沉浸式体验的大门,极大地增强了新闻的真实性与受众的临场感。VR/AR技术把新闻报道的受众参与度提升到前所未有的层次。

(二)VR/AR技术在融合新闻报道中的应用

西方新闻界在VR新闻领域的尝试,开始主要集中在新闻纪录片领域,后来逐步扩展到新闻报道其他领域。2014年,《得梅因纪事报》推出应用VR技术的新闻《收获的变化》,此后,西方媒体陆续将该技术应用到新闻报道中。2015年,美国广播公司推出了"ABCNewsVR"服务;同年11月,《纽约时报》开发手机App应用——NYT VR,其推出的VR新闻《流离失所》报道儿童难民的真实生活。

国内媒体较早尝试"VR新闻"的是《人民日报》,在2015国庆阅兵仪式上播放VR全景视频。随后,国内各大媒体展开了"VR新闻"模式的探索,比如腾讯新闻用航拍VR技术报道深圳滑坡事故;搜狐新闻宣布与暴风魔镜合作引入VR技术。2016年传统主流媒体与主流门户网站纷纷在沉浸式新闻报道领域发力,2016年春运期间《人民日报》制作10分钟VR视频,呈现一对四川农民工夫妇从北京回乡的过程;2020年央视特别推出的"全景看战疫前沿"报道,通过VR技术360°还原"抗疫"前线场景,给用户带来丰富的"沉浸"与"临场"体验。[②]

新闻媒体广泛运用VR/AR技术进行新闻作品的生产与传播,为用户打造身临其境的沉浸感与体验感。VR/AR技术在新闻领域的应用范围从最初的重大时政新闻、灾难性与突发性事件报道扩展到文艺类、知识类以及教育类等新闻的报道中。VR/AR技术

[①] 史安斌,张耀钟.虚拟/增强现实技术的兴起与传统新闻业的转向[J].新闻记者,2016(01):34-41.
[②] 董卫民.沉浸式新闻(VR/AR):演进历程、创新路径及行业影响[J].未来传播,2021(04):41-47+120-121.

发展应用有助于传统媒体突破新闻生产、呈现及叙事等方面的困境,为传统媒体转型提供可行路径,VR/AR技术在新闻传播领域的应用也推动了媒体融合发展的进程。VR/AR技术在融合新闻的报道中结合其他技术手段,在丰富新闻报道的表现形式同时,也给受众带来了不一样的沉浸式体验。

二、元宇宙与融合新闻报道

2021年被称为元宇宙元年,有关元宇宙的讨论十分火热,但元宇宙这一概念早在20世纪90年代就已经被提出。脸书、微软、腾讯等国内外的各大互联网公司早已纷纷布局元宇宙,元宇宙概念的兴起将会推动融合新闻报道进一步发展创新。

(一)元宇宙概念的风行

"元宇宙"这一概念最早起源于1992年美国作家尼尔·斯蒂芬森发表的小说《雪崩》,小说向读者描绘了在未来虚拟世界中,人类可以利用虚拟身份在网络世界中与软件进行交互。元宇宙是与现实世界同步的世界,人们在元宇宙中拥有的一切在现实世界中都有相应的映射。虚拟引擎之父蒂姆·斯维尼将元宇宙定义为一种前所未有的大规模参与式媒介,带有公平的经济系统,所有创作者都可以参与、赚钱并获得奖励。[1]由此可以看出,元宇宙是一种新的媒体技术,有人认为元宇宙是互联网之后的新型媒体形态。元宇宙涉及的技术主要有虚拟现实(VR)、增强现实(AR)、混合现实(MR)、区块链、人工智能以及虚拟数字人、仿真机器人和脑机接口等,尝试将各类感官在虚实之间连接起来。

(二)元宇宙与融合新闻报道

在传统新闻报道中,受众获取的新闻事实经过新闻从业者的筛选和加工,是片面和间接的。在元宇宙技术的支撑下,受众可以体验到与现实世界一模一样的场景,借助各类感官接口,人们就可以进入元宇宙并获得身临其境的体验,受众不必通过记者的描述了解新闻事件,而是通过可穿戴设备进入新闻现场,获得最真实直观的沉浸式新闻体验。在融合新闻报道中,元宇宙技术的应用带来新闻报道领域的拓展、新闻传播效率的

---

[1]陈巍.元宇宙技术在新闻传媒业变革中的应用及展望[J].视听,2022(03):179-181.

提升与新闻分发方式的优化等方面的变革,助推融合新闻报道全面优化。

1. 拓宽新闻报道的领域

在元宇宙世界里,每个人都会有一个虚拟身份,事业圈、社交圈、信息圈都是完整存在的。随着元宇宙的不断发展,虚拟社会越来越贴近现实社会,最终与现实社会无限接近且平行于现实社会,未来虚拟社会里所发生的各种热点事件也可以成为新闻报道的关注点。元宇宙是在信息高度互通的前提下实现的,海量数据的挖掘和信息生产为新闻报道提供大量的素材,开辟新闻报道新的空间。

2. 提升新闻报道的效率

随着经济社会的进步与生活节奏的加快,受众对新闻报道的内容质量和传播速度的要求越来越高。在元宇宙虚拟社会中,人们都会成为元宇宙世界中新闻信息的分发者和传播者。人们可以自主地通过虚拟人脉和社交圈获取高质量的信息,甚至可以利用比直播形式更加具有体验感的元宇宙手段"亲临"现场,关注事情发展的动态。元宇宙虚拟社会中大量数字化身的涌入和技术带来的便捷传播,将会使新闻报道的效率进一步提升。

3. 优化新闻分发方式

数字传播时代,新闻信息的生产与传播变得去中心化,算法推荐的应用更是实现新闻信息的精准推送。在元宇宙技术的普及和应用中,新闻信息的精准推送会在算法推荐的基础上进一步提升。元宇宙为新闻信息的高速传播和精准投放提供更多的技术和平台,虚拟世界与现实世界的互联互通也将进一步促进媒体提升新闻资源的配置率,保证新闻信息的传播效果。另外,元宇宙将会涌现出更多的传播渠道,丰富新闻信息的分发与传播,保证新闻信息在虚拟世界和现实世界同步传播。[1]

元宇宙尚处于起步阶段,其应用领域还比较有限。由于元宇宙"虚实结合"的特性,与传媒业存在广泛的交集,元宇宙将会成为未来媒体融合发展新的增长点。随着元宇宙技术发展应用,未来新闻媒体的内容生产与传播渠道都可能面临巨大革新,基于元宇宙技术的媒体传播平台也将会越来越丰富,进而引发更加新颖的新闻报道方式,融合新闻报道将迎来更加广阔的发展空间。

---

[1] 陈巍.元宇宙技术在新闻传媒业变革中的应用及展望[J].视听,2022(03):179-181.

三、融合新闻报道的用户沉浸式体验

随着数字传播技术的发展与应用,依托多媒体手段和可视化技术的融合新闻报道越来越普遍,构建真实、多元与身临其境的新闻场景,为读者和受众提供沉浸式体验,是融合新闻报道的发展趋势。沉浸式体验(Immersive Experience)是指让受众置身于新闻事件丰富而多元的信息环境中,产生浸湿式的感受与思考。融合新闻报道的用户沉浸式体验主要体现在数据可视化创造的沉浸式体验、多媒体融合产生的沉浸式体验,以及虚拟现实应用带来的沉浸式体验三个方面。[①]

(一)数据可视化创造的沉浸式体验

对于一般受众而言,数据是抽象和专业化的,财经新闻报道涉及较多的数据,往往枯燥乏味,因而受众达到率不高。随着数据可视化技术的发展应用,财经新闻开始采用数据可视化的呈现方式,为受众提供多维的可视化信息,从而打造沉浸式的阅读体验。数据可视化新闻运用数据三维图创建新闻场景,将繁杂、抽象的专业数据用图表、动画来代替,清晰直观的数据图表使受众对复杂的数据一目了然,受众更加准确地把握新闻事实。

数据可视化技术的应用让受众获得在阅读文字报道时所没有的沉浸式体验。数据可视化兼具形式生动、内容深刻与信息多元的特点,使受众沉浸在新闻场景中。早期数据可视化技术创造的沉浸式新闻在画面和观感的设计上受众的参与感较弱,后来慢慢加入了一些与受众互动的环节,受众与新闻的交互设计进一步提升了沉浸式体验。

(二)多媒体融合产生的沉浸式体验

多媒体融合技术通过图片、视频、文本、声音、动图等多种表现元素为受众创造生动多元的沉浸式体验。以2019年"致敬70年微电影《头条里的青春中国》9月27日正式上线"为例,这条沉浸式新闻视频以第一人称视角讲述影片制作的幕后故事,对拍摄内容、取景和选材进行多元处理,为受众打造身临其境的观感。受众在观看视频时仿佛是自己在进行微电影的拍摄制作,给受众营造一种亲身参与的沉浸式体验。

[①] 杭敏.融合新闻中的沉浸式体验——案例与分析[J].新闻记者,2017(03):76-83.

多媒体融合技术一方面增加了新闻信息的可读性、趣味性和生动性,另一方面也为受众提供更加丰富多元的信息内容。多媒体融合实现信息与受众的交互,受众以一种参与和互动的形式与新闻信息进行对话,产生沉浸式体验。借助多媒体融合技术,受众不必拘泥于新闻报道的叙述顺序,而是可以按照自己的喜好和兴趣,选择想要了解的内容,以及阅读速度、时间和顺序,极大地增加新闻报道的吸引力。[1]

(三)虚拟现实应用带来的沉浸式体验

虚拟现实技术在新闻报道中的应用产生VR沉浸式新闻,受众的参与感、互动感和真实感进一步提高。VR沉浸式新闻与传统的新闻相比,最大的优势在于能给受众提供沉浸式的新闻体验。受众借助于VR设备实现"在场"的新闻体验,通过交互式功能,受众还可以进行新闻场景内的新闻信息探索。央视"武汉重启第一周烟火气又回来了!"利用VR技术将武昌火车站、楚河汉街、光谷广场等武汉标志性场所进行360°的全景画面呈现,受众以第一人称视角直观明了地感受武汉的生机与活力。

VR沉浸式新闻极大还原新闻事件的本来面貌,受众可以获得全方位、多角度的新闻体验。在央视网的"VR+新闻"中,大部分报道给受众提供如记者实地走访般的观察角度。例如"直击沙尘暴侵袭北京"VR新闻报道给观众呈现了7个全景画面,画面左侧标注有沙尘暴成因、天气状况及注意事项等,以VR形式实现受众的"在场"式探索观看。[2]虚拟现实技术的应用在提升受众沉浸式体验的同时,也使沉浸式体验成为当前融合新闻报道创新发展的重要趋势之一。

第三节　融合新闻报道的智能化发展

人工智能技术带来新闻内容生产的自动化与新闻播报的智能化。从人工智能技术在新闻行业的应用现状来看,目前融合新闻报道的智能化发展还处于初期阶段。智能

---

[1] 马江梅.多媒体融合技术下的沉浸式新闻——以《头条里的青春中国》为例[J].视听,2021(02):149-151.
[2] 彭好宁,罗家稷,黄洪珍.媒体深度融合背景下"VR+新闻"的探索与启示——以央视网"VR浸新闻"为例[J].新闻战线,2021(20):112-114.

机器写作在提高新闻报道速度、解放记者的生产力的同时,也带来新闻内容的同质化与浅层化问题;AI合成主播的智能化新闻播报,在实现新闻24小时不间断播报的同时,也导致新闻播报人性化与人情味的缺失。因此,不论是智能机器写作还是AI合成主播都需要在技术层面进行人性化的改进和完善,相信未来融合新闻报道的智能化发展将会一进步加快。

一、人工智能与新闻报道的变革

人工智能(Artificial Intelligence,简称AI)是计算机科学的一个分支,主要用于研究和开发模拟、延伸和扩展人类智能的理论、方法、技术及应用系统。人工智能企图了解智能的实质,生产出一种新的能够以人脑的方式做出反应的智能机器,研究领域主要包括机器人、语言识别、图像识别和自然语言处理等。人工智能在新闻传播领域的应用表现在算法新闻、智能机器写作、传感器新闻、数据新闻等方面。人工智能正在推动人类社会进入智能时代,人工智能在数据挖掘与信息采集、自动化写作、算法式分发、自动化事实核查、优化产品以及社交机器人等各个环节的应用,引发传媒产业、新闻报道实践以及新闻从业者等领域的变革。[1]

新闻媒体认识到人工智能技术的发展趋势,不断进行人工智能与新闻报道结合的探索。人工智能技术在新闻报道中已经得到较为广泛的应用,新华社的"媒体大脑"便是人工智能与媒体平台融合的产物。"媒体大脑"于2017年上线运行,包括新闻采集、新闻分发、版权监测、人脸核查、用户画像、智能会话、语音合成等模块的服务。[2]在2021年两会期间,"媒体大脑"推出关于两会工作报告的MGC报道,用智能机器新闻写作对两会工作报告中的关键词、高频词等的趋势变化进行了呈现。"媒体大脑"已经形成了一条智能化新闻生产流水线,由记者和编辑来定义产品设计模型,然后让机器批量生产内容。[3]新华社将新闻报道与人工智能技术进行创新性融合,顺应传播技术发展的潮流,突出发挥融合新闻报道的可读性、观赏性和趣味性。[4]

---

[1]陈昌凤,石泽.价值嵌入与算法思维:智能时代如何做新闻[J].新闻与写作,2021(01):54-59.
[2]匡野,陆地.5G视域下主流媒体融合创新发展的进路[J].中国编辑,2020(07):14-18.
[3]徐常亮.媒体大脑:媒体与人工智能的融合重生之路[J].传媒,2018(03):23-25.
[4]王素.媒介融合大潮之下的中国主流媒体融合新闻报道探索[J].中国传媒科技,2020(12):64-66.

二、智能机器新闻写作

智能机器写作是人工智能技术在新闻报道领域应用最为广泛,国内外一大批智能写作机器人在新闻报道中大显身手,改变传统人力写稿的新闻内容生产格局。

(一)智能机器新闻写作的发展

智能机器新闻写作的实质是一种计算机软件程序。国外较早的实践是2006年美国汤姆森公司运用机器人记者撰写经济和金融新闻。2010年美国Narrative Science(叙事科学)公司开发出新闻写作软件Quill,主要为一些新闻杂志自动编写内容。2014年7月,美联社开始使用Wordsmith平台进行财经新闻的自动编写。国内智能机器写作发轫于2015年,腾讯财经推出智能写作机器Dreamwriter,对财经新闻进行自动化报道。同年11月,新华社推出智能写作机器"快笔小新",主要应用于体育与财经新闻报道,进一步扩大智能机器写作在新闻领域的应用。目前,各大媒体都相继推出自己的"写稿机器人",今日头条的"张小明"、封面新闻的"小封"、《南方都市报》的"小南"等相继亮相。从国内外智能机器写作的新闻实践来看,大多集中在财经、体育、地质气象等领域的新闻报道。

智能机器写作是一种基于数据与算法驱动的新闻内容生产模式。智能机器新闻写作需要输入海量题材和数据,并建立起庞大数据库,在此基础上读取相关报道所需素材,依据新闻要素和相关事实进行搜索抓取。智能机器新闻写作对所抓取的关键信息进行算法处理和分析,找到这些信息之间的关系及变化趋势,确定新闻报道的角度和方向。智能机器在系统中自动选取写作模板,将之前筛选组合出的素材信息嵌入模板,自动生成新闻报道文本。[1]

人工智能技术的发展和应用掀起新一轮自动化革命。自动化革命的基本理念是,把机器或者程序能做的交给机器和程序,从而把人力解放出来去从事具有创新要求和需要发挥想象力的工作。[2]智能机器新闻写作引起人们的广泛讨论,有人持悲观态度,认为智能机器会让新闻从业者失去存在的价值,未来会有大量的记者编辑失业。而乐观派的看法是让记者回归新闻工作的本质,而不是忙于数据处理。智能机器程序帮助

---

[1]丁琼.人工智能背景下机器人新闻写作的应用与反思[J].声屏世界,2021(02):30-31.
[2]许向东.智媒体的发展路径与探索突破[J].人民论坛,2021(17):98-101.

记者处理数据这些闲碎事务,从而让记者有更多时间去从事调查及深度新闻写作。因此,智能机器新闻写作并不会导致记者编辑等新闻从业者的消亡。

(二)智能机器新闻写作的优势

任何技术都有两面性,智能机器写作在给新闻报道带来便利的同时,也给传媒业和新闻从业人员带来了一些负面影响。智能机器新闻写作的优势主要体现在以下方面。

1. 素材收集更便捷

在传统新闻报道中,新闻素材往往是由新闻从业者的采访活动收集而来的。新闻报道者前往现场进行深度采访,获得关于新闻事件的各种信息,因此,新闻素材的数量与来源都有一定的局限性。随着人工智能技术的应用,新闻素材的获取非常方便,遍布各地的传感器可以广泛地采集信息。数字媒体平台上的用户行为数据、地理位置信息数据,用户生产内容等开始被广泛应用于新闻报道。人工智能技术背景下新闻素材的来源不再只依靠新闻从业者的人力采集,新闻信息自动化采集在一定程度上解放了新闻从业者的劳动力,使得新闻素材收集更加便捷。

2. 新闻生产更高效

传统新闻内容生产最早依靠记者手写新闻稿件,后来利用电脑将采访资料进行整理并完成新闻写作,效率大大提高。智能机器写作使得新闻内容生产更加快速,新闻生产效率空前提高。美联社的"Wordsmith"平台可以模仿美联社的写作风格进行自动财经新闻生产,生产速度高达3000篇/月。在突发性事件的报道中,智能机器新闻写作也发挥着重要作用。2017年8月四川九寨沟地震发生后,中国地震台网的"地震信息播报机器人"花25秒就完成了地震消息报道,稿件内容包括地震位置、震中地形、天气情况、热力人口、周边村镇及县区等元素。[1]智能机器可以24小时全天候地工作,大大降低了新闻生产的成本,极大地提高新闻生产的效率,满足媒体融合环境下受众对新闻时效性的要求。

3. 新闻内容更客观

真实是新闻的生命,准确客观地进行新闻报道是保证新闻真实性的要素之一。新闻从业者的职业素养也要求新闻记者对新闻事件要保持客观中立的态度。在传统新闻

---

[1] 周文韬,孙志男.5G背景下主流媒体融合转型的可能性分析[J].新闻战线,2019(3),66-68.

采访与写作中,新闻记者作为鲜活的生命体,很难克服主观性问题,对新闻事件与新闻人物的分析难免不加入自己的情感态度,因此,新闻报道往往带有一定的倾向性。智能机器新闻写作避免人工因素干预,通过计算机程序对复杂而大量的数据进行处理,极大地降低新闻报道的出错率,增强新闻报道内容的严谨性,最大限度地保证新闻的客观性。①

4.预测性报道成为可能

智能机器新闻写作已经不再局限于对已发生新闻事件进行报道,还能通过对已有数据的分析进行预测性报道。智能机器所处理的数据量和运算速度也远远超过人脑,分析与计算的精准程度要远远高于人类。智能机器写作的预测性报道主要集中在财经类新闻中,智能机器根据已有新闻数据的分析,推断新闻事件未来的发展变化趋势,获取即将发生的新闻事件信息,以便提前做出反应与处置。

(三)智能机器新闻写作的不足

智能机器新闻写作具有人力新闻写作不可比拟的优势,但是也存在一些不足,比如新闻报道领域受限、用户隐私数据面临侵犯的风险、新闻的灵活性与人情味缺失等。

1.新闻报道领域受限

智能机器新闻写作具有程序化、模式化的特点,在写作时往往套用现成的模板,只需填充数据化的内容到模板中,即可生成一篇新闻稿件。目前,智能机器新闻写作只是广泛应用于财经、体育和灾难新闻等以使用数据为主的新闻报道中,并不具有普遍适用性。智能机器新闻写作对数据处理比较有优势,在一些不需要太多创造力的领域的应用已经近乎成熟,但在其他报道领域的应用还有待进一步拓展。智能机器新闻写作由于套用模板的局限性,在道德伦理与抽象思维上并不具备像人一样思考的能力,故其很难应用于新闻特写与深度报道等题材新闻报道。

2.隐私数据侵犯风险

智能机器新闻写作建立在大数据基础上,离不开各种数据的收集,如果对数据的收集和处理不当就会引发一些问题,突出表现在侵犯受众的个人隐私。数字媒体平台在为用户定制或推送个性化的新闻信息时,往往要用到用户的使用习惯、浏览行为等数

---

①程振楠,邰一童.机器人新闻:人工智能与新闻生产[J].新闻研究导刊,2019,10(23):101+103.

据,而这些数据都属于个人信息的范畴。在未经用户允许的前提下收集并使用个人数据,都属于侵犯个人隐私。随着受众个人隐私保护意识的觉醒,出于个人自我保护的心理,受众通常不会表露自己的真实想法和真实数据。因此,数据真实性存在一定瑕疵的情况下,可能导致虚假新闻的产生。

3.灵活性和人情味缺失

智能机器新闻写作与人工新闻写作相比,对数据处理有着更高效、更精准的能力,通过对海量数据进行处理,从而能够进行快速真实、准确客观的新闻写作。但套用模板和机械化地填充也会导致智能机器新闻写作模式过度单一,不具有灵活性和独创性,智能机器也不能生成具有人情味的新闻报道。一些诸如民生新闻等类型的报道需要加入一些人情味以引起受众共鸣,并吸引更多受众阅读。

传统新闻报道由于新闻从业者感情的加入,可能会影响新闻事实的客观性,这就导致有人情味的新闻记者不能做到完全客观。而智能机器新闻写作没有感情投入,则可以保证新闻报道的客观性,但是人情味与创造性缺乏。所以,未来理想的新闻写作应该是人的创造能力与人工智能技术的深度结合。在智能机器新闻写作范围不断扩大的今天,新闻报道将向何处发展,也是人们需要思考的问题。

三、常见的智能新闻写作机器

随着智能机器写作技术在新闻报道中的应用,一些智能写作机器活跃在新闻报道中,比较常见的有:腾讯"Dreamwriter"、新华社的"快笔小新"、今日头条的"张小明"以及人民日报的"智能创作机器人"等。

(一)腾讯的"Dreamwriter"

Dreamwriter是由腾讯财经于2015年9月10日开发的一款自动化新闻写作软件,最初主要为腾讯撰写财经新闻。Dreamwriter可以根据算法在第一时间自动生成稿件,瞬时输出分析和研判,一分钟内将重要资讯和解读送达用户。Dreamwriter广泛进入人们视野是源于2015年9月的一篇题为《8月CPI同比上涨2.0%创12个月新高》的消息报道,这篇由Dreamwriter写作的消息能够在一分钟内将重要信息进行解读并送达客户,解决了人工整理大量的琐碎数据速度慢的难题。

2019年博鳌亚洲论坛上,Dreamwriter又根据腾讯实时传输的会议纪要,完成了一篇结构化的文章报道,过去由普通记者可能需要20分钟才能完成的新闻作品,交由Dreamwriter只需要0.46秒即可完成,极大地提高新闻生产效率。目前,Dreamwriter智能写作系统能够通过自动学习,自己生成模板,应用领域也由原来的财经和体育新闻扩展到了电影、游戏以及社会新闻等多个领域,并且每天可以生产近5000篇规范化的新闻稿件。

(二)新华社的"快笔小新"

2015年11月7日,新华社推出自主研发的智能机器写作系统"快笔小新",实现采编业务与技术手段的深度融合,主要适用于体育赛事、经济行情、证券信息等快讯、简讯类稿件的写作。"快笔小新"上线后,最初在新华社体育部、中国经济信息社等部门投入使用。事实证明,"快笔小新"的使用减轻这些部门采编人员的工作强度,使他们有更多的时间投入深度报道的采写业务中。2016年里约奥运会上,升级版的"快笔小新"全程跟进赛事并第一时间发出报道,实时发布500多篇赛事稿件,受众可以及时了解赛事进展。

"快笔小新"能够实时收集并生成政府部门发布的重要信息稿件。2017年"快笔小新"上线针对天气预报业务场景开发的中英文写稿功能。目前,"快笔小新"已经实现数据采集、内容生成全流程的自动化,仅需3秒就可以完成一篇财经新闻报道,而且能做到标题、图表、分析一应俱全。但是"快笔小新"依旧避免不了报道领域和行业受限、稿件缺乏情感、深度报道的能力不足等问题。

(三)今日头条的"张小明"

2016年里约奥运会上,由北京大学王选计算机研究所和今日头条媒体实验室联合研发的智能机器人"张小明(xiaomingbot)"开始崭露头角,其工作原理是结合自然语言处理、机器学习和视觉图像处理技术,再通过语法合成与排序学习生成新闻。2016年里约奥运会期间,"张小明"在13天内共撰写了457篇关于羽毛球、乒乓球、网球的消息简讯和赛事报道,每天撰稿30篇以上,几乎囊括从小组赛到决赛的所有赛事。[1]"张小明"大约2秒就能生成一篇新闻报道,写作速度之快几乎与电视直播同时,并且能够24小时不间断地工作,大大减少了采编人员的工作量,提升了新闻信息的生产能力。

---
[1] 朱静茹.机器人写作对于体育新闻传播的影响[J].新闻研究导刊,2018,9(11):84-85.

作为国内第二代智能新闻写作机器人,"张小明"具有写稿速度更快、拟人化程度更高、发布稿件更多以及识别筛选图片更强的优点。"张小明"在2秒内完成稿件并上传至媒体发布,在发布单场赛事消息的同时还能生成整个比赛的赛事简报,不仅可以识别图片,还可以根据报道内容选取插入赛事图片。最值得关注的是"张小明"还能模仿人类的语气,使用"笑到了最后""实力不俗"等富有感情性的词语。目前"张小明"不仅局限于体育新闻报道,还广泛应用于财经、房地产等领域的新闻写作,比如"小明看财经""房产情报站""小明看世界"等,在很多领域均能自动生成相应主题的新闻报道。

(四)人民日报的"智能创作机器人"

2021年全国两会期间,人民日报推出集5G智能采访+AI辅助创作+新闻追踪多种功能于一身的"智能创作机器人"。"智能创作机器人"由人民日报智慧媒体研究院研发,能够为新闻报道全程提供智能支持,主要包括5G智能采访、AI辅助创作、两会新闻追踪、全媒体智能工具箱、音视频智能处理、智能生成视频等功能。

5G智能采访让新闻信息采集更自由、更方便,记者借助智能设备,只需一人即可完成访谈、拍摄、记录等工作,大大节省了人力。2021年全国两会期间,人民日报新媒体中心记者佩戴智能眼镜,联动使用"智能创作机器人"的全媒体智能工具箱,自动整理现场采集的文字、语音和视频素材,智能提取有效部分,一键检索全网相关资讯,自动汇总梳理背景信息并自动编写各地区、行业热点聚合新闻,采写编辑效率被进一步提升,新闻也更有时效,只需一人就出色地完成现场拍摄和剪辑工作。

"智能创作机器人"包括直播剪辑、智能生成视频、4K在线快编、音视频字幕添加、智能配音、语音识别、横屏转竖屏等各种智能工具,让新闻从业者摆脱技术的限制,实现一站式智能创作。智能工具的使用缩短记者前期的准备时间,也解决常见的技术难题,让精细化的新闻产品实现高效率分发。在日常的直播报道实践中,人民日报新媒体一方面保证长时间的视频直播,另一方面通过实时剪辑直播信号将直播中的精彩片段发布出去,形成"实时完整呈现+轻量化碎片化传播"的内容组合。

随着人工智能技术应用的成熟与传播理念的变化,新闻报道也越来越表现出智能化、可视化、社交化和互动化的特点。相比较于前几代的智能机器新闻写作,人民日报的"智能创作机器人"拥有更多的功能、新闻生产特别是视频新闻创作也更加的智能化,并且突破已有的智能机器新闻写作仅适用于财经、体育等报道领域的限制。相信在未来的融合新闻报道中,智能机器写作必将会获得更大的发展。

四、融合新闻报道的智能化趋势

随着人工智能技术的进一步发展,未来新闻报道智能化趋势更加明显,不仅新闻报道的内容范围会得到扩展,新闻表达形式与报道流程也都会变得更加智能化。

(一)新闻报道智能化应用领域更加广泛

随着人工智能技术的深入发展,新闻报道智能化应用领域不断拓展,智能机器写作正逐渐升级为智能化生产,即在智能机器写作基础上进行多样化智能内容生产。比如新华社在全国两会期间利用生物传感智能机器人Star以5G+AI的声像分析技术进行创新报道,人民日报推出"云剪辑师"创新生成音视频内容,微软发布个人智能助理"小娜"突出与用户对话、为用户提供服务等功能。近年来,社交机器人作为多元主体不仅参与用户互动,更参与新闻生产,成为行业发展的热点。从早期的机器写作到如今的多元智能创作,新闻报道领域也逐步拓展到政治、社会、民生、社交等领域,人工智能技术在新闻内容生产体系中的作用日益突出。

(二)新闻报道智能化表达形式更加丰富

内容和形式在内容生产机制中是相辅相成的,智能化不仅推动内容生产变革,同样带来媒体表达形式的创新和多元。以当下流行的虚拟主播为例,2018年新华社与搜狗公司合作推出3D版AI合成主播"新小微",2019年又推出站立式AI合成主播"新小浩"和AI合成女主播"新小萌",从坐着播新闻到站着播新闻,动作、语言、表达更加人性化。虚拟主播是人工智能在新闻报道中的又一个创新型应用,加快了新闻报道智能化进程。新闻报道表达形式创新的目的是更好地呈现内容,进行场景式与沉浸式的互动传播。

(三)新闻报道智能化运行效率更加提升

媒体融合初期"中央厨房"成为主流媒体变革内容生产体系的实践路径。"中央厨房"可以实现"一次采集、多种生成、多元传播",目的是避免多媒体平台内容生产的资源浪费,提高生产效率。随着媒体智能化程度的不断提高,智能编辑部逐渐开始接力"中央厨房",成为提高新闻生产效率的有力举措。一些主流媒体开始成立智能编辑部,在新闻生产机制和流程再造方面进行尝试。2019年新华社"智能化编辑部"、央视网"人工智能编辑部"以及人民日报社"AI智能编辑部"纷纷成立。从"中央厨房"的集约化导向到智能编辑部的技术化驱动、产品化思维及智能化应用,新闻报道智能化运行效率大为提升,实现媒体资源的集约利用、共建共享、有效增值甚至产能输出。[①]

人工智能技术在新闻传播行业的应用目前仍处在初级阶段,大多数智能机器写作仅仅是有能力而无智慧,更不具备价值判断的能力。智能机器写作主要应用于内容简单的新闻报道领域,不需要复杂的创造性劳动,基于大数据提供素材,借助一定的算法模型即可完成。但是人工智能写作却并不能理解和解释写作内容,相比较于新闻从业者写作的新闻报道,智能机器生产的新闻报道难以提炼出深刻独到的观点,也不能对新闻事件做出解释与深入分析,智能机器新闻报道在社会责任与伦理规范方面也存在一些监管问题,这些都需要不断完善与发展。但是,未来已来,将至而至,远方不远,我们相信新闻报道的智能化发展未来可期。

知识回顾

随着数字传播技术的快速发展与应用普及,新闻从业者在新闻报道中的主导地位被打破,新闻报道的主体变得多元化,融合新闻报道的内容生产方式主要有UGC、OGC、PGC、MGC四种模式。在融合新闻报道中,随着数据可视化技术、多媒体融合技术以及虚拟现实技术在新闻报道中的应用,受众接受新闻的方式也从传统的听、读、看变成多种感官共同参与的第一人称视角体验,沉浸式体验成为未来新闻报道的发展趋势。人工智能技术在新闻报道中的应用催生了智能机器写作,凭借着快速高效、真实、客观的优点,智能机器写作在某些领域解放了记者的劳动力,但也存在报道领域局限、侵犯个人隐私及不具有人情味的问题。在人工智能技术的推动下,未来新闻报道的智能化应用领域会更加的广泛,智能化表达形式也更加丰富,智能化程度也会越来越高。

[①] 黄楚新,许可.人工智能技术驱动传媒业发展的三个维度[J].现代出版,2021(03):43-48.

思考与拓展

1.融合新闻报道的主体有哪些?

2.沉浸式新闻有哪些报道形式?

3.人工智能在新闻报道中的应用主要体现在什么方面?

4.常见的智能新闻写作机器主要有哪些?

参考文献

一、著作类

[1]阿尔文·托夫勒.第三次浪潮[M].黄明坚译,北京:中信出版社,2006.

[2]巴拉巴西.爆发:大数据时代预见未来的新思维[M].马慧译.北京:中国人民大学出版社,2012.

[3]迈尔-舍恩伯格,库克耶.大数据时代[M].盛杨燕,周涛译.杭州:浙江人民出版社,2013.

[4]艾瑞斯.大数据思维与决策[M].宫相真译.北京:人民邮电出版社,2014.

[5]罗杰斯.数据新闻大趋势:释放可视化报道的力量[M].岳跃译.北京:中国人民大学出版社,2015.

[6]门彻.新闻报道与写作[M].9版,展江等译.北京:华夏出版社,2003.

[7]莱特尔等.全能记者必备[M].7版.宋铁军译.北京:中国人民大学出版社,2010.

[8]梅宁华,支庭荣.中国媒体融合发展报告.2021[M].北京:社会科学文献出版社,2021.

[9]艾丰.新闻采访方法论[M].3版.北京:人民日报出版社,1996.

[10]甘惜分.新闻学大辞典[M].郑州:河南人民出版社,1993.

[11]林如鹏.新闻采访学[M].广州:暨南大学出版社,1998.

[12]邱沛篁.新闻采访论[M].成都:四川大学出版社,2001.

[13]郭庆光.传播学教程[M].2版.北京:中国人民大学出版社,2011.

[14]周胜林,尹德刚,梅懿.当代新闻写作[M].2版.广州:暨南大学出版社,2005.

[15]丁法章.新闻评论教程[M].上海:复旦大学出版社,2002.

[16]李良荣.新闻学概论[M].7版.上海:复旦大学出版社,2021.

[17]许颖.新闻采访与写作[M].北京:中国传媒大学出版社,2011.

[18]高钢.新闻报道教程——新闻采访写作的方法与技术[M].北京:高等教育出版社,2010.

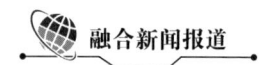

[19]刘海贵.中国新闻采访写作教程[M].上海:复旦大学出版社,2008.

[20]刘坚.新闻报道现代方法[M].长春:吉林大学出版社,2009.

[21]陈祖继,刘彤,于宁.新闻采写实用教程[M].北京:中国传媒大学出版社,2014.

[22]吴晨光.超越门户:搜狐新媒体操作手册[M].北京:中国人民大学出版社,2015.

[23]窦丰昌.媒变:中国报纸全媒体新闻生产"零距离"观察[M].广州:中山大学出版社,2016.

[24]熊高.新闻采访[M].北京:中国传媒大学出版社,2006.

[25]刘建明.当代新闻学原理[M].北京:清华大学出版社,2003.

[26]赵振宇.新闻报道策划[M].武汉:武汉大学出版社,2008.

[27]张志安.深度报道:理论、实践与案例[M].北京:高等教育出版社,2015.

[28]杨秀国.新闻报道策划[M].北京:人民日报出版社,2012.

[29]吴飞,黄超.全媒体新闻编辑·案例教学[M].北京:中国传媒大学出版社,2015.

[30]钟央.电视新闻全媒体融合[M].北京:科学出版社,2016.

[31]刘滢.国际传播:全媒体生产链重构[M].北京:新华出版社,2016.

[32]刘小华,黄洪.互联网+新媒体:全方位解读新媒体运营模式[M].北京:中国经济出版社,2016.

[33]刘冰.融合新闻[M].北京:清华大学出版社,2017.

[34]柯罗茨.融合新闻学实务[M].憝美云译.北京:清华大学出版社,2016.

[35]徐明华.融合新闻报道[M].武汉:华中科技大学出版社,2019.

[36]李沁.融合新闻学概论:理论、实务、操作解析[M].北京:中国人民大学出版社,2021.

[37]刘涛.融合新闻学[M].北京:高等教育出版社,2021.

[38]唐铮.新媒体新闻写作、编辑与传播[M].北京:人民邮电出版社,2020.

[39]肖倩,谢海涛,初晓青.数据新闻的可视化实践[M].北京:电子工业出版社,2021.

[40]杨逐原.网络空间的劳动图景:技术与权力关系中的网络用户劳动及报酬[M].北京:中国人民大学出版社,2020.

[41]丁柏铨.新闻采访与写作[M].3版.北京:高等教育出版社,2014.

二、期刊类

[1]董年初.视听新媒体相关技术[J].中国广播电视学刊,2007(04).

[2]蔡雯.从"超级记者"到"超级团队"——西方媒体"融合新闻"的实践和理论[J].中国记

者,2007(01).

[3] 栾轶玫.融合时代传统媒体"转型"的方法与路径[J].北大新闻与传播评论,2014(0).

[4] 李玮.跨媒体·全媒体·融媒体——媒体融合相关概念变迁与实践演进[J].新闻与写作,2017(06)

[5] 匡文波,邵楠.国外融媒体实践及启示——以英国BBC为例[J].对外传播,2016(11).

[6] 栾轶玫,杨宏生.从全媒体到融媒体:媒介融合理念嬗变研究[J].新闻爱好者,2017(9).

[7] 徐敬宏,袁宇航,侯彤童.从"十三五"到"十四五":我国传媒政策的回顾与展望[J].郑州大学学报(哲学社会科学版),2021,54(1).

[8] 胡正荣,张英培.我国媒体融合发展的反思与展望[J].中国编辑,2019(6).

[9] 雷跃捷,何晓菡,古丽尼歌尔·伊力哈木."融合报道"的概念、内涵、特征及发展趋势——基于中国新闻奖与普利策新闻奖"融合报道"作品的比较分析[J].新闻战线,2019(13).

[10] 龚瀛琦,张志安.融合报道的特征及生产机制[J].新闻界,2011(3).

[11] 王天定.融合报道:"融合"如何助力"深度"[J].青年记者,2017(22).

[12] 陈玉梅.新形势下一线记者融媒体意识能力的培养策略[J].西部广播电视,2021,42(11).

[13] 付继鹏.新媒体时代记者需要新思路[J].记者摇篮,2021(11).

[14] 李艳梅,赵轶.我国地市级融媒体发展的意义、困境与对策——基于湖北五地市融媒体发展的调研[J].新闻传播,2021(19).

[15] 谢新洲,黄杨.我国县级融媒体建设的现状与问题[J].中国记者,2018(10).

[16] 高洁.如何"炼"就全能型记者[J].新闻传播,2020(19).

[17] 向文娟.融媒体时代纸媒记者转型提升的对策探索[J].传媒论坛,2021,4(19).

[18] 杨吉红.融媒体时代新闻记者应该具备的核心能力[J].记者摇篮,2021(11).

[19] 王曙光.融媒体时代新闻记者的转型与发展探析[J].新闻前哨,2021(1)

[20] 王建军.融媒体时代新闻记者采编工作面临的挑战与应对策略[J].西部广播电视,2021,42(10).

[21] 郑淇夫.融媒体时代新闻采编人员的能力与素质讨论[J].新闻前哨,2021(10).

[22] 张新艳.融媒体时代如何打造全能型记者[J].西部广播电视,2021,42(13).

[23] 施伟.融媒体时代电视新闻记者的困境与突破[J].中国报业,2021(16).

[24] 汤思琪.融媒体平台发展现状和困境的认识和思考——以人民日报"中央厨房"为例[J].新闻前哨,2020(01).

[25] 李晓燕.融媒体环境下全能记者的技能要求[J].传播力研究,2017(06).

[26] 鲁京菁.融媒体背景下的新闻报道特色研究——以2021年两会报道为例[J].视听,2021(10).

[27] 郭晓敏.人民日报融合新闻生产的特色[J].传媒,2021(10).

[28] 陈芳.全媒体时代的全能编辑[J].新媒体研究,2018(09).

[29] 王安妮,邰玉金.Vlog+新闻：短视频传播助力疫情报道[J].青年记者,2020(26).

[30] 侯夷.编辑理念与编辑能力创新刍议——基于数据新闻学视角[J].采写编,2018(01).

[31] 王振蕙.媒介融合语境下编辑角色重构与编辑流程再造[J].电视研究,2012(08).

[32] 胥晓红.融媒体环境下编辑的融合意识与融合能力[J].新闻文化建设,2020(04).

[33] 童洁.融媒体新闻编辑创新意识与能力的提升[J].记者观察,2021(08).

[34] 丁红.报社新闻编辑工作如何应对媒体融合时代的挑战[J].新闻前哨,2021(10).

[35] 成文胜,娜日莎.云时代新闻生产流程的再造和优化[J].青年记者,2020(21).

[36] 王梓薇.H5在新闻报道中的创新应用研究[J].智库时代,2019(27).

[37] 章戈浩.作为开放新闻的数据新闻——英国《卫报》的数据新闻实践[J].新闻记者,2013(6).

[38] 詹新惠.H5产品的基本样式及其在新闻领域的应用[J].新闻与写作,2017(6).

[39] 张佳妮.VR新闻对新闻报道的意义、局限与发展路径[J].传媒,2018(5).

[40] 帅俊全.AR技术在电视新闻报道中的应用[J].中国出版,2018(14).

[41] 陈雅博.时政短视频《主播说联播》的创新之道[J].青年记者,2020(5).

[42] 姚静.论AR技术在文化新闻报道中的融合与应用方向[J].出版广角,2019(21).

[43] 梁潇.虚拟/增强现实技术在新闻报道中的应用与前景分析[J].西部广播电视,2021,42(14).

[44] 韩姝,阳艳娥.政务新闻的短视频化特性与发展——以央视新闻中心官方微博"央视新闻"为例[J].传媒,2021(10).

[45] 郝妍.资讯短视频的现状与前景分析——梨视频与Newsy比较[J].青年记者,2017(14).

[46] 吴旭云,李明.移动短视频新闻发展的现状与趋势[J].传媒,2018(19).

[47] 张英培.我国新闻资讯类短视频的布局、趋势与前景[J].新闻世界,2020(3).

[48] 张旸.人民日报"中央厨房"构建行业新生态[J].青年记者,2017(7).

[49] 崔冬妮.浅析如何做好新闻选题策划[J].新闻研究导刊,2015,6(14).

[50] 达娃拉姆.对电视新闻选题创新的思考[J].记者摇篮,2021(9).

[51] 李武周.当前媒体环境下如何做好新闻选题策划[J].记者观察,2018(29).

[52] 张强.浅谈新闻线索的发现与运用[J].新闻研究导刊,2016(01).

[53] 黄舜.浅谈选题策划是好新闻的关键[J].记者观察,2020(14).

[54] 廖建明.融媒体时代选题策划的思路创新和实践分析[J].今传媒,2021(07).

[55] 肖瀚.融媒体时代法治新闻选题策略分析[J].中国报业,2021(13).

[56] 陈廉.如何做好新闻选题策划[J].新闻战线,2020(10).

[57] 水娟.新华网两会融媒体报道内容创新探析[J].传媒,2021(17).

[58] 关越.新媒体背景下新闻选题策划的因素及其规律[J].记者摇篮,2020(11).

[59] 钱煦.新媒体时代如何做好新闻采访工作[J].西部广播电视,2020,41(22).

[60] 和曼,焦飞越.信号、表征、沟通与交互:融合新闻的叙事策略研究[J].现代传播,2021(10).

[61] 郭乐欣.信息化背景下如何开展新闻选题策划工作[J].传播力研究,2019(18).

[62] 郑京湘.从流程上探讨新闻策划的运行机制[J].新闻与写作,2010(12).

[63] 王三春.融媒体时代的新闻策划探讨[J].传媒论坛,2020,3(01).

[64] 程奇芳.融合创新类新闻报道的典型示范——以《海拔四千米之上》为例[J].传媒,2021(2).

[65] 刘涛.融合新闻策划:从形态创新到渠道对话[J].教育传媒研究,2019(5).

[66] 韩云.融合新闻策划的界定、功能与过程[J].青年记者,2021(23).

[67] 刘煜,张红军.遍在与重构:"跨媒体叙事"及其空间建构逻辑[J].新闻与传播研究,2019,26(09).

[68] 廖建新.大数据技术的应用现状与展望[J].电信科学,2015(7).

[69] 方洁,颜冬.全球视野下的"数据新闻":理念与实践[J].国际新闻界,2013,35(06).

[70] 郎劲松,杨海.数据新闻:大数据时代新闻可视化传播的创新路径[J].现代传播,2014(03).

[71] 齐慧杰,高熹,何强."跨"屏传播,怎么来真的?——以5G沉浸式多地跨屏访谈为例[J].中国记者,2021(4).

[72] 高沁.技术支撑驱动媒体融合发展[J].中国报业,2016(3).

[73] 王晓东.2021年全国两会融媒体报道创新观察[J].传媒,2021(9).

[74] 马哲.融媒体时代的新闻写作:转型与坚守[J].新闻战线,2018(15).

[75] 许晔.大数据时代中国面临的挑战与对策[J].中国科技论坛,2015(3).

[76] 史文静.新媒体时代主流媒体新闻评论的特征与启示——以"人民日报评论"微信公众号为例[J].新闻前哨,2021(10).

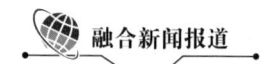

[77] 张吴韩.新媒体时代深度报道的发展困境及突围路径[J].西部广播电视,2020(16).

[78] 周菲娅.如何打造深度报道提升传统媒体影响力[J].记者摇篮,2021(3).

[79] 蔡宁涛.新形势下做好深度报道的思考[J].青年记者,2014(2).

[80] 杨红.媒体生态新格局下特稿的守正与出新[J].记者摇篮,2019(11).

[81] 陈昌凤,石泽.价值嵌入与算法思维:智能时代如何做新闻[J].新闻与写作,2021(01).

[82] 王素.媒介融合大潮之下的中国主流媒体融合新闻报道探索[J].中国传媒科技,2020(12).

[83] 丁琼.人工智能背景下机器人新闻写作的应用与反思[J].声屏世界,2021(02).

[84] 黄楚新,许可.人工智能技术驱动传媒业发展的三个维度[J].现代出版,2021(03).

[85] 姚嘉熠.媒介融合背景下微型化新闻评论节目发展探索——以《主播说联播》为例[J].新媒体研究,2020(23).

[86] 丁远泓,文传琴,邹征玉.网络新闻评论的问题研究及其成因分析[J].新媒体研究,2021(06).

[87] 孟凌霄.新媒体时代新闻评论写作的坚守与创新[J].新闻论坛,2021(01).

[88] 侯辉.媒体融合背景下新闻评论的转型研究[J].采写编,2021(01).

[89] 苏妍."融评":融媒体时代新闻评论突围的新路径[J].新闻世界,2020(05).

[90] 杨树.媒体融合背景下新型主流媒体新闻评论创新与发展[J].中国出版,2020(12).

[91] 潘俊楠.媒介融合背景下的网络新闻评论分析[J].西部广播电视,2021,42(15).

[92] 马连.从"央视快评"看主流媒体的舆论引导创新[J].中国广播电视学刊,2021(1).

[93] 鲍国柱.主流媒体短视频评论节目的发展问题及策略探析[J].视听,2022(1).

[94] 欧向阳.全媒体时代的网络评论文章写作[J].青年记者,2020(20).

[95] 魏中辉.新时期网民新闻评论的思考[J].新闻窗,2013(5).

[96] 陈阳,周子杰.从判断转向解释:移动互联网时代新闻评论论证结构的变化——以《人民日报》评论版和"侠客岛"为例[J].当代传播,2022(1).

[97] 张周项.融媒体时代评论漫画的创新与发展——以《中国日报》漫画及融媒体产品为例[J].对外传播,2021(8).

[98] 彭健,朱玉林.纸媒"新闻评论+短视频"的生产、运营与经营——以深圳晶报观点类短视频"晶报说"为例[J].青年记者,2022(1).

[99] 孙弘.媒介融合背景下新闻评论的发展策略研究——以网络新闻评论节目《陈迪说》为例[J].东南传播,2021(6).

[100] 夏木西卡买尔·艾买提.以《新闻1+1》为例——浅谈电视新闻评论节目的发展[J].传

播力研究,2018(04).

[101] 石砺寒.从热点新闻看网络新闻评论的舆论引导作用[J].新闻前哨,2020(07).

[102] 王源绿.网络新闻评论者的伦理责任问题及应对路径探析[J].新闻研究导刊,2021,12(17).

[103] 印青.社论动画的新闻学意义探讨——以美国社论动漫作者Mark Fiore及其动画为例[J].中国报业,2013(6).

[104] 李玥.新闻评论短视频发展的现状、问题与策略[J].中国记者,2020(7).

[105] 王锋.新闻评论融合创新的现实困境与形态重塑——以短视频评论专栏"海报视评"为例[J].青年记者,2021(12).

[106] 金梦玉,丁韬文."短视频+新闻评论"的创作路径、发展瓶颈与未来探索[J].中国编辑,2021(6).

[107] 强月新,梁湘毅.短视频新闻评论话语方式的四种转向——以央视《主播说联播》为个案分析[J].现代传播,2021(04).

[108] 王擎,揭其涛.新闻漫画创新途径探析——以《CGTN·评论漫画》专栏为例[J].新闻潮,2021(12).

[109] 朱丞轩.融媒体时代背景下新闻评论类节目的创新分析[J].新闻传播,2021(8).

[110] 叶俊,柳红霞.传统媒体新闻评论栏目创新探究——以荆州日报社《荆州观察》专栏为例[J].新闻潮,2021(3).

[111] 陈金,刘阳.新媒体时代我国电视新闻评论节目发展策略探析[J].采写编,2021(4).

[112] 曹天静.全媒体时代主流媒体新闻评论发展策略探析——以《主播说联播》为例[J].今传媒,2021(2).

[113] 徐勇,武雅利,李东勤,等.用户生成内容研究进展综述[J].现代情报,2018,38(11).

[114] 赵宇翔,范哲,朱庆华.用户生成内容(UGC)概念解析及研究进展[J].中国图书馆学报,2012,38(5).

[115] 宫承波,梁培培.从"用户体验"到"媒体用户体验"——关于媒体用户体验几个基本问题的探析[J].新闻与传播评论,2018,71(1).

[116] 黄楚新,王丹丹.产消融合中的内容生产新机制[J].新闻与写作,2018(10).

[117] 商艳青,彭程,阮玲霞.MGC新生产范式 技术驱动新闻生产变革[J].南方传媒研究,2020(01).

[118] 杨珊,蒋晓丽.自我决定理论视角下UGC生产动机的模式与演进探究[J].现代传播,2020(2).

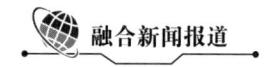

[119] 李男.短视频平台的内容生产模式研究——以抖音短视频平台为例[J].新闻研究导刊,2019,10(07).

[120] 谢新洲,黄杨.组织化连接:用户生产内容的机理研究[J].新闻与写作,2020(06).

[121] 喻国明,谌椿,王佳宁.虚拟现实(VR)作为新媒介的新闻样态考察[J].新疆师范大学学报(哲学社会科学版),2017,38(03).

[122] 史安斌,张耀钟.虚拟/增强现实技术的兴起与传统新闻业的转向[J].新闻记者,2016(01).

[123] 董卫民.沉浸式新闻(VR/AR):演进历程、创新路径及行业影响[J].未来传播,2021(04).

[124] 燕春.新媒体时代下沉浸式VR新闻浅析——以新华社全国两会沉浸式新闻《听会》为例[J].采写编,2021(12).

[125] 陈巍.元宇宙技术在新闻传媒业变革中的应用及展望[J].视听,2022(3).

[126] 杭敏.融合新闻中的沉浸式体验——案例与分析[J].新闻记者,2017(3).

[127] 马江梅.多媒体融合技术下的沉浸式新闻——以《头条里的青春中国》为例[J].视听,2021(02).

[128] 彭好宁,罗家稷,黄洪珍.媒体深度融合背景下"VR+新闻"的探索与启示——以央视网"VR浸新闻"为例[J].新闻战线,2021(20).

[129] 贾忱扬.2021年全国两会报道的采访模式创新及其特色阐释[J].传媒,2022(4).

[130] 宋宣谕.浅析融合新闻外延下的全媒介联动新闻中心——以美国佛罗里达州坦帕市坦帕新闻中心为雏形[J].新闻传播,2013(9).

[131] 徐晓敏.融合新闻:中国新闻传播业的新转型[J].新闻窗,2007(3).

[132] 李禄文.媒体融合背景下新闻采访及写作技巧[J].西部广播电视,2021(5).

[133] 熊泽亮.融媒体时代电视新闻记者采访提问技巧策略分析[J].传播力研究,2019(29).

[134] 曾凡斌,李艺.国内新闻传播学界对大数据的认识和研究[J].中国广播,2016(3).

[135] 范文德.数字化时代的媒介融合与新闻学教育改革[J].甘肃科技,2017,33(10).

[136] 王辉强.融媒体时代,电视新闻记者的提问技巧[J].中国传媒科技,2017(10).

[137] 肖万宁.新闻记者采访技巧的注意问题及有效途径[J].西部广播电视,2020(21).

[138] 马晓丹.新媒体背景下新闻采访的技巧与创新[J].新闻窗,2018(4).

[139] 渠玉峰.电视新闻采访的相关技巧及其需注意的问题[J].新闻文化建设,2021(7).

[140] 牛慧清,谭思静.重大主题报道的新闻产品创新——以人民日报2021两会融媒体报

道为例[J].新闻战线,2021(11).

[141] 杨玉茹.浅析新闻采访与写作[J].科技传播,2020(05).

[142] 梁振奇.媒体融合背景下新闻编辑部的创新变化与思考——以新华网2021年全国两会报道为例[J].新闻文化建设,2021(15).

[143] 赵文俊.新媒体时代新闻写作的变化与对策分析[J].传媒论坛,2021,4(09).

[144] 陈倩.媒介融合背景下新闻写作的创新分析[J].传播力研究,2019(34).

[145] 许向东,郭萌萌.智媒时代的新闻生产:自动化新闻的实践与思考[J].国际新闻界,2017,39(05).

[146] 郭毕冲.新媒体视阈下深度报道的发展趋向和策略研究——基于"冰点周刊"微信公众号的个案分析[J].新闻前哨,2021(08).

[147] 刘志清.媒体融合背景下深度报道的价值及特征分析[J].传媒论坛,2021,4(1).

[148] 高小进,黄英华.深度报道的特征与写作手法[J].新闻研究导刊,2020,11(8).

[149] 张翅.《南方周末》公众号新闻特稿写作探析[J].新闻世界,2021(9).

[150] 辛本健,王玉琳,崔璨.凝聚起奋进新征程的强大力量——人民日报社2021年全国两会报道概览[J].新闻战线,2021(7).

[151] 李凯,苏长虹,李康乐.突出核心 紧跟议程 融合创新——人民日报2021年全国两会报道亮点评析[J].传媒,2021(9).

[152] 张旭安.探析评论类公众号在新媒体时代下的写作策略——以"侠客岛"为例[J].传媒论坛,2020,3(10).

[153] 周涛.融合场域下新闻评论的价值坚守、发展嬗变和路径探索[J].视听界,2021(6).

[154] 匡野,陆地.5G视域下主流媒体融合创新发展的进路[J].中国编辑,2020(7).

[155] 程振楠,邰一童.机器人新闻:人工智能与新闻生产[J].新闻研究导刊,2019,10(23).

[156] 朱静茹.机器人写作对于体育新闻传播的影响[J].新闻研究导刊,2018,9(11).

后 记

　　数字技术已经深刻嵌入经济社会之中,与经济社会形态和结构的演变嵌套在一起。数字技术引发传播技术变革,推动传播形态与结构的创新发展。从人类传播历史来看,每一次重大的传播技术的变革都会产生新的媒介形式。数字传播技术带来数字媒体的兴起,人类传播进入数字传播时代。数字新兴媒体的蓬勃发展给传统媒体带来巨大的压力与挑战,新兴媒体与传统媒体呈现出融合的趋势。媒体融合发展成为新闻传播领域的核心议题,并逐渐上升到国家战略层面。在国家大力推进媒体融合发展的政策支持下,从中央到省级再到县级融媒体中心建设,媒体融合不断向纵深发展。

　　在媒体融合发展的时代背景下,传统新闻报道形式面临变革,融合新闻报道旋即兴起,并成为媒体融合时代主要的新闻呈现形式。面对融合新闻报道实践的不断变化,新闻传播教育如何跟上媒体融合的时代步伐？新闻传播学专业一直在积极探索人才培养模式,各大高校新闻传播学院纷纷开设融合新闻报道之类的课程,于是教材建设也就随之提上日程,有关融合新闻报道的教材相继问世。

　　立足媒体融合发展的时代前沿,力争将融合新闻报道实践中的新成果纳入本书内容,是我们编写的原则与宗旨。媒体深度融合打破传统意义上的多种媒体形态的简单叠加,以全媒体面貌呈现的格局,是合为一体的融合媒体样态。

　　本书编写目的是满足媒体融合时代新闻报道课程教学需求,培养融合新闻报道人才。在编写理念上,坚持传授知识与培养能力相结合。融合新闻报道的理论概念阐释清楚,技能要点描写细致,既坚守传统新闻报道的基本规律,又反映融合新闻报道最新变化。在内容设计上,紧紧围绕融合新闻报道课程要求,完整地表述本课程应包含的知识模块,并反映其相互联系及发展规律,并充分吸纳新闻传播学领域最新理论研究成果与行业实践案例,努力做到理论与实践的统一。本书主要适用于网络与新媒体、新闻学、广播电视新闻学等专业学生使用,同时也兼顾新媒体从业人员的工作需要。

本书能够顺利完成并得以出版,是多方努力的结果。非常感谢团队成员的辛勤付出与通力配合,本书由我提出编写思路,并制定编写大纲,团队成员反复讨论与交流确定。本书初稿分工情况如下:第一章和第二章,刘姣姣;第三章和第五章,李宁馨;第四章和第八章,刘畅;第六章和第七章,王苗苗;第九章,王苗苗、刘畅,第十章,王苗苗、刘姣姣。全书最后由我统一修改定稿。丛书总主编周茂君教授为本书编写制定总体方针与编写原则,并提出许多宝贵意见,衷心感谢周老师的指导与帮助。西南大学出版社为本书出版提供极大支持,十分感谢领导与编辑们敬业的态度和细致的工作。此外,非常感谢原团队成员为本书所做的开创性与基础性工作,他们分别是郑笑眉、马丽、杨海燕、王江燕、陈谣、王威娜、毛玉洁、梁玉翠。本书编写借鉴吸收大量已有研究成果,在此对前人的贡献致以崇高的敬意并表示深深的感谢!

为同仁奉献一本高质量的融合新闻报道教材是我们美好的愿望,然心有余而力不足,囿于学识与能力的限制,愿望终究难以圆满实现。本书编写仍存在一些缺憾与瑕疵,希望读者诸君谅解,并给予批评指正。人生有涯,而知无涯,求知之路,道阻且长,且行且珍惜,与大家共勉之。

马二伟
重庆大学新闻学院
重庆市智能传播与城市国际推广实验室